विश्वनाथ त्रिपाठी

विश्वनाथ त्रिपाठी का जन्म 16 फरवरी, 1931 को उत्तर प्रदेश के जिला बस्ती (अब सिद्धार्थनगर) के बिस्कोहर गाँव में हुआ। आरम्भिक शिक्षा पहले गाँव में, फिर बलरामपुर कस्बे में। उच्च शिक्षा कानपुर और वाराणसी में। पंजाब विश्वविद्यालय, चंडीगढ़ से पी-एच.डी.।

उनकी प्रकाशित कृतियाँ हैं—'प्रारम्भिक अवधी', 'हिन्दी आलोचना', 'हिन्दी साहित्य का संक्षिप्त इतिहास', 'लोकवादी तुलसीदास', 'मीरा का काव्य', 'देश के इस दौर में' (हरिशंकर परसाई केन्द्रित); 'पेड़ का हाथ' (केदारनाथ अग्रवाल केन्द्रित) (इतिहास-आलोचना); 'जैसा कह सका' (कविता-संकलन); 'नंगातलाई का गाँव', 'बिसनाथ का बलरामपुर' (स्मृति-आख्यान); 'व्योमकेश दरवेश' (आचार्य हजारीप्रसाद द्विवेदी का पुण्य स्मरण), 'गुरुजी की खेती-बारी' (संस्मरण)। उन्होंने आचार्य हजारीप्रसाद द्विवेदी के साथ अद्दहमाण (अब्दुल रहमान) के अपभ्रंश काव्य 'सन्देश रासक' का सम्पादन किया। 'कविताएँ 1963', 'कविताएँ 1964', 'कविताएँ 1965' (तीनों अजित कुमार के साथ), 'हिन्दी के प्रहरी : रामविलास शर्मा' (अरुण प्रकाश के साथ) का भी सम्पादन किया।

उन्हें 'मूर्तिदेवी सम्मान', 'व्यास सम्मान', 'आकाशदीप सम्मान', 'सोवियत लैंड नेहरू पुरस्कार', 'शलाका सम्मान', 'भारत भारती पुरस्कार', 'राष्ट्रीय मैथिलीशरण गुप्त सम्मान', 'राजकमल प्रकाशन सृजनात्मक गद्य सम्मान', 'शमशेर सम्मान', 'गोकुलचन्द्र शुक्ल आलोचना पुरस्कार', 'डॉ. रामविलास शर्मा सम्मान', हिन्दी अकादमी के 'साहित्यकार सम्मान' आदि से सम्मानित किया गया है।

सम्पर्क : बी-5, एफ-2, दिलशाद गार्डन, दिल्ली-45

हरिशंकर परसाई
देश के इस दौर में

विश्वनाथ त्रिपाठी

राजकमल पेपरबैक्स

'देश के इस दौर में' पहला पुस्तकालय संस्करण
परिमल प्रकाशन, इलाहाबाद से
1989 में प्रकाशित

राजकमल पेपरबैक्स में
पहला संस्करण : 2024

राजकमल पेपरबैक्स : उत्कृष्ट साहित्य के जनसुलभ संस्करण

राजकमल प्रकाशन प्रा. लि.
1-बी, नेताजी सुभाष मार्ग, दरियागंज
नई दिल्ली-110 002
द्वारा प्रकाशित

शाखाएँ : अशोक राजपथ, साइंस कॉलेज के सामने, पटना-800 006
पहली मंजिल, दरबारी बिल्डिंग, महात्मा गांधी मार्ग, प्रयागराज-211 001
1, अनमोल सोराबजी सन्तुक लेन, धोबी तलाव, मरीन लाइंस, मुम्बई-400 002
वेबसाइट : www.rajkamalprakashan.com
ई-मेल : info@rajkamalprakashan.com

विकास कंप्यूटर एंड प्रिंटर्स
ट्रॉनिका सिटी-201 102
द्वारा मुद्रित

मूल्य : ₹ 299

HARISHANKAR PARSAI : DESH KE IS DAUR MEIN
Criticism by Vishwanath Tripathi

ISBN : 978-93-6086-013-4

डॉ. नामवर सिंह को

सादर

हम सुख़नफ़हम हैं ग़ालिब के
तरफ़दार नहीं

क्रम

परसाई का व्यंग्य
स्वातंत्र्योत्तर भारत की आचरण संहिता

ग़ालिब के पत्रों के आधार पर ग़ालिब की जीवनी, उपन्यास, नाटक लिखे जा सकते हैं, लिखे भी गए हैं। उनके समय का सामाजिक इतिहास भी लिखा जा सकता है। ग़ालिब के पत्रों में अनेक काव्यरूप और सामाजिक, ऐतिहासिक जानकारी समाहित है। परसाई के लेखन में भी है। मुझे तुलसीदास की 'विनय पत्रिका' और निराला का साहित्य भी याद आ रहा है। स्वाधीनता-आन्दोलन के समय के उत्तरी भारत का सामाजिक इतिहास प्रेमचन्द के कथा-साहित्य और स्वातंत्र्योत्तर उत्तर भारत का (परसाई के जीवनकाल तक का) परसाई के लेखन के आधार पर लिखा जा सकता है। डॉ. रामविलास शर्मा ने प्रेमचन्द पर विचार करते हुए लिखा कि प्रेमचन्द के साहित्य में व्यंग्य की महत्त्वपूर्ण भूमिका है। परसाई ने तो लगभग व्यंग्य ही लिखा है। व्यंग्य रीतिकालीन हिन्दी साहित्य में नहीं है, उस समय के उर्दू साहित्य में भी नहीं। व्यंग्य हिन्दी साहित्य में फिर से पदार्पण करता है भारतेन्दु की रचनाओं से, नवजागरण से। परसाई इस तरह से ग़ालिब, भारतेन्दु, प्रेमचन्द की परम्परा के लेखक हैं।

परसाई का एक निबन्ध है : 'प्रेमचन्द के फटे जूते'। उसमें लिखा है :

> प्रेमचन्द का एक चित्र मेरे सामने है। पत्नी के साथ फोटो खिंचा रहे हैं। सिर पर किसी मोटे कपड़े की टोपी, कुरता और धोती पहिने हैं। कनपटी चिपकी है, गालों की हड्डियाँ उभर आई हैं, पर घनी मूँछें चेहरे को भरा-भरा बतलाती हैं।
>
> पाँवों में केनवास के जूते हैं, जिनके बन्द बेतरतीब बँधे हैं। लापरवाही से उपयोग करने पर बन्द के सिरों पर ही लोहे की पतरी निकल जाती है और छेदों में बन्द डालने में परेशानी होती है। तब बन्ध कैसे भी कस लिये जाते हैं...।

> मेरी दृष्टि इस जूते पर अटक गई है। सोचता हूँ—फोटो खिंचाने की अगर यह पोशाक है तो पहिनने की कैसी होगी? नहीं, इस आदमी की अलग-अलग पोशाकें नहीं होंगी—इसमें पोशाकें बदलने का गुण नहीं है। यह जैसा है, वैसा ही फोटो में खिंच जाता है।
>
> मैं चेहरे की तरफ देखता हूँ। क्या तुम्हें मालूम है मेरे साहित्यिक पुरखे कि तुम्हारा जूता फट गया है और अँगुली बाहर दिख गई है? ('हरिशंकर परसाई रचनावली', खंड 3, पृ. 32-33)

मैं भूल गया था, परसाई के साहित्य में चित्र भी है। प्रेमचन्द के इस फोटो पर क्या वान गॉग चित्र बनाता? परसाई प्रेमचन्द को 'तुम' कहते हैं। निगाह पैर की अँगुलियों, जूतों पर है और उन्हें 'मेरे साहित्यिक पुरखे' घोषित करते हैं। यानी उन्हें प्रेमचन्द की परम्परा का मैं ही नहीं कह रहा हूँ, वे स्वयं प्रेमचन्द को अपना पुरखा घोषित कर गए हैं।

यह 'तुम' सम्बोधन और पैरों, जूतों पर इतना ध्यान पूर्वज होने का लक्षण—प्रमाण है। अवध के गाँवों में बाप को 'तू' या 'तुम' ही कहा जाता है। 'आप' किताबी है।

काशी में परसाई का नाम मैंने नामवर सिंह के मुँह से सुना। गुरुवर आचार्य हजारी प्रसाद द्विवेदी परसाई के निबन्धों को पढ़ते रहते और हम सबको कभी-कभी पढ़कर सुनाते भी। चेक काटने और इन्कम टैक्स भरने की लालसा रखनेवाले निबन्ध की चर्चा उन्होंने खूब हँस-हँसकर की। उन्हीं दिनों 'ज्ञानोदय' का नैतिकता विशेषांक निकला था। उसमें मेरी भी समीक्षा 'क्रांस और लपटें' छपी थी। परसाई का प्रसिद्ध निबन्ध 'लंका विजय के बाद' उसी में छपा था। वह निबन्ध पढ़कर मैं उनके लेखन का मुरीद और उनका पाठक बन गया। कहीं भी उनका छपा कुछ भी देखता, पढ़ता और दूसरों से उनके बारे में बातें करता पढ़ रहा होता। मेरी पत्नी देखतीं, कहतीं, 'परसाई को पढ़ रहे हो?' उनका फोटो देखतीं तो कहतीं, 'परसाई जी तो सुन्दर हैं।' उनकी राय व्यंग्य-अंश के बारे में थी कि वे प्राय: ऐंचड़-बेंचड़ होते हैं।

जबलपुर में विवेचना गोष्ठी हुई। परसाई को विषय रखकर मैं भी उसमें शामिल हुआ। परसाई जी से मिलने गया तो पाया कि उनके यहाँ सफाई कर्मचारी से लेकर मुख्यमंत्री तक आते हैं और वे सबसे खुलकर अनौपचारिक, समान भाव से मिलते हैं। मैंने उनसे पूछा, "आपने शादी क्यों नहीं की?"

उन्होंने बताया, "पिता की मृत्यु के बाद गृहस्थी की जिम्मेदारी मुझ पर आ गई। छोटा भाई था, बहन की उम्र अब शादी के योग्य हो गई थी। एंट्रेंस पास करके ही नौकरी करनी पड़ी।

बहन की शादी हो गई, कुछ वर्षों बाद ही वह विधवा हो गई। भानजे छोटे थे। युवा विधवा बहन कहाँ, किसके साथ रहे? उसे साथ रखना, भानजों की पढ़ाई-लिखाई की व्यवस्था करनी थी। जब वे किसी लायक हो गए तो मुझे महसूस हुआ कि अब इस उम्र में मुझे शादी करने का कोई उत्साह नहीं रह गया।"

मैंने सोचा, यह जीवन-गाथा और व्यंग्य—इनमें क्या सम्बन्ध है? मैं अच्छाई-बुराई की बात नहीं करता लेकिन साहित्यकारों की रचनाओं पर लिखने के पूर्व उनके जीवन के बारे में जान लेने पर मुझे लिखने के विषय में निर्णय करने में मदद मिलती है। यह सब परसाई मुझसे कह रहे थे। अपने जीवन के बारे में खुद नहीं कहीं कहने लगे थे, मेरे विशेष अनुरोध करने, अनुनय-विनय करने पर बता रहे थे। तब तक तो मैंने उनके बारे में कुछ लिखने की सोची भी नहीं थी। वे जब बता रहे थे, मैं चुपचाप सुन रहा था। परसाई जैसे मेरा भाव ताड़ रहे थे। थोड़ी देर चुप रहने के बाद बोले, "लेकिन तुम चिन्ता मत करो। मेरा जीवन सुखी या संयमी नहीं रहा है। मुझे महिलाओं का प्रेम मिला है," फिर हँसकर बोले, "मैं कुँआरा हूँ लेकिन ब्रह्मचारी नहीं।"

मेरे मन में उन पर लिखने की इच्छा पैदा हुई। फिर से निबन्ध एक साथ पढ़े, तब लगा कि हम इन व्यंग्य-निबन्धों को एक साथ पढ़ें तो इनका औपन्यासिक प्रभाव पड़ता है—स्वातंत्र्योत्तर भारत की गाथा का महाकाव्यात्मक उपन्यास का प्रभाव।

मेरे शिक्षक डॉ. नामवर सिंह, परसाई के अनन्य प्रशंसक-पाठक थे। वे खुद परसाई पर लिखना चाहते थे। मैंने लिखना शुरू किया तो उन्होंने पूछा : 'परसाई के बारे में आपने जो सोचा है, उसे अत्यन्त संक्षेप में बताइए।'

मैंने कहा : 'परसाई ने स्वतंत्र भारत के नागरिक की आचरण संहिता प्रस्तुत की है।'

नामवर जी ने कहा : 'आप लिख डालिए।'

ज्ञानरंजन जी आते-मिलते तो परसाई के बारे में खूब बातें करते। कहते, "वो आदमी अपना रक्त-मज्जा निचोड़-निचोड़कर लिख रहा है। इतना लगातार लिखना—अपना कलेजा सुखाना है। किसी सेठ या नेता-मंत्री से लग गया होता तो चाँदी काटता लेकिन तब न इतना अच्छा लिख पाता, न इतना प्रेरक होता।"

परसाई का व्यंग्य-लेखन सकारात्मक है। वह देश के अपने दौर की विविध विद्रूपों और विसंगतियों से जूझकर सकारात्मकता अर्जित करता है। वह पारम्परिक व्यंग्य को नई अर्थवत्ता देता है—व्याप्ति के द्वारा। विस्तृत बहुव्याप्ति अधिक गहराई भी देती है। यह व्यंग्य कहीं अधिक समावेशी है। उसमें देश के लोगों की अधिकतर प्रविष्टियों और अधिकतर स्थितियों, मनोविकारों का संश्लेष है।

परसाई का व्यंग्य-लेखन देश के लोगों की जीवन-स्थितियों की नई निर्मिति है। इसके लिए नये जीवन-मूल्यों और नये आचरण-संहिता की आवश्यकता थी। यह कार्य यथास्थिति, पाखंड, गतमूल्यता, छद्म का ध्वंस किये बगैर नहीं हो सकता था। परसाई का व्यंग्य देश की साहित्यिक ही नहीं, सामाजिक-ऐतिहासिक आधारयुक्त था।

अमरकान्त ने पत्र में मुझे लिखा कि परसाई को पढ़कर लगता है कि वे कितने देशभक्त हैं! यह देश प्रेम व्यापक और गहरी जानकारी के बगैर नहीं उपजता। आचार्य शुक्ल ने देश के अंग्रेजीदां बुद्धिजीवियों पर फब्ती कसते हुए लिखा था : 'चरित्र के बिना यह प्रेम कैसा?'

एक निबन्ध में भ्रष्टाचारियों की निर्भीकता का बयान करते हुए बताते हैं कि पहले लोग गलत काम करते थे। साफ खुलकर नहीं आते थे। अब डंके की चोट पर कहते हैं, बताते हैं कि 'परसाई जी, मेरी लड़की ने एंट्रेंस का इम्तिहान दिया है। उत्तर-पुस्तिका अमुक जी के पास है। आप उनको जानते हैं। कृपया नम्बर बढ़वा दीजिए।' यह जमाने की दुर्गति का पर्दाफाश करने का पारम्परिक सामान्य ढंग हुआ। परसाई यहीं तक नहीं रुकते, आगे कहते हैं : 'ठीक है। है तो भ्रष्टाचार की हिम्मत। लेकिन कौन जाने, इस लड़की की शादी दहेज के कारण न हो पा रही हो! हो सकता है, कई बहनें हों! हो सकता है, बहन की नौकरी खत्म हो गई हो!' गलत काम कराने वाले भ्रष्टाचारी की उस मजबूरी की टटोल—यह पहले नहीं था। व्यंग्य की यह चिन्ता कि हमारे विषम याकि व्यंग्य से पात्र ऐसी आत्मीयता परसाई के व्यंग्य का नयापन है। यह व्याप्ति का रूप है। नई सकारात्मकता या निर्मिति यथास्थिति को ध्वंस करती है।

परसाई जी के व्यंग्य की विध्वंसकता सकारात्मकता से सार्थक होती है। परसाई ने व्यंग्य के माध्यम से मॉडल चरित्र निर्मित किये हैं। अभावग्रस्त विषमता से प्रताड़ित पात्रों की मानवीयता—मानवीयता ही नहीं, उनकी जिजीविषा चित्रित की है। ऐसे पात्र मानो आत्मग्रस्त सुखी पात्रों पर प्रहार करते हुए उनका मजाक उड़ाते, हैं उनकी अपदार्थता समेकित करते हैं। एक मनीषी जी हैं जो भूख लगने और खाना न मिलने पर बाँसुरी बजाते हैं। एक बेटर है जिसका तकिया कलाम है : 'घायल जिया पुकारे आन मिलो सजना'। ग्राहक कहता है, 'चाय जल्दी लाना' तो आश्वस्त करता है 'अभी आन मिलो सजना' करता हूँ। कोई पेमेंट में देरी करता है तो कहता है—'घायल जिया पुकारे और आन मिलो सजना' नहीं कर रहे हैं पर 'एक लड़की पाँच दीवाने' में सब्जी बेचने वाला प्रेमी है। परसाई के साहित्य में विश्व साहित्य से बहिष्कृत पात्र मिलेंगे—ऐसे जन, जो साहित्य के क्षेत्र में प्रवेश के योग्य ही नहीं माने जाते थे। और तो और, ये पात्र प्रगतिशील लेखकों के भी साहित्य में नहीं हैं, और ये अपरिचित पात्र हैं। ऐसे पात्रों से परसाई का साहित्य ठसाठस भरा है।

परसाई के पात्रों को शंकर जी की बरात कहें—किताबी पात्रों से अलग, हमारे वर्ग, वर्ण, लिंग, बीभत्स समाज के अधिकांश विषमताग्रस्त पात्र जिनके शरीर, स्वभाव, रुचियों और व्यवहार पर असामाजिक अनैतिकता के दाग और चोट हैं जो इस समाज में कुत्सित ढाँचे में बेडौल दिखते हैं। व्यंग्य इनके लिए कोश का शब्दकोश नहीं, वास्तविक जीवन है।

परसाई परम्परा के प्रति जागरूक हैं। वे हिन्दी के प्राचीन विशेषत: मध्यकालीन साहित्य से व्यंग्य का प्रचुर मसाला ब्योंतते पाते हैं और उसका उपयोग वर्तमान के लिए करते हैं। वर्तमानता परसाई के साहित्य का क्षेत्र है जिसकी संवेदना की पड़ताल वे समझ के सहारे करते हैं। इस समय में निर्ममता, निर्भयता यानी अन्य के ही प्रति नहीं, आत्म-नियति भी। समझ दूसरों का ही नहीं, अपना भी बचाव नहीं करती। परसाई साहित्य में पाखंडियों, प्रतिक्रियावादियों, यथास्थितिवादियों, साम्प्रदायिकों, छद्म विनम्रों के साथ-साथ आत्म-व्यंग्य भी पर्याप्त है।

स्वतंत्र्योत्तर भारत की शायद ही कोई राजनीतिक-सामाजिक दृष्टि से महत्त्वपूर्ण-उल्लेखनीय घटना हो जिस पर परसाई ने कलम न चलाई हो। लेखक के रूप में परसाई संवेदना की स्वचालित मशीन हैं। ऐसा संवेदना-पटल जिस पर तत्काल प्रतिक्रिया होती है और निबन्ध या और कोई लेखन फट से निकल पड़ता है। दशकों तक परसाई का ऐसा लेखन अनवरत रहा है जिसे ज्ञानरंजन 'कलेजा-काट निचोड़-निचोड़ कर देना' कहते थे। यह विषम यथार्थ दुर्भाग्यवश असीम तब भी था और अब भी है मानो असमाप्य हो, और परसाई का लेखन उसे लिखने का आग्रही था।

परस्पर सम्बद्ध होने के कारण इसकी अन्तरसम्बन्धता ठोस है। विषमता, विद्रूपता को जीवित और सुरक्षित रखने की व्यवस्था का एक तंत्र है, जिसकी अनेक परतें हैं। इस तंत्र का विरोध करनेवाले व्यंग्यकार को उसी तरह की आँख और समझ चाहिए। जिस निर्ममता की बात कही गई विचारधारा, उस समझ का महत्त्वपूर्ण सम्बल है। विचारधारा विषमता विरोधी समझ को रूप देती है, प्रेरणा और मिशन तय करती है। श्रीलाल शुक्ल ने स्वीकार किया है कि परसाई हम लोगों से आगे इसलिए हैं क्योंकि उनके पास विचारधारा है। वैचारिक प्रतिबद्धता अकेला नहीं रखती, समाज का प्राणी बनाकर सामाजिक, ऐतिहासिक समझ, संवेदना और शक्ति से लैस कर देती है। परसाई इसके प्रामाणिक मॉडल लेखक हैं।

परसाई प्रगतिशील लेखक संघ के नेता ही नहीं, सक्रिय कार्यकर्ता भी थे। उनके सान्निध्य में मध्य प्रदेश प्रगतिशील लेखक संघ ने उनके अभूतपूर्व विस्तार और व्यापकता पाई। मायाराम सुरजन वामपंथी नहीं थे लेकिन परसाई के प्रभाव में उन्होंने

लगभग वामपंथी सहयोगी की तरह उनके साथ काम किया। परसाई ने मध्य प्रदेश में कमला प्रसाद, ज्ञानरंजन, धनंजय वर्मा, रमाकान्त श्रीवास्तव मलयज, भगवत रावत, श्याम कश्यप, राजेश जोशी, पूर्णचन्द रथ जैसे प्रतिबद्ध, कर्मठ युवा कार्यकर्ता बनाए। ये सब उनके लेखन में किसी न किसी रूप में मौजूद हैं। उन्होंने 'वसुधा' पत्रिका स्थपित की जो कालान्तर में देश में हिन्दी की गुणवत्ता और संगठन की दृष्टि से ऐतिहासिक महत्त्व की पत्रिका बनी। परसाई का लेखन एक प्रगतिशील, कर्मठ कार्यकर्ता का लेखन है। वह व्यक्तिवादी, रूपवादी साहित्य को समाज से काटकर, प्रगति-विरोधी तथाकथित बुद्धिजीवी लेखकों को चुप कर देनेवाले का लेखन है। परसाई हिन्दी साहित्य के उस कालखंड के लेखक हैं जिसे शीतयुद्ध कहा जाता है और ऐसा शीतयुद्ध विविध रूपों में हिन्दी साहित्य में भी दिखलाई पड़ रहा था। ऐसे समय में परसाई के लेखन ने प्रगतिशील विचारधारा और सृजन को मजबूती से खड़ा रखने में निर्णायक सहयोग किया। उनकी वैचारिक प्रतिबद्धता, वैचारिक और सर्जनात्मक, दोनों क्षेत्रों में कारगर रही।

स्वाधीन भारत में सबसे महत्त्वपूर्ण कार्य यह हुआ कि सार्वजनिक चुनाव के जरिये जनतंत्र स्थापित हुआ। संसद को सर्वोच्च सत्ता मिली। न्यायपालिका, विधायिका और कार्यकारिणी का कार्यक्षेत्र निर्धारित हुआ। समाजवादी विकास का उद्देश्य बनाकर हमने पूँजीवादी आर्थिक विकास करना शुरू किया। स्वाधीनता-आन्दोलन के जननायक सत्तासीन हुए। मूल्य स्वाधीनता-आन्दोलन के बने रहे—वे घोषित भी किये जाते रहे। उनके अनुसार काम भी हुआ। जमींदारी खत्म की गई, रजवाड़े खत्म किये गए। बैंकों का राष्ट्रीयकरण हुआ। वर्णभेद मिटाने के लिए सरकारी नौकरी में संरक्षण दिया गया। कमाल हुआ कि मनुस्मृति के देश में संविधान बना। उसके निर्माता दलित नेता अम्बेडकर थे।

स्वतंत्र भारत में नये अवसरों की प्राप्ति में जो दौड़ शुरू हुई, उसमें हमारी सामाजिक, पारम्परिक, साम्प्रदायिक, सामन्ती कमजोरियाँ, पराधीनता में पनपने वाली कायरता, अवसरवादिता, पाखंड—सब कुछ मानो जो दबा हुआ था, कूदकर सामने आ गया। स्वाधीनता-आन्दोलन के त्याग, साधना, जेल जाने, डंडे खाने के नारे अवसरवादिता, स्वार्थवृत्ति, चकमा देने के औजार बन गए। जननायक सत्ता-नायक बने तो उनकी त्याग-भावना क्षीण होने लगी। जनता के हृदय में उनके प्रति भक्ति-भावना भी धीरे-धीरे कम होती गई। खादी पहनना जेल जाने की तैयारी थी, अब वह सत्ता, दरबारीपन और भ्रष्टाचार का साइन बोर्ड बन गया। पोशाक के साथ भाषा भी। स्वातंत्र्योत्तर भारत में स्वाधीनता-आन्दोलन और छायावाद की तत्समी भाषा नवजागरण का प्रतीक थी। अब वह झूठी चमक, दरबारीपन, आडम्बर और

काँइयाँपन का सहयोजन, झूठे प्रलोभन और जाल फेंकने की पहचान बन गई। यह जो परसाई के निबन्धों में मिथकीय देवी-देवता इतनी मात्रा में अवसरवादिता, प्रयोजन के रूपक बनकर आते हैं, वे स्वातंत्र्योत्तर भारत में स्वाधीनता-आन्दोलन के भूतपूर्व जननायकों, नेत्रियों के नाटकीय रूपान्तरण हैं। लक्ष्मण, हनुमान, नारद, गणेश, शंकर, पार्वती महाकाव्यों के पात्र सब ऐसे हैं मानो हमारे समय के चालबाज चतुर लोग हों! स्वाधीनता-आन्दोलन के जो नेता देवता के समान पूज्य-प्रेरक थे, वे ही अब साधना-रहित होकर स्वार्थ-मलिन हो गए हैं। उनकी देववाणी भी भ्रष्ट हो गई है। उनको पूजा चढ़ाने की नहीं, उनसे सावधान, बचे रहने की जरूरत रहने या उन पर हँसने, कभी-कभी उन पर दया करने की जरूरत है। परसाई ने व्यंग्य में उनका नाटकीय रूपान्तरण किया है।

नीयत अपना काम निकालने की हो—किसी भी तरह, तब नेकनीयती का प्रदर्शन करके शिखर के रास्ते पर लाना पड़ता है। विनम्रता, सुशीलता, परोपकार, उदारता—ये सब मानवीय गुण हैं। इन्हें व्यवहार में लाकर स्वाधीनता-संघर्ष के दिनों, बहुत कुछ जनमानस को बड़े नामों के लिए आश्वस्त और तैयार किया गया था। स्वातंत्र्योत्तर भारत में इन्हें लाभ-लोभ का साधन बना लिया गया। तत्समी भाषा के साथ-साथ तत्समी आचरण भी चाहिए—चमचमाता हुआ, सधा हुआ।

प्रणाम करते हुए घुटनों के नीचे तक झुकना; जहाँ भाषण देना है, उसी नगर की भूमि पर माथा टेकना और उधर चापलूसों का बात-बात पर तालियाँ बजाना विशेषणों की भरमार। आवश्यकता या उचित से अधिक परसाई के साहित्य के सौन्दर्य में सौन्दर्यविद् निर्णायक भूमिका निभाता है। जो जितना जरूरी है, उसका उतना न रहना भी हमें बिगाड़ता है, तन-मन से रुग्ण करता है, और जरूरत से ज़्यादा भी। परसाई इस अनावश्यक जरूरत से ज़्यादा, पर सर्वत्र प्रहार करते हैं। यह उनके व्यंग्य का प्रधान विषय है। मेरे विचार से यह प्रवृत्ति प्रगतिशील विचारधारा की संगति में ही है। 'सरप्लस' यानी अतिरिक्त लाभ या अधिग्रहण पूँजीवादी शोषक अर्थ-व्यवस्था की प्रधान प्रवृत्ति है। अतिरिक्त लाभ या सरप्लस के ही बल पर पूँजीवाद का वैभव है। अधिक से अधिक लाभ, सामाजिक खाते में हो तो वह सामाजिक है, कुछ व्यक्तियों के खाते में जाए तो शोषण है।

जैसे आर्थिक अनावश्यक संग्रह, वैसे ही व्यावहारिक अनावश्यक आचरण। इसका गहरा सम्बन्ध सौन्दर्य-बोध से है। अनावश्यक अनैतिक है और असुन्दर भी।

जैसे हमारा शरीर अनावश्यक भार नहीं सह सकता, वह रुग्ण, असन्तुलित और कुरूप हो जाता है, वैसे ही हमारा सामाजिक शरीर और हमारा मानसिक विधान भी। नाक लम्बी होनी चाहिए, चिपटी नहीं लेकिन जरूरत से ज़्यादा लम्बी हो तो

शरीर में दुरुस्त लगना चाहिए, लेकिन जरूरत से ज़्यादा हो तो सन्तुलन, स्वास्थ्य और सुन्दरता औचित्य में है। अनावश्यक रहितता सौन्दर्य का मापदंड है। जिसे हम अहंकार कहते हैं, वह मन का अतिरिक्त या सरप्लस है—जब हम अपने को अनावश्यक तौर पर ज़्यादा आँकने या महत्त्व देने लगते हैं। परसाई का एक निबन्ध है : 'अहंकार का भाव और नर्मदा मैया'। आवश्यक क्या कितना है, इसका निर्णय बहुविधि सामाजिक और वैचारिक स्थितियों पर आधारित है। उसका निर्णय का वह सिद्धान्त या स्थिर मूल्यांकित विधि से नहीं, वास्तविक सामाजिक और वैकल्पिक स्थितियों से ही उचित है।

हमारे उपभोक्तावादी पूँजीवादी अपसंस्कृति के घेरे में विज्ञापन आर्थिक लूट का प्रधान साधन बन गया है। कबीर ने कहा था—'मैं कहता हूँ आखिन देखी', वे इसी को प्रमाण मानते थे। आज साम्राज्यवादी-पूँजीवादी विज्ञापन हमारी आँख ही बदल देता है। हमारी आँख हमारे लिए नहीं, बनिए की आँख बन गई है। वे हमारी इच्छाओं, हमारे खंडों को ही अपने अनुक्रम यानी हमारे प्रतिकूल कर देते हैं।

वे जो खिलाएँगे, हम खाएँगे। वे जो पहनाएँगे, हम पहनेंगे। वे जो दिखाएँगे, हम देखेंगे। कहाँ है हमारी अस्मिता, हमारा व्यक्तित्व, हमारी आत्मा, हमारा स्वदेश और हमारी संस्कृति? और तो और, हमारे मत-वोट पर भी हमला करने की कोशिश करते हैं और सफल भी होते हैं। फिर कहाँ रहेगा हमारा राज, हमारा लोकतंत्र इस नाशपिटे विज्ञापन के सहारे?

इस सबके बावजूद हमारा समय द्वंद्वात्मक प्रतिरोध रहित नहीं है और अनावश्यक के बदले आवश्यक की पूर्ति के लिए आक्रामकता और विक्षोभ मौजूद हैं। परसाई के लेखन में इस महादेश का चित्र द्वंद्वात्मकता में उभरता है। इसमें एक कसमसाता, छटपटाता, तड़पता, अपनी स्थिति से उभरने का प्रयास करता हुआ, सफल-असफल होता हुआ भारत है जिसे एक और भारत ने दबोच रखा है। दबोचने वाला और दबा हुआ, दोनों भारत सक्रिय हैं—शोषक, शोषित, उनकी समस्याएँ, गतिविधियाँ परस्पर सम्बद्ध, परस्पर प्रभावित, परस्पर सम्बद्ध हैं; यह ऐतिहासिक सघन परस्पर सम्बद्धता हमारा वर्तमान है। इसमें हमारी इच्छाएँ-आकांक्षाएँ-सम्भावनाएँ हैं। परसाई ने एक व्यंग्य चित्र खींचा है :

"मेरा दु:ख यह है कि चालीस रुपये का बिजली का बिल आ गया है और मेरे पास पैसे नहीं हैं। तभी एक बंधु अपना दु:ख बताने लगते हैं। उन्होंने बताया—'आठ कमरों का मकान बनाने की योजना बनाई। शीघ्र छह कमरे बन चुके हैं। पैसे की आवश्यकता आ गई है।' और यह द्वंद्वात्मकता ठहरी हुई नहीं है, गतिशील है। गतिशीलता का मतलब प्रगतिशीलता ही नहीं होता। गतिशीलता पीछे भी घसीट ले जा सकती है।

शुरू में कहा गया था कि परसाई का व्यंग्य सकारात्मक है। वह विसंगति, छद्म, अनावश्यक शोषण पर प्रहार करता है और उसके सामने एक उद्देश्य है—छद्मरहित सहज सभ्रान्त भारत का। परसाई के व्यंग्य में व्याप्ति इसीलिए है क्योंकि उनके पास विचारधारा है—समाज की बेहतरता के लिए, प्रतिबद्ध संघर्ष के लिए। परसाई के व्यंग्य-लेखन और अन्य रूप भी उसी विधा का हिस्सा हैं।

परसाई का एक निबन्ध है, वह व्यंग्य निबन्ध ही है, जिससे पता चलता है कि भावी समाज का नायक या आदर्श कौन होगा, कैसा होगा। विवेकानंद ने बहुत पहले घोषित किया था—भावी समाज में पूज्य शूद्र होगा। वह, जो अब तक उपेक्षित, वंचित रहा है। किन्तु वह सचेत और संघर्षशील होगा। भावी समाज का नायक सौम्य मुख, दीप्त वर्ण, आजानुभुज या नवनीत नीरव सुन्दरतम नहीं होगा। वह नागार्जुन की कविता 'हरिजन-गाथा' का नायक कलुआ होगा। लेकिन नागार्जुन की 'हरिजन-गाथा' का 'कलुआ' कल्पना है। काव्य-प्रबन्ध का नायक है। हमारा देखा-सुना व्यक्ति है, हाड़-मांस का प्राणी नहीं। परसाई ने ऐसा व्यक्ति प्रकट किया है—केवल कन्या के रूप में। कन्या, धीवर केवट की अनपढ़, सहज, जिसने अपने प्राणों की चिन्ता न करके बीसियों की प्राण-रक्षा की—बिना किसी स्वार्थ-प्रलोभन के। साहित्यकारों में उनके आदर्श जैसे फटे जूते पहने प्रेमचन्द हैं, उसी तरह कर्तव्यशील नागरिक के रूप में दलित, ग्रामीण कन्या विटामनी मानसिकता से अपरिचित, अपने-आपके महत्त्व से अनजान, सहज। होशंगाबाद में भीषण बाढ़ आई थी। लोग डूब में बह रहे थे। केवट की लड़की ने अनेक के प्राण बचाए। परसाई लिखते हैं :

"मैं सोचता हूँ, सोलह वर्ष की केवट कन्या में यह साहस कहाँ से आया? साहस और लोग भी जताते हैं, दूसरों की प्राण रक्षा भी करते हैं।

पर प्राण-रक्षा आदमी पहले करता है। जब खुद सुरक्षित हो जाता है, तब दूसरों की रक्षा कर हमें दूसरों से बचाता है। इतना खतरा कोई नहीं लेता कि अपनी जान चली जाए।

पर यह साहस बिलकुल अलग है। समुद्र सरीखा हाल है। तेज लहर है, चट्टानें छिपी हैं। ऐसे में कोई लड़की यह मानकर कि मैं तो निश्चित मरूँगी, दूसरों को बचाने निकल पड़ी। अपनी मौत तय मानना, दूसरों की प्राण-रक्षा करने निकल पड़ना—यह कैसा साहस है? मुझे लगता है, इसमें वही भावना है जो मेरी माँ के कूदकर बचाते वक्त थी—मातृत्व की भावना। छोटी केवट लड़की उस वक्त माँ हो गई होगी और सोचा होगा—बच्चों को बचाना है। साथ ही मानवीयता।

केवट कन्या को सम्मानित किया गया। पत्रकार आए। प्रेस वालों ने उससे प्रश्न किये। वह सम्मानित होना जानती ही नहीं। वह प्रशंसा, निन्दा से परे।

उसने सम्मानित होने के लिए, यश पाने के लिए यह सब नहीं किया था। परसाई ने लिखा कि केवट कन्या मेरी माँ हो गई होगी। परसाई अपने को नर्मदा-पुत्र कहते हैं। वह नर्मदा मैया बन गई होगी।

वह विज्ञापनी मानसिकता से रहित सहज है। कबीरदास ने लिखा था :

सहज सहज सब ही कहै सहज न जानै कोइ,
जब सहजै विषया तजै सहज कही जै सोइ।

सहज रूप से विषयों को तजना यानी विषयों को तजकर शेखी न बघारना, अपने को विशिष्ट, असामान्य, औरों से कुछ अलग न मानना सहज होना है। इस सहज की भारतीय साधना के इतिहास और साहित्य में बड़ी महिमा है। माँ का हृदय इससे स्वतः भरपूर होता है।

परसाई ने केवट कन्या का मातृत्व पहचानकर करुणा की नई व्याख्या की है। वही करुणा, जिसे भवभूति ने एकमात्र रस कहा है, यह मानवीय सौन्दर्य का परम तत्त्व है। सौन्दर्य सहज होता है। जो सहज नहीं, वह सुन्दर नहीं हो सकता। सुन्दरता अपना बयान करने लगे तो वह सुन्दर कैसे लगेगा? नैतिकता सौन्दर्य का पर्याय बन जाती है। इसे परसाई के व्यंग्य का सौन्दर्यबोध समझिए। आपको याद दिलाता हूँ, परसाई का व्यंग्य सकारात्मक है। ऐतिहासिक द्वंद्व को पहचानने से उसमें सकारात्मकता और व्याप्ति आई है।

जीवन-वृत्त

हरिशंकर परसाई का जन्म 22 अगस्त, 1922 ई. को जमानी गाँव (मध्य प्रदेश) में एक ब्राह्मण परिवार में हुआ था। यह गाँव सतपुड़ा की तलहटी में है—नर्मदा के किनारे। परसाई अपने को नर्मदा-पुत्र कहते थे। नर्मदा उनकी रचनाओं में रची-बसी है और उनके सौन्दर्यबोध में भी। उनका एक महत्त्वपूर्ण निबन्ध है : 'फिर उसी नर्मदा मैया की जय'। पिता झूमकलाल तीन भाई थे। झूमकलाल के एक भाई का नाम श्यामलाल था। श्यामलाल उजड्ड और लट्ठबाज़ थे। डॉ. रामशंकर मिश्र के अनुसार, सबसे बड़े भाई का नाम मुकुन्दीलाल परसाई था। झूमकलाल सबसे छोटे थे। 1928 ई. के आसपास झूमकलाल जी अपने परिवार को लेकर खिड़किया आ गए। वहाँ से मरदानपुर आ गए। उन्होंने जंगल नीलामी में लेने का धन्धा अपनाया।

'झूमकलाल परसाई अपने पुत्र से ऊँचे थे। तगड़े थे। कोशे का साफ़ा बाँधते थे। फर्राटेदार मूँछें रखते थे। घोड़े पर सवारी करते थे। ठेकेदार साहब कहलाते थे। परसाई अपने पिता के साथ घोड़े पर बैठकर जंगल जाते थे।' ('वसुधा', अंक-41, पृ. 128-29)

झूमकलाल परसाई ने पुत्र को बचपन में 'रामचरितमानस' का इतनी बार पाठ कराया था कि उसकी चौपाइयाँ-दोहे आदि सब परसाई को कंठस्थ हो गए थे। (उपर्युक्त) प्राइमरी के बाद परसाई को आगे पढ़ने के लिए टिमरनी भेजा गया। वहाँ राष्ट्रीय आन्दोलन का वातावरण था। हरिशंकर परसाई पढ़ने में तेज़ थे। अच्छे अध्यापकों के वे स्नेह-भाजन बन जाते थे। टिमरनी में उनके पिता का संयुक्त परिवार था। परसाई की बुआ बटेश्वरी देवी भी वहीं रहती थीं। वे जीवट की महिला थीं। विपत्ति में घबड़ाती नहीं थीं। उनके व्यक्तित्व का बालक हरिशंकर पर अमिट प्रभाव पड़ा।

परसाई शायद आठवीं क्लास में थे कि 1936 ई. के आसपास टिमरनी में भयंकर प्लेग पड़ा। लोग टिमरनी छोड़कर जंगल में झोंपड़ियाँ बनाकर बसने लगे। परसाई की माँ चम्पाबाई भी प्लेग की चपेट में आ गईं। अन्ततः उनकी मृत्यु प्लेग से ही हुई।

परसाई ने माँ की उस बीमारी की स्थिति का मार्मिक चित्रण किया है :

संयोग कि बचपन की सबसे तीखी याद प्लेग की है। 1936 या 1937 होगा। मैं शायद आठवीं का छात्र था। क़स्बे में प्लेग पड़ी थी। आबादी घर छोड़ जंगल में टपरे बनाकर रहने चली गई थी। हम नहीं गए थे। माँ सख़्त बीमार थीं। उन्हें लेकर जंगल नहीं जाया जा सकता था। भाँय-भाँय करते पूरे आसपास में हमारे घर ही चहल-पहल थी। काली रातें। इनमें हमारे घर जलने वाले कंदील। मुझे इन कंदीलों से डर लगता था। कुत्ते तक बस्ती छोड़ गए थे। रात के सन्नाटे में हमारी आवाज़ें हमें ही डरावनी लगती थीं। रात को मरणासन्न माँ के सामने हम लोग आरती गाते—'जय जगदीश हरे, भक्त जनों के संकट पल में दूर करे।' गाते-गाते पिताजी सिसकने लगते, माँ बिलखकर हम बच्चों को हृदय से चिपटा लेतीं और हम भी रोने लगते। रोज़ का नियम था। फिर रात को पिताजी, चाचा और दो-एक रिश्तेदार लाठी-बल्लम लेकर घर के चारों तरफ़ घूम-घूमकर पहरा देते। ऐसे भयंकारी, त्रासदायक वातावरण में एक रात तीसरे पहर माँ की मृत्यु हो गई। कोलाहल और विलाप शुरू हो गया। कुछ कुत्ते भी सिमटकर आ गए और योग देने लगे। ('गर्दिश के दिन', 'वसुधा', अंक-41)

इसके बाद परसाई ने लिखा :

पाँच भाई-बहनों में माँ की मृत्यु का अर्थ मैं ही समझता था—सबसे बड़ा था।

जिस आत्मनिर्मम मुद्रा में ये पंक्तियाँ लिखी गई हैं, उससे व्यंजित होता है कि परसाई पर इस घटना का कैसा अमिट प्रभाव पड़ा होगा।

माँ की मृत्यु का सबसे बड़ा आघात पिता को लगा। वे कर्मठ—अपनी ज़िम्मेदारी को निभानेवाले लेकिन टूटे हुए थे। पत्नी की मृत्यु के बाद भी पाँच-छह साल जिए, लेकिन लगातार बीमार, हताश, निष्क्रिय और अपने से ही डरते हुए। धन्धा ठप्प। जमा-पूँजी खाने लगे। मेरे मैट्रिक पास होने की राह देखी जाने लगी। समझने लगा था कि पिताजी भी अब जाते ही हैं। बीमारी की हालत में उन्होंने एक बहन की शादी कर दी थी—बहुत मनहूस उत्सव था वह। मैं बराबर समझ रहा था कि मेरा बोझ कम किया जा रहा है। पर अभी दो छोटी बहनें और एक भाई थे। (उपर्युक्त)

टिमरनी के हाईस्कूल में अंग्रेज़ी के एक अध्यापक थे—बग्गा साहब। साहित्य में—विशेष कर शेक्सपियर में रुचि रखनेवाले। गम्भीर और व्यापक अध्येता। छात्र परसाई के प्रति उनके मन में अपार स्नेह था। उन्होंने परसाई की क्षमता पहचान ली थी। परसाई ने अपने संस्मरणों में लिखा भी है :

> बग्गा साहब ने ही मुझे साहित्य के संस्कार दिये और ज्ञान की अनन्त पिपासा दी। उन्होंने मुझे इतिहास-चेतना और इतिहास-बोध दिया। ('वसुधा', अंक-41, पृ. 132)

डॉ. रमाशंकर मिश्र ने लिखा है :

> केशव चन्द्र बग्गा राधा स्वामी सत्संग हाईस्कूल में अंग्रेज़ी और इतिहास के अध्यापक थे। अद्‌भुत ज्ञानवान और प्रबुद्ध थे। वे खादी की शेरवानी और चूड़ीदार पाजामा पहनते थे। रंग गोरा और चश्मे के भीतर बहुत सुन्दर भावपूर्ण आँखें, जिनमें बुद्धि की चमक थी। पूरे व्यक्तित्व में सहज आत्मीयता। वे बहुत डूबकर पढ़ाते थे और उनमें विनोद प्रतिभा भी ग़ज़ब की थी। वे कोर्स के अतिरिक्त इतिहास, साहित्य और स्वाधीनता-आन्दोलन की बहुत-सी बातें पढ़ाते समय ही बताते थे। वे इतिहास के पंडित तो थे ही, अंग्रेज़ी और उर्दू साहित्य पर भी उनका पूरा अधिकार था। अकबर इलाहाबादी और शेक्सपियर के अनेक दृष्टान्त और उदाहरण देते चलते थे। (उपर्युक्त, पृ. 132-33)

ज्ञान की अनन्त पिपासा ने परसाई को गम्भीर पढ़ाकू बना दिया। उनके समकालीन साहित्यकारों में उनके जैसे बहुपठित रचनाकार अधिक नहीं होंगे।

पिता की बीमारी और आर्थिक तंगी का परसाई ने अपने संस्मरणों में हृदयद्रावक वर्णन किया है। परसाई ने बीमार पिता का हाथ बँटाने के लिए अठारह वर्ष की आयु में ही जंगल विभाग में नौकरी कर ली। हालाँकि वह नौकरी चल नहीं पाई, केवल तीन महीने चली। फिर लगभग छह महीने खंडवा में अध्यापन किया। 1942 ई. में वे खंडवा से जबलपुर के स्पेंस ट्रेनिंग कॉलेज में अध्यापन का प्रशिक्षण प्राप्त करने आए। कान्तिकुमार जैन ने परसाई की खंडवा से जबलपुर की इस यात्रा का वर्णन इन शब्दों में किया है :

> यह यात्रा विदाउट टिकट थी...पर भूख तो लगती ही है, सो जब भी स्टेशन आता—मास्साब (परसाई) नीचे उतरते—नल पर जाकर भरपेट पानी पीते और अगले स्टेशन तक के लिए भूख को ठेंगा दिखाते रहते। ('तुम्हारा परसाई', पृ. 48)

ट्रेनिंग कॉलेज में परसाई ने दो साल प्रशिक्षण प्राप्त किया। फिर वे जबलपुर में ही मॉडल हाईस्कूल में अध्यापन करने लगे। ट्रेनिंग कॉलेज के प्राचार्य रानाडे ने यह नौकरी उन्हें दी। जबलपुर में बस जाने के बाद परसाई के जीवन का अगला अध्याय शुरू होता है। परसाई के अन्तरंग मित्र हनुमान प्रसाद वर्मा ने लिखा है :

> ...तो मैं यह कहना चाहता हूँ कि 1944 या 1945 के क़रीब जबलपुर में परसाई आए, तो एक क़स्बाई या ग्रामीण व्यक्तित्व लेकर आए। और शहर को उन्होंने देखा—कुछ सकपकाई नज़रों से—कुछ उस दृष्टि से देखा, जो दृष्टि उनकी नहीं थी, बल्कि राष्ट्र की थी। वह युग ऐसा युग था जब 1942 का आन्दोलन हो चुका था। जबलपुर 1942 की क्रान्ति में अपना नाम कमा चुका था। लोग सामने आ चुके थे। लेखक, कवि, नेतागण—सारे के सारे लोग। एक वातावरण बन चुका था। फिर 1944-45 में लोग जेल से छूटे। युद्ध समाप्त हुआ। द्वितीय युद्ध की समाप्ति पर और 1942 की क्रान्ति के बाद नेताओं के जेल से आने के बाद—जबलपुर का जो वातावरण बना, वह वातावरण परसाई के लिए एक नया दृश्य था। अब देखिए—गाँव का युवक परिवार की ज़िम्मेदारियों को लिये हुए—एक ऐसी दुनिया के सामने आकर खड़ा हो गया है जिसे हम चकाचौंध की दुनिया कह सकते हैं...और इधर परसाई की समस्याएँ थीं। बहनें जवान हो रही थीं और उनकी शादी भी करनी थी। ('वसुधा', अंक-41)

1944-45 ई. का ज़माना स्वातंत्र्योत्तर भारत को दस्तक दे रहा था। नेता जेल से छूट रहे थे। आज़ादी मिलनेवाली थी, देश का बँटवारा होनेवाला था। साम्प्रदायिकता का विस्फोट होनेवाला था और परसाई की चेतना का विकास होने वाला था। परसाई की चेतना का विकास उनकी अपनी निजी समस्याओं और उनके समाधान के संघर्ष-आलोक में हुआ। उन्होंने कई विवाह-योग्य बहनों के भाई, मामूली नौकरी की तलाश में नवयुवक, मामूली नौकरी करते हुए नवयुवक के रूपों में देश-विदेश की दुनिया को समझा-देखा और उससे समझ एवं संवेदना अर्जित की। उन्हें सदाशयी, शुभचिन्तक, पाखंडी, ईमानदार, छद्म नेता, छुटभइये, सामान्य लोग, मित्र, शत्रु मिले। हमें इन स्थितियों के आलोक में परसाई के चिन्तन एवं लेखन को देखना चाहिए। परसाई के व्यंग्य में करुणा की जो अन्त:सलिला बहती है, उसका बहुत बड़ा कारण एवं आधार उनका आत्मसंघर्ष है। परसाई का व्यंग्य स्वातंत्र्योत्तर भारत की आशा-निराशा, अपेक्षा-मोहभंग के द्वंद्व का ऐतिहासिक दस्तावेज़ है। उनकी संवेदना में आत्मसंघर्ष और युग-संघर्ष का घोल है।

1947 ई. में जबलपुर से 'प्रहरी' निकला। कान्तिकुमार जैन के अनुसार, 23 नवम्बर, 1947 ई. के अंक में परसाई की पहली कहानी 'दूसरों की चमक-दमक' नाम से छपी। 'रचनावली' में यही कहानी 'पैसों का खेल' नाम से छपी है। 'प्रहरी' पं. भवानीप्रसाद तिवारी और रामेश्वर गुरु के प्रयास से निकलता था। ये समाजवादी विचारों के लोग थे, जबलपुर की साहित्यिक गतिविधियों के केन्द्र थे। यद्यपि जबलपुर में सुभद्राकुमारी चौहान, सेठ गोविन्ददास और पं. द्वारिकाप्रसाद मिश्र जैसे विख्यात साहित्यकार भी थे, किन्तु नवयुवक रचनाकार तिवारी और गुरु की ओर ज़्यादा खिंचते थे। परसाई के राजनीतिक विचारों पर समाजवादी पार्टी का प्रभाव रहा। परसाई ने स्वीकार किया है :

> मैंने ख़ुद आपसे (पं. रामेश्वर गुरु से) सशक्त गद्य लिखना सीखा है।
> ('तुम्हारा परसाई', पृ. 68)

'प्रहरी' साप्ताहिक में अपने लेखन को परसाई अपना लेखकीय प्रशिक्षण (अप्रेंटिसी) मानते हैं। (उपर्युक्त, पृ. 69) 'प्रहरी' के सम्पादक भवानीप्रसाद तिवारी थे। रामेश्वर गुरु और परसाई उसके नियमित लेखक थे। बाबू रामानुजलाल श्रीवास्तव भी इसी मंडली में थे। रामानुजलाल श्रीवास्तव 'ऊँट' नाम से व्यंग्य लेखन करते थे। उन्होंने ग़ालिब और मीर अनीस पर हिन्दी में उत्कृष्ट पुस्तकें लिखी हैं। उर्दू, हिन्दी और अंग्रेज़ी साहित्य के ऐसे मर्मज्ञ विद्वानों की संख्या हिन्दी में ज़्यादा नहीं होगी। रामानुज बाबू की परसाई बहुत इज्जत करते थे। पं. महेशदत्त मिश्र स्वतंत्रता सेनानी लगभग परसाई के ही वय के थे। गांधी जी के साथ रह चुके थे। नेहरू जी के निकट थे। इनकी परसाई से आजीवन मित्रता बनी रही।

परसाई से आजीवन मित्रता निभानेवाले व्यक्तियों की संख्या काफ़ी है। उनमें हनुमानप्रसाद वर्मा और मायाराम सुरजन के नाम अग्रगण्य हैं। हनुमानप्रसाद वर्मा जबलपुर में अंग्रेज़ी के अध्यापक, उदार वामपंथी विचारों के बेहद दोस्तपरस्त, सुरुचि-सम्पन्न, खाने-पीने में परसाई के प्रायः मेज़बान थे। उनके अनुसार, छठे दशक (बीसवीं शताब्दी के) में जो राष्ट्रीय-अन्तरराष्ट्रीय घटनाएँ घटीं—विशेषतः चीन और क्यूबा में—उन्होंने परसाई का झुकाव मार्क्सवाद की ओर कर दिया। परसाई भारतीय कम्यूनिस्ट पार्टी के सदस्य कुछ ही वर्षों तक रहे, लेकिन उन्होंने लम्बे अरसे तक पार्टी कार्यकर्ता की तरह सक्रिय भूमिका निभाई। मध्य प्रदेश के तपे हुए कम्यूनिस्ट नेता कामरेड महेन्द्र वाजपेयी के अनुसार, 1952 ई. के आम चुनाव में परसाई प्रजा समाजवादी पार्टी के उम्मीदवार पं. भवानीप्रसाद तिवारी की ओर से चुनाव प्रचार करते थे और कम्यूनिस्ट पार्टी के विरोध में भाषण करते थे।

लेकिन 1960 ई. तक वे मार्क्सवाद से काफ़ी प्रभावित हो चुके थे। 1962 ई. में विश्व शान्ति संगठन में शिरकत के लिए सोवियत संघ गए। 1964 ई. में उन्होंने कुछ अरसे के लिए पार्टी सदस्यता ग्रहण भी की। वस्तुतः परसाई अपना दिमाग़ खुला रखना चाहते थे। वे कम्यूनिस्ट-विरोधी साहित्य भी पढ़ते थे और सम्भवतः उससे अंशतः प्रभावित भी होते थे। जीवन के अन्तिम दिनों में एक बार मुझसे बोले : 'बताइए, जो पार्टी संशोधन को पथभ्रष्टता मानती हो, उसमें स्वतंत्रचेता कैसे रह सकता है?' मेरा विचार है कि राजनीति में वे विचारधारा के स्तर पर कांग्रेसी वामपंथ के ज़्यादा निकट थे। उनके राजनीतिक हीरो जवाहरलाल नेहरू एवं कृष्ण मेनन थे।

उनकी राजनीतिक सक्रियता सबसे ज़्यादा दिखलाई पड़ी साम्प्रदायिकता विरोधी रूप में। 1961 ई. में जबलपुर में अभूतपूर्व साम्प्रदायिक दंगे हुए। फ़रवरी, 1961 का यह दंगा उषा भार्गव कांड के नाम से मशहूर है। महेन्द्र वाजपेयी के शब्दों में :

> परसाई जी नियमित हम लोगों के साथ मुस्लिम इलाक़ों में जाते थे। जिनके मकान जल गए थे, वे निराश्रित होकर शरणार्थी शिविरों या बाड़ों में रह रहे थे, उनकी मदद के लिए भी हम इलाक़ों में जाते थे और परसाई जी हमारे साथ होते थे और लगातार उसमें हिस्सा लेते थे। इसी वजह से परसाई जी कई बार साम्प्रदायिक तत्त्वों के शिकार हुए। सुभद्रा जी का दौरा लगातार होता रहा, बीच-बीच में बेग़म किदवई भी आती रहीं। सांसद रेणु चक्रवर्ती आईं। कामरेड एस. एम. बैनर्जी आए। नेहरू जी का दौरा हुआ बाद के दिनों में। कामरेड डांगे का दौरा हुआ। यह एक ऐसा समय था एक साल का, जब साम्प्रदायिकता के ज़हर का असर जबलपुर और आसपास के इलाक़ों की हिन्दू जनता में व्यापक रूप से फैला था। इस साम्प्रदायिक ज़हर को समाप्त करने के लिए और फिर से साम्प्रदायिक सद्भाव निर्मित करने के लिए लगभग एक साल तक अथक परिश्रम हम लोग करते रहे। ('वसुधा', अंक-41, पृ. 118)

परसाई मूलतः साहित्यकार थे। वे राजनीति से कहीं ज़्यादा सक्रिय साहित्य के क्षेत्र में थे। सिर्फ़ लेखक के रूप में नहीं, वे साहित्यिक कार्यकर्ता (और नेता) थे। 'प्रहरी' के स्तम्भ लेखक परसाई ने 'वसुधा' का सम्पादन किया। 'वसुधा' के ऐतिहासिक महत्त्व का आकलन इसी तथ्य से किया जा सकता है कि उसे बन्द होने के अनेक वर्षों बाद पुनर्जीवित किया गया और वह आज भी (जनवरी, 2005) निकल रही है।

'वसुधा' का आयोजन किसी धनी-मानी संस्था या उद्योगपति ने नहीं, मध्य प्रदेश के अनेक युवा साहित्यकारों की मित्र-मंडली ने किया था। अनुभवी साहित्यकार और 'प्रहरी' के सम्पादक पं. रामेश्वर गुरु 'वसुधा' में भी थे। 'वसुधा' के सम्पादन-प्रकाशन विधि का रोचक वर्णन प्रो. कान्तिकुमार जैन ने 'तुम्हारा परसाई' में किया है। स्वयं परसाई ने 'वसुधा' के ऐतिहासिक योगदान का मूल्यांकन-सा करते हुए लिखा है :

> गुरु जी का बहुत महत्त्वपूर्ण साहित्य कार्य 'वसुधा' मासिक पत्रिका का पौने तीन वर्ष का प्रकाशन था और 1956 से 1958 तक हमने जबलपुर से 'वसुधा' निकाली। इसमें मुक्तिबोध और श्रीकान्त, दोनों पूरी तरह साथ थे। 'वसुधा' इन्हीं की पत्रिका थी। 'वसुधा' का स्टार फीचर एक साहित्यिक की डायरी थी। पहली बार हिन्दी के किसी कवि और विचारक ने साहित्य के रचना-कर्म पर और काव्यशास्त्र के क्षेत्र में नितान्त मौलिक उद्भावनाएँ इस डायरी में की थीं। कला का तीसरा क्षण तो मुक्तिबोध की ख़ास अपनी खोज थी। 'एक साहित्यिक की डायरी' पर पाठकों की प्रतिक्रियाओं के प्रति मुक्तिबोध बहुत सजग थे। ('तुम्हारा परसाई', पृ. 96)

'प्रहरी' के अलावा परसाई का महत्त्वपूर्ण लेखन 'कल्पना' और 'जनयुग' में हुआ। 'कल्पना' में उनका स्तम्भ 'और अन्त में' अतीव लोकप्रिय हुआ। 'कल्पना' में छपने का विशेष महत्त्व था। 'कल्पना' प्रगतिशीलों की पत्रिका नहीं थी। लोहिया की समाजवादी पार्टी के विचारों की होने पर भी वह कुल मिलाकर शुद्ध साहित्य की पत्रिका समझी जाती थी। इससे ग़ैर-प्रगतिशील खेमे के साहित्यकारों एवं पाठकों के बीच परसाई का प्रभाव और बढ़ा। 'जनयुग' कुछ दिनों के लिए डॉ. नामवर सिंह के सम्पादन में निकला। उनकी प्रार्थना पर 'माज़रा क्या है' कॉलम में 'आदम' के नाम से परसाई बहुत समय तक नियमित लिखते रहे। परसाई का कॉलम ऐसा लोकप्रिय था कि लोग 'जनयुग' और 'कल्पना' हाथ में आते ही सबसे पहले वही पढ़ते। इसके अतिरिक्त परसाई मायाराम सुरजन के 'देशबन्धु' में भी लगातार नियमित लिखते थे। अन्तिम दिनों में परसाई पाठकों के प्रश्नों के उत्तर देते थे। कहने की ज़रूरत नहीं कि 'देशबन्धु' का सबसे लोकप्रिय और जीवन्त भाग वही होता। मेरे विचार से परसाई आधुनिक हिन्दी साहित्य के श्रेष्ठ व्यंग्यकार होने के साथ-साथ श्रेष्ठ स्तम्भ-लेखक भी थे।

हरिशंकर परसाई का जीवन अनेक रूपों में अव्यवस्थित था। इस अव्यवस्था के वस्तुगत कारण थे। लेकिन विचारों में वे बहुत व्यवस्थित थे। वे कुशल संगठनकर्ता थे। आदमियों की पहचान और उनके रोगों का उपचार करना वे

लगभग मनोचिकित्सक की क्षमता से करते थे। उनकी सांगठनिक कुशलता एवं कर्मठता का जीवन्त प्रमाण मध्य प्रदेश का प्रगतिशील लेखक संघ और पूरे प्रदेश में फैली उसकी स्थानीय इकाइयाँ हैं। उनका गहरा सम्बन्ध जननाट्य मंच (इप्टा) से भी रहा। उनकी अनेक रचनाओं—विशेषत: 'इंस्पेक्टर मातादीन चाँद पर' का मंचन बहुत सफल और लोकप्रिय रहा है।

परसाई का जीवन संघर्षमय रहा। उनका व्यक्तित्व जीवन-संघर्ष की प्रक्रिया का ही अंग था। उनका लेखक उनके अपने जीवन-संघर्ष की छाया है। हिन्दी लेखकों में अभावग्रस्त आजीवन संघर्ष करनेवाले स्वाभिमानी रचनाकारों की कमी नहीं है। हरिशंकर परसाई निराला के बाद की पीढ़ी के ऐसे हिन्दी रचनाकारों की पंक्ति में अग्रगण्य हैं। उनके व्यक्तित्व की विशेषता है—अपने अभाव और विषम जीवन स्थितियों को छुपाए रखकर संघर्षरत रहना। वे हिन्दी के अतीव सन्तुलित एवं सुसंस्कृत रचनाकार व्यक्तित्वों में से हैं। वे अपनी जीवन-विषमता को जानते हैं, किन्तु यह भी जानते हैं कि वे अकेले नहीं जूझ रहे हैं। जनतांत्रिक मूल्यों की पहचान यही है, अकेलेपन के विज्ञापन से पाठकों की करुणा चुराने में नहीं।

> जल्दी ही मैं व्यक्तिगत दु:ख के इस सम्मोहन-जाल से निकल गया। मैंने अपने को विस्तार दे दिया। दुखी और भी हैं। अन्याय-पीड़ित और भी हैं। अनगिनत शोषित हैं। मैं उनमें से एक हूँ। पर मेरे हाथ में क़लम है और मैं चेतना-सम्पन्न हूँ।
>
> यहीं कहीं व्यंग्य-लेखक का जन्म हुआ। मैंने सोचा होगा—रोना नहीं है, लड़ना है। जो हथियार हाथ में है, उसी से लड़ना है। मैंने तब ढंग से इतिहास, समाज, राजनीति और संस्कृति का अध्ययन शुरू किया। साथ ही एक औघड़ व्यक्तित्व बनाया और बहुत गम्भीरता से व्यंग्य लिखना शुरू कर दिया।
>
> मुक्ति अकेले की नहीं होती। अलग से अपना भला नहीं हो सकता। मनुष्य की छटपटाहट है मुक्ति के लिए, सुख के लिए, न्याय के लिए। पर यह बड़ी लड़ाई अकेले नहीं लड़ी जा सकती है। अकेले वही सुखी हैं, जिन्हें कोई लड़ाई नहीं लड़नी। ('वसुधा', अंक-41, पृ. 21)

यहाँ 'औघड़' का अर्थ वह औघड़ नहीं जो कुछ दिनों के लिए परसाई के व्यक्तित्व का एक खेदजनक रूप था और जिसकी पैरवी करने की नहीं, जिसको समझने की जरूरत है।

परसाई सुन्दर आकर्षक व्यक्तित्व के धनी थे। उनका आत्म-वक्तव्य प्रसिद्ध है—'कुँवारा हूँ, ब्रह्मचारी नहीं।' परिचय होने के बाद मैंने एक दिन साहस करके पूछा : 'आपने विवाह क्यों नहीं किया?' उनका उत्तर था :

> मैं अभावग्रस्त परिवार में नहीं पैदा हुआ था। मेरे पिता जंगल का ठेका लेते थे और रोबदार आदमी थे। लेकिन उनकी असमय मृत्यु हो गई। मैं भाई-बहनों में सबसे बड़ा था। इसलिए पिता की मृत्यु के बाद घर चलाने की ज़िम्मेदारी मुझ पर आ पड़ी। पिता की मृत्यु से हम बेसहारा हो गए थे। मुझे पढ़ाई छोड़कर नौकरी करनी पड़ी। बहनों की शादी करनी पड़ी। अपने विवाह की बात सोचता कि सीता (बहन) के पति की मृत्यु हो गई। उसके छोटे-छोटे बच्चे थे। वह कहाँ जाती? उसी के साथ रहा। उसके बच्चे बड़े हुए, गृहस्थी सँभालने लायक, तो मेरी उम्र विवाह योग्य नहीं रह गई। अभी भी अपने एक भाई को प्रति मास कुछ-न-कुछ मुझे भेजना पड़ता है।

मैंने देखा कि परसाई ने अपना पूरा जीवन अपने भाई-बहनों के लिए होम कर दिया। यह व्यंग्यकार कितना ज़िम्मेदार आदमी है, कितनी साधना कर सकता है, कितना पचा सकता है और अपनी यातना छिपाकर कितना सहज बना रह सकता है! सहजता तो सौन्दर्य का अनिवार्य तत्त्व है, जो व्यक्ति को सुसंस्कृत बनाता है, जो दुःखों को तमग़े-सा नहीं पहनता। मुझे परसाई की आन्तरिक दृढ़ता का अनुमान हुआ। परसाई को जानने का मुझे ज़्यादा अवसर नहीं मिला। अन्तिम पाँच-छह वर्षों में कुल मिलाकर चार-पाँच बार उनके घर गया होऊँगा। उनका घर अपना नहीं था। मैंने सुना है कि यह मायाराम सुरजन को मिला था। बस, काम भर की जगह थी। सामने छोटा-सा लॉन—1527, नैपियर टाउन, जबलपुर। घर के पास चौराहे पर चाहे जिससे पूछिए, लोग परसाई का मकान बता देते। उनका मकान ढूँढ़ने में दिक़्क़त नहीं पड़ती। परसाई साफ़-सुथरे रहते थे। घर अनलंकृत, लेकिन स्वच्छ। शरीर रुग्ण, चेहरा खिला हुआ, सन्तुष्ट-प्रसन्न। मुँह में तम्बाकू-सुपारी पड़ी रहती। बैठिए तो बिना कहे थोड़ी देर में ट्रे में चाय आ जाएगी। चाय के साथ कुछ 'वाय' ज़रूर—बिस्कुट, नमकीन, मिठाई। सवेरे केवल चिउड़ा का पोहा प्रायः। मैं एक रात उनके यहाँ टिका हूँ। उनके भानजों ने मसहरी लगा दी। बिस्तर जो मिला, साफ़-सुथरा था। टॉयलेट स्वच्छ-सूखा। तौलिया ताज़ा-धुला मिला। भोजन उनके यहाँ सुस्वादु मिलता। सीताजी खाना अच्छा बनाती हैं। मेरा अनुमान है कि परसाई-परिवार को खाने-पीने का अच्छा शौक़ रहा है।

निराला के जीवन-संघर्ष में विद्रूप भी था। औचित्य एवं संगति का व्यापक अभाव संघर्षशील को बीच-बीच में तोड़ता भी है। परसाई ने अज्ञेय की प्रसिद्ध पंक्ति 'दुःख सबको माँजता है' पर टिप्पणी करते हुए कहा है :

> दुःख हमेशा माँजता ही नहीं; वह आदमी को तोड़ता, नीच और कमीना भी बनाता है।

संघर्षशील निराला और परसाई के व्यक्तित्व को लेकर जो केवल आदर्शवादी रोमांटिक चित्र बनाते हैं, उन्हें इन रचनाकारों के अनेक जीवन-रूपों का परिचय पाकर बड़ी निराशा होती है, मोहभंग भी होता है। कई लोगों के मुँह से सुना है—परसाई कुछ वर्षों बहुत पीने लगे थे। यह बात उनके सच्चे प्रशंसक अमरकान्त जैसे रचनाकार भी कहते हैं। डॉ. कान्तिकुमार जैन ने 'तुम्हारा परसाई' पुस्तक में परसाई के इस रूप को छिपाया नहीं है, उसे लगभग नग्न रूप में चित्रित-वर्णित किया है। 1968 में प्रगतिशील लेखक संघ का जो अधिवेशन सप्रू हाउस, दिल्ली में हुआ, उसमें मैंने परसाई को नशे में धुत्त देखा। वे ठीक से चल नहीं पा रहे थे, लड़खड़ा रहे थे। लेकिन डॉ. रमेशकुन्तल मेघ ने जब उन्हें अपना नाम बताया तो उन्होंने फ़ौरन कहा :

> हाँ। आप 'वसुधा' के लेखक हैं।

1982 ई. की फ़रवरी में परसाई ने सागर विश्वविद्यालय में मुक्तिबोध सृजनपीठ के अध्यक्ष के रूप में पद-भार ग्रहण किया। उस समय अर्जुन सिंह मध्य प्रदेश के मुख्यमंत्री थे और अशोक वाजपेयी संस्कृति सचिव। लगता है कि वहाँ की फ़िज़ा परसाई को रास नहीं आई। वे बीमार भी पड़ गए। वे साल भर के अन्दर ही सृजनपीठ छोड़ आए। हिन्दी विभाग के अनेक अध्यापकों का रवैया भी उन्हें रुचिकर नहीं लगा। 'तुम्हारा परसाई' नामक पुस्तक में डॉ. कान्तिकुमार जैन ने 'सृजन' प्रसंगवाले खंड का नाम रखा है : 'कौआनामा उर्फ़ मुक्तिबोध सृजन-पीठ पर परसाई जी'। और परसाई का वाक्य उद्धृत किया है :

> सृजन-पीठों पर जानेवाले को विश्वविद्यालय के हंस कौआ मानते हैं।

परसाई जी ने बताया है कि एक बार राज्यसभा की सदस्यता के चक्कर में भी पड़े थे। शायद नशे के ही कारण उनके पैर बहुत टूटते थे। 1976 ई. में आपातकाल के दौरान मैंने उन्हें सतना में, मध्य प्रदेश प्रगतिशील लेखक संघ के समारोह में देखा तो वे सक्रिय तो थे, लेकिन क्षीण हो गए थे। मेरी तबीयत थोड़ी ढीली हो गई थी। इसलिए मैं एक सत्र में नहीं गया तो वे मेरा हालचाल पूछने आए।

मैं उनके स्वास्थ्य के बारे में कुछ कहना चाहता था कि उन्होंने पहले ही कह दिया : 'मैंने पीना छोड़ दिया है।' मेरा ख़याल है कि छोड़ा न भी हो तो वे काफ़ी सन्तुलित हो गए थे।

परसाई अपने कमरे में लेटे-लेटे लेखन करते, प्रगतिशील लेखक संघ का संचालन करते, निरन्तर आते रहने वाले लेखक-समुदाय को परामर्श देते। उनके पास चपरासी, वाइस चांसलर, मंत्री, मुख्यमंत्री तक सब आते थे। वे परस्पर कलह को भी शान्त करने में माहिर थे। बिना इस क्षमता के कोई व्यक्ति संगठन नहीं चला सकता। कम रचनाकार होंगे जो निम्न और निम्न-मध्यवर्ग के बौड़म पात्रों का ऐसा सजीव चित्रण कर सके हों। वे अपने ही जीवन में नहीं, दूसरे लोगों के जीवन की विपन्नता में भी सांस्कृतिक समृद्धि देख सकते थे, उसका चित्रण कर सकते थे।

परसाई ने विवाह तो नहीं किया, लेकिन उनके जीवन में किसी नारी ने प्रवेश नहीं किया—ऐसा नहीं है। परसाई का लघु उपन्यास 'तट की खोज' कुछ लोगों के अनुसार आत्मकथात्मक है। स्त्री-पुरुष के सम्बन्धों पर आधुनिक जीवन की अभूतपूर्व कथा है 'तट की खोज'। वह परसाई के जीवन की ही नहीं, परसाई की नारी चेतना की समर्थ अभिव्यक्ति है। कामरेड महेन्द्र वाजपेयी ने परसाई के जीवन में आनेवाली उस महिला का नामोल्लेख करके इस मार्मिक प्रकरण पर भी प्रकाश डाला है :

> शकुन्तला तिवारी जी अक्सर और नियमित रूप से परसाई जी के यहाँ आती-जाती थीं। उनसे चर्चा करती थीं। उनके दुख-सुख के बारे में पूछती रहती थीं। जानकारी हासिल करती थीं। परसाई जी की बहन के साथ उनके आत्मीय सम्बन्ध थे। एक दूर की कल्पना किसी तपस्विनी की तरह वे मन में पाले हुई थीं कि भले ही परसाई जी आज दाम्पत्य-जीवन स्वीकार न करें लेकिन देर-सबेर शायद यह कभी सम्भव हो सके।... बाद में 1976 के जुलाई महीने में परसाई जी दुर्घटनाग्रस्त हो गए और महीनों अस्पताल में भर्ती रहे। यहाँ से दिल्ली इलाज के लिए गए। तब शकुन्तला तिवारी ने एक बार फिर कहा कि अब जो आपकी स्थिति है, आप चलने-फिरने में असमर्थ हैं, प्रणय-सम्बन्ध में या दाम्पत्य-जीवन में तो हम नहीं बँध सके, लेकिन इस हालत में यह मौक़ा हमें दीजिए कि हम आपके सुख-दुःख के भागी बन सकें, आपकी सेवा कर सकें, आपसे प्रेरणा ले सकें। तब भी परसाई जी ने यह कहकर साफ़ इनकार कर दिया कि जब मैं शारीरिक रूप से पूरी तरह सक्षम था, चल-फिर सकता था, सारे कार्य कर सकता था, तब मैं यह नहीं कर सका तो अब

जबकि मैं आंशिक तौर से विकलांग हूँ, तब यह सोचना तो बहुत दूर की बात होगी। ('वसुधा', अंक-41, पृ. 121-22)

'तट की खोज' में शीला की लम्बी चिट्ठी उस महिला-पात्र के स्वाभिमान को प्रकट करती है। परसाई आजीवन संघर्ष करते रहे और अपनी ज़िम्मेदारियाँ पूरी करते रहे। शायद वे समझते थे कि पति की ज़िम्मेदारियाँ निभा नहीं पाएँगे, इसीलिए उन्होंने शादी नहीं की। परसाई परिश्रम करते थे अपनी ज़िम्मेदारियाँ निभाने के लिए। वे श्रमिक रचनाकार थे, क़लम के मज़दूर और क़लम के सिपाही थे। वे दयनीयता से घृणा करते थे। उन्होंने अपने बारे में ख़ास तेवर से लिखा है : 'मैं औसत आदमी से ड्योढ़ा काम करता हूँ। आसन मार के बैठता हूँ। फटे कपड़े कभी नहीं पहने,' आदि। शादी नहीं की तो सन्तान का प्रश्न ही नहीं। लेकिन उन्होंने न केवल अपने भानजों को सन्तान की तरह पाला, अपनी बहनों और छोटे भाइयों की भी चिन्ता की। उन्होंने हिन्दी—विशेषतः मध्य प्रदेश की हिन्दी लेखकों की एकाधिक पीढ़ियों का संवर्द्धन किया। 'पहला सफ़ेद बाल' में वे लिखते हैं :

> अपना कोई पुत्र नहीं। होता तो मुश्किल में पड़ जाते। क्या देते—पर हम क्या दें, महायुद्ध की छाया में बढ़े हम लोग, हम ग़रीबी और अभाव में पले लोग, केवल जिजीविषा खाकर जिए हम लोग, हमारी पीढ़ी के बाल तो जन्म से ही सफ़ेद हैं। हमारे पास क्या है? हाँ, भविष्य है...तो इतना रंक नहीं हूँ—विराट भविष्य तो है मेरी पीढ़ी के पुत्रो! मैं तुम्हें यह भविष्य देता हूँ...लो, सफ़ेद बाल दिखने के इस पर्व पर यह तुम्हारा प्राप्य सँभालो।... हमें तुमसे कुछ नहीं चाहिए। ययाति जैसे हम स्वार्थी नहीं हैं, जो पुत्र की जवानी लेकर युवा हो गया था। बालों के साथ उसने मुँह भी काला कर लिया। हमें तुमसे कुछ नहीं चाहिए। हम नींव में धँस रहे हैं—लो, हम तुम्हें कलश देते हैं। ('हरिशंकर परसाई रचनावली', खंड-3, पृ. 197-98)

अपनी निस्सन्तानता का यह तेवर! अपने पर व्यंग्य करके तन जाना ग़ालिब को आता था। तुलसीदास ब्याह-बरेखी न होने की बात व्यथा किन्तु भक्ति का बल होने के कारण गौरव से कहते थे। परसाई ने निजी व्यथा को भावी पीढ़ी से जोड़कर यह गौरव प्राप्त किया है।

उनके अन्तरंग मुक्तिबोध ने युगान्तरकारी अवधारणा प्रस्तुत की है—सकर्मक ज्ञानात्मक संवेदन की। मुक्तिबोध की रचनाधर्मिता का आग्रह है सकर्मकता। सकर्मकता ज्ञानात्मक संवेदन की फलश्रुति है, उपलब्धि है। ज्ञान से उपजी संवेदना की सार्थकता है।

परसाई का व्यक्तित्व सकर्मक रचनाकार का व्यक्तित्व था। वे कर्म-रहित ज्ञान की सीमा समझते ही नहीं थे, उस पर प्रहार भी करते थे। कोरी वैचारिकता के विलास में डूबे लफ़्फ़ाज़ उनके व्यंग्य-पात्र हैं। परसाई मज़दूर आन्दोलन में, हड़तालों में ख़तरा उठाकर काम करते थे। उन्होंने मज़दूर वर्ग की पत्रिका 'नई आवाज़'—छह पेज की साप्ताहिक—तक़रीबन दो साल तक निकाली :

> इस तरह परीक्षा के दिनों में, दमन के काले दिनों में, परसाई जी ने अपनी अहम भूमिका मजदूर आन्दोलन में निभाई। ('वसुधा', अंक-41, पृ. 126)

इस सकर्मकता ने परसाई को वैचारिक विश्वास दिया है, जिसके बूते पर उनके लेखन में दोटूकपन है।

मध्य प्रदेश का शायद ही कोई समकालीन लेखक मिले, जो किसी-न-किसी तरह परसाई के सम्पर्क में न रहा हो। मुझे इस बात पर आश्चर्य होता था कि मध्य प्रदेश का हर लेखक अपने को परसाई का आत्मीय मित्र, संरक्षित या पालित-पोषित, अनुगृहीत या प्रेरित-प्रोत्साहित बताता था—मैंने उनका बैठकख़ाना कभी आगन्तुक-रहित नहीं पाया। परसाई दूसरों की बातें धैर्य से सुनते थे, समस्याओं को सुलझाने का रास्ता बताते थे। ख़ुद शादी न की, किन्तु दूसरों की शादी कराने में उस्ताद थे। उनके वैयक्तिक विरोधी बहुत कम थे या नहीं थे। राष्ट्रीय स्वयंसेवक संघ के जिन लोगों ने उन पर प्रहार किया, वे उनके जाती दुश्मन नहीं थे, उनके साम्प्रदायिकता-विरोधी लेखन से क्षुब्ध थे। मैंने देखा कि उनमें नारी के प्रति बेहद सम्मान है। बच्चों से बेहद ममता है। अविवाहित होकर भी उनका जीवन पारिवारिक था। पारिवारिक जिम्मेदारियों, चिन्ताओं के मध्य पारिवारिक उल्लास और सुख से भरपूर। उनके पत्रों में इसकी झलक मिलती है। अन्तिम दिनों में लोग उनसे कहते—बाहर निकला कीजिए। इससे स्वास्थ्य में सुधार होगा। परसाई नहीं चाहते थे कि लोग उन्हें लँगड़ाते देखें। मैंने एक बार परसाई से उनकी बीमारी के बारे में बात शुरू की तो स्वर में ज़ोर देकर बोले : 'नहीं, मैं इनवैलिड या बेडरिडन नहीं हूँ।'

लेकिन व्यवहारतः उन्होंने बिस्तर ही पकड़ रखा था। वे बरसों तक बिस्तर पर ही रहने के कारण उस पर अभ्यस्त दिखलाई पड़ते थे। फोन पास रहता, उसी से लोगों से सम्पर्क रखते। एक बार जब रातभर के लिए मैं उनके घर रुका था तो रात को उनके कराहने की आवाज़ मुझे सुनाई पड़ी थी। मैं अनुभव से ही कह रहा हूँ—मुझे लगा, जैसे वे बेबी या बीबी कहकर किसी को बुला रहे हों। सीता बहन से मैंने पूछा तो उन्होंने बताया कि नित्य-कर्म आदि के लिए उन्हें सहायता की ज़रूरत अब नहीं पड़ती है। पहले कुछ दिनों के लिए ज़रूरत पड़ती रही होगी।

परसाई की एक आँख का जो ऑपरेशन हुआ, वह सफल नहीं हुआ। इसका उनके मन पर और आघात लगा होगा। मेरे पास उनके जो पत्र आए हैं, वे प्राय: अन्त समय तक उन्हीं की लिखत में हैं। एकाध पत्र ज़रूर ऐसे हैं, जो लिखे किसी और के हैं, हस्ताक्षर उनके हैं।

परसाई के जीवनकाल में ही उनकी बहन सीता के बाल-बच्चे अपने पैरों पर खड़े हो गए थे। लड़कियों की शादी हो गई थी। सीता बहन और उनके बच्चों ने अपनी आत्मीय सेवा से परसाई को पारिवारिक भावना में बाँधे रखा। कभी कुछ दिनों के लिए कुछ इधर-उधर हुआ भी तो जल्दी ही पूर्ववत् हो गया। पहले मैं जाता था तो सीताजी मुझे 'त्रिपाठी जी' कहती थीं। जब मैंने परसाई पर किताब लिखी, तब वे मुझे 'भैया' कहने लगीं। परसाई की मृत्यु के लगभग एक वर्ष बाद कटनी में परसाई केन्द्रित कार्यक्रम हुआ—मध्य प्रदेश प्रगतिशील लेखक संघ का। मैं परसाई के घर जबलपुर गया। उन्हीं के घर रुका। मंडलोई ने कार खरीद ली थी। कहने लगे—उनके जीवनकाल में ही कार हो गई होती तो उन्हें कभी-कभी सैर कराता। कितना अच्छा लगता उन्हें!

सीताजी ने उनके बारे में बताया—शाम को चाय वग़ैरह ठीक से पी। रात को खाया भी रोज़ की तरह। सोने के पहले पानी पिया। सवेरे वे चले गए थे। नींद में ही गए। किसी को पता ही नहीं चला। इन्दौरवाले रामविलास शर्मा और मायाराम सुरजन पहले ही जा चुके थे।

10 अगस्त, 1995 ई. को क़रीब दो बजे मंगलेश डबराल का 'जनसत्ता' के कार्यालय से फ़ोन आया : 'परसाई नहीं रहे'। चार-पाँच वर्षों से परसाई ने मुझे अमित स्नेह दे रखा था। मैं फ़ोन पर ही फूट-फूटकर रोने लगा। मंगलेश ने कहा : 'रोइए मत। परसाई पर कुछ लिखकर शाम छह बजे तक भेज दीजिए।'

11 को 'जनसत्ता' के मुखपृष्ठ पर परसाई की मृत्यु का समाचार, उनका फ़ोटो और उन पर लेख छपा। प्रभाष जोशी सम्पादक थे। प्रभाष जी परसाई के प्रशंसक नहीं, लेकिन वे उनका लेखकीय महत्त्व समझते रहे होंगे। मेरी जानकारी में यह पहला अवसर था, जब किसी लेखक की मृत्यु के समाचार के साथ-साथ उस पर लेख भी किसी राष्ट्रीय दैनिक के मुखपृष्ठ पर प्रकाशित हुआ हो। उस लेख में लिखा गया था :

> डॉ. रामविलास शर्मा ने लिखा है कि प्रेमचन्द, कबीर के बाद, हिन्दी के सबसे बड़े व्यंग्यकार हैं।

लेख में लेखक ने अपनी ओर से जोड़ा : 'और, हरिशंकर परसाई प्रेमचन्द के बाद हिन्दी के सबसे बड़े व्यंग्यकार हैं।'

वर्तमानता की पहचान—समझ और संवेदना

परसाई वर्तमानता के रचनाकार हैं। इस कथन का मतलब केवल यह नहीं कि उनके लेखन में आजादी के बाद की स्थितियों का चित्रण है। वर्तमानता उनकी रचनाधर्मिता के केंद्र में है, वह रचनात्मक मूल्य बन गई है। परसाई के शब्दों में :

> शाश्वत लिखने वाले तुरन्त मृत्यु को प्राप्त होते हैं। अपना लिखा जो रोज मरता देखते हैं, वही अमर होते हैं। जो अपने युग के प्रति ईमानदार नहीं है, वह अनन्तकाल के प्रति क्या ईमानदार होगा?

शाश्वत अरूप है, सरूप—और सबसे ज़्यादा सरूप वर्तमान है। लेखक सरूप वर्तमान से प्रभावित न हो, और जिसे नहीं देख रहा, उसी से प्रभावित होने का प्रयास करे या ढोंग रचे तो वह अपनी समझ से शाश्वत लिखेगा। विभिन्न युगों के 'वर्तमानों' के योग के आधार पर हम शाश्वत की कल्पना करते हैं। इसी को निराला कहते थे : 'हम नित्य नवीनता में ही सनातनता पाते हैं।'

काल को भूत, भविष्य, वर्तमान में बाँट दिया गया है—समझने-समझाने की सुविधा के लिए। भूत और भविष्य को वर्तमान जोड़ता और काटता है। भूत वर्तमान में प्रतिफलित होता है—वर्तमान में भूत निहित है। वर्तमान की सक्रियता भविष्य का निर्माण करती है। वर्तमान का सर्वाधिक महत्त्व इस बात में है कि वह सक्रियता से जुड़ा है। हम वर्तमान में ही कर्मरत होते हैं। अतीत में हम नहीं, हमारे पूर्वज कर्मरत थे। भविष्य में आनेवाली पीढ़ियाँ उद्योग करेंगी। भविष्य में काम करने की हम योजना ही बना सकते हैं। काल को कर्म में हम केवल वर्तमान में ढाल सकते हैं। यह बात मुक्तिबोध की एक पंक्ति—'पीतालोक प्रसार में काल गल रहा है'—से स्पष्ट होती है। 'अँधेरे में' कविता का वाचक निष्क्रिय है। इसलिए काल गल रहा है। पीत आलोक निष्क्रियता का द्योतक है। रक्त आलोक सकर्मकता का।

हरिशंकर परसाई वर्तमानता के रचनाकार हैं। उनका साहित्य बीसवीं सदी के उत्तरार्द्ध के भारत का है। यह साहित्य इस काल के भारत की पहचान है।

परसाई ने वर्तमान समस्याओं को ही अपने लेखन का आधार बनाया है। आधुनिक काल के किसी अन्य रचनाकार ने वर्तमान समस्याओं तक ही अपने को इतना व्यस्त नहीं रखा है। वर्तमान समस्याओं पर लिखते समय भी रचनाकार उन्हीं समस्याओं पर कलम चलाते हैं जिन पर लोगों का ध्यान केन्द्रित हो चुका है। ये सीमित वर्तमानता के रचनाकार हैं। वर्तमान के मामूलीपन या 'रोजमर्रा' को रचना में इतना प्रतिष्ठित पहले, किसी और ने नहीं किया था। यह प्रगतिशीलता का विकास है। जीवन की सामान्य बातों को रचना में स्थान देकर भारतेन्दु ने हिन्दी साहित्य में आधुनिकता का प्रवर्तन किया था। वह आधुनिकता प्रगतिशीलता भी थी। बालमुकुन्द गुप्त द्वारा लिखित 'शिवशम्भु के चिट्ठे' में हम इसी मामूलीपन की प्रतिष्ठा पाते हैं। किन्तु स्वातंत्र्योत्तर भारत की विशिष्ट स्थितियों में इस रोजमर्रा मामूलीपन के महत्त्व में गुणात्मक परिवर्तन हो गया है। हिन्दी में यह मामूलीपन कविता में नागार्जुन और गद्य में हरिशंकर परसाई के यहाँ सबसे ज़्यादा दिखलाई पड़ा है। कविता में सामान्य स्थितियों को आधार बनाकर रचना करने की दीर्घ परम्परा लोक साहित्य में रही है, नागार्जुन ने उसका काफी सहारा लिया। परसाई के पूर्वज, इस दृष्टि से, केवल बालमुकुन्द गुप्त हैं। उनका गद्य विधा की दृष्टि से अत्यन्त प्रयोगपूर्ण और नवीन है। वह बालमुकुन्द गुप्त के 'शिवशम्भु के चिट्ठे' से भी भिन्न है। हरिशंकर परसाई के निबन्धों में भंग की तरंग की भूमिका नहीं। वे छद्म को उद्घाटित कर देनेवाली समझ के साथ रचना में प्रवृत्त होते हैं। मदहोश होकर होश की बातें करने की भूमिका उन्हें नहीं निभानी पड़ती। गुप्तजी वास्तविकता की पहचान कराने के लिए भँगेड़ी की भूमिका में उतरते थे, जबकि परसाई की रचना में सतर्क-बोध आद्यन्त साथ रहता है।

स्वातंत्र्योत्तर भारत की स्थिति जितनी जटिल, छद्मपूर्ण है, परसाई की दृष्टि भी उतनी ही काँइयाँ और भेदक। यहाँ ईमानदारी तो है किन्तु वह मध्यकालीन वीरोचित तेवर से रहित है। परसाई की ईमानदारी आदर्श से प्रेरित है किन्तु आदर्शवादी नहीं। वह भी जटिल, काँइयाँ, छद्म को भेदने में सक्रिय और नाटकीय है। व्यंग्यकार परसाई की नैतिकता मानवीय सिद्धान्तों पर आधारित है किन्तु उसकी रणनीति नई है। वह अनैतिक शक्तियों के दाँव-पेंच से परिचित और उन्हें मात देने में माहिर और शातिर है। उन्हें पढ़ते हुए ब्रेख़्त की याद आती है।

परसाई की रचना को आजादी के बाद की स्थितियों से अलग करके देखा ही नहीं जा सकता। आजादी के बाद की स्थितियाँ जैसी घटित हुईं, वैसी न होतीं तो परसाई का लेखन भी वैसा न होता, जैसाकि है। यह बात कमोबेश तो स्वातंत्र्योत्तर भारत के सभी प्रसिद्ध रचनाकारों के बारे में कही जा सकती है, किन्तु सबसे ज़्यादा यह

लागू होती है परसाई के बारे में। साहित्येतर स्थितियाँ रचनात्मक अनिवार्यता निर्मित करती हैं। महान् साहित्य अनिवार्य होता है। परसाई के लेखन में रोजमर्रा का मामूलीपन अनिवार्य भी बन गया है। उनके प्रचुर और पर्याप्त लेखन का आधार अति-सामान्य, परिचित, वर्तमानकालिक, प्रत्यक्ष जीवन-जगत् है लेकिन उसका कोई अंश फालतू या महत्त्वहीन नहीं। भाव-परिधि का यह विस्तार अभिभूतकारी और आश्चर्यजनक है। पढ़ते समय वे जितना सहज लगते हैं, विचार करने पर उतना ही जटिल।

परसाई के निबन्धों का आकार बहुत छोटा होता है। प्राय: दो-तीन पृष्ठों का। उन्हें अलग-अलग पढ़ने पर कौतूहल, हास्य, व्यंग्य, घृणा, आक्रोश—सब होता है। लेकिन निबन्ध पढ़ने पर एक झटका जरूर लगता है। कुछ ऐसा हो रहा है जो विक्षुब्ध कर जाता है। विक्षुब्ध करने का गुण ही परसाई को रचनाकार बनाता है—गम्भीर रचनाकार। गम्भीर रचनाकार मानवतावादी होगा, उसकी रचना का प्रधान तत्त्व करुणा होगा।

लेकिन इन निबन्धों को आप एक साथ पढ़ें तो ये परस्पर-सम्बद्ध लगेंगे। पूरा निबन्ध-साहित्य एक वृहत् युग-गाथा लगेगा। वह एक विशद असमाप्त महाकाव्य लगेगा। यह स्वातंत्र्योत्तर भारत की युग-गाथा है। व्यंग्य निबन्धों का यह महाकाव्यात्मक प्रभाव हिन्दी की नई उपलब्धि है। वर्तमानता, मामूलीपन की अनिवार्यता, महत्ता—इन सबके साथ परसाई के निबन्धों के शिल्प और विधा के नयेपन का अन्योन्याश्रित सम्बन्ध है।

स्वातंत्र्योत्तर भारत का यथार्थ—बनता-बिगड़ता हुआ सक्रिय यथार्थ—परसाई के निबन्धों में चित्रित है। इस सक्रियता, विकासमानता को रेखांकित करने के लिए ही उसके वास्ते 'वर्तमानता' शब्द का प्रयोग किया जा रहा है।

यथार्थ असीम है। लेखन-विषय के रूप में वर्तमानता कभी चुकेगी नहीं। वर्तमानता निरन्तर विकसनशील है। वर्तमान अपनी अन्तस्सम्बन्धता में पहचाना जाता है। हमारे वर्तमान में कितनी समस्याएँ हैं, इन समस्याओं की कितनी परतें हैं! उनके ऐतिहासिक, आर्थिक, सांस्कृतिक कारण और दबाव हैं। विभिन्न वर्गों और वर्गों ही नहीं, एक-एक व्यक्ति पर इन सबका अलग-अलग, समान और असमान प्रभाव है। असंख्य व्यक्तियों द्वारा साक्षात् अनुभूत किया जाता हुआ यह युग अपनी समस्याओं, समस्याओं की परतों में जीवन्त और अखंड है। अखंड यानी परस्परसम्बन्धित है। मार्क्स ने कहा था—प्रत्येक वस्तु अन्य प्रत्येक वस्तु से जुड़ी है। वर्तमानता की अखंडता कोई अरूप अलौकिक तत्त्व नहीं। वह हमारे सामने है—हम पर चोट करती हुई, हमें क्षत-विक्षत, आहत, मुदित, पुलकित करती हुई—हमें ललकारती हुई। हमारे साथ उसे देशवासी झेल रहे हैं। संस्कृति, अतीत-गौरव, पुराण-गाथा, मिथक—सब वर्तमान पर घटित हो रहे हैं। वर्तमान का चक्र इन्हें काट-छाँट, खराद रहा है।

क्रियाओं-प्रतिक्रियाओं से खुद वर्तमान बन भी रहा है और मिटता हुआ भविष्य में ढल भी रहा है। इन मूल्यों की कसौटी यह है कि समाज और व्यक्ति के ऐतिहासिक वर्तमान में वे कितने सहायक या बाधक हैं। सत्ता, समाज, व्यक्ति की घोषणाएँ वस्तुतः क्या हैं? कथनी की करनी क्या है?

हमारे देश के मर्यादा पुरुषोत्तम राम भारतीय महाकाव्यों के आदर्श उदात्त नायक हैं। महाकवि तुलसीदास ने वर्षा ऋतु में उनके विरह का वर्णन किया। राम ने वर्षा ऋतु में बादलों का गर्जन सुनकर कहा :

घन घमंड गरजत घन घोरा।
प्रियाहीन डरपत मन मोरा॥

यह पंक्ति लोगों की जबान पर है लेकिन इस पंक्ति को पढ़ने वाले की छत टपक रही है। उसे तुलसीदास के राम की स्थिति में आने की सुविधा नहीं। वह राम की नहीं, ग़ालिब की स्थिति में है।

'ग़ालिब का मकान भी मेरे ही जैसा रहा होगा। तभी एक चिट्ठी में लिखा है—आस्माँ एक घंटा बरसे तो घर दिन भर।' इसमें राम को मिथक की दुनिया से निकालकर अपनी स्थिति में डाल दिया गया है। मिथक को अपने अनुभव और अपनी स्थिति से भिड़ा दिया गया है। तब क्या हुआ?

'राम की बात राम जानें। बादलों की गर्जन से डरता मैं भी हूँ, पर इस डर का कारण जानता हूँ। नहीं, राम वाला कारण नहीं है। मेरे डर का कारण कोई हरण की गई प्रिया नहीं है, यह मकान है, जिसकी छाया तले बैठा हूँ। राम इस भय को नहीं जानते थे। वे किसी किराए के मकान में चतुर्मास काटते तो भाई को ऐसी बातें थोड़े ही सिखाते कि हे लक्ष्मण, पर्वत बूँदों के आघात को ऐसे सह रहे हैं, जैसे संत-जन दुष्टों के वचन सहते हैं। वे कहते कि 'हे लक्ष्मण! मेरे ठीक सिरहाने एक बड़ा टपका है, मुझे रात को नींद नहीं आई। आज ठीक कराना।' और लक्ष्मण 'जो आज्ञा' कहकर मकानवाले से शिकायत करने चल देते। पर्वत चाहे बूँदों का आघात कितना ही सहें, लक्ष्मण बर्दाश्त नहीं करते। वे बाण मारकर बादलों को भगा देते या मकान-मालिक का ही शिरच्छेद कर देते।"[1] (3/16)

इसमें राम को उनकी मिथकीय दुनिया से निकालकर टपकने वाली छत के नीचे रहने वाले निम्नमध्यवर्गीय किराएदार के साथ कर दिया गया है। उसकी स्थिति में डाल दिया गया है। पुराण-गाथा या रोमांचक साहित्य हमें अपनी स्थिति से ऊपर उड़ा ले जाता है। यहाँ निम्नमध्यवर्गीय व्यक्ति की स्थिति, पुराण,

1. (3/16) 'परसाई रचनावली', खंड 3, पृ. 16 का सूचक है। आगे भी यही क्रम है।

गाथा, मिथक को अपनी तरह बना लेती है। अपनी स्थिति का अविस्मरणीय आग्रह परसाई के व्यंग्य निबन्धों की विशेषता है। वे मिथकों का उपयोग मिथक-भंजन के लिए करते हैं। इससे वर्तमानता या वस्तुस्थिति उजागर होती है।

हम जानते हैं कि पौराणिक नायकों को वर्तमान स्थिति में पहले भी लाया गया है, अब भी लाया जाता है : 'मानुस हौं तो बही कवि चोंच बसौं नित टेम्स नदी के किनारे/जो पसु हौं तो बनौं बुलडाग चलौं नितकार में पूँछ निकारे' आदि में भी यही किया गया है। पौराणिक पात्रों को अत्याधुनिक स्थितियों में डालकर, नये फैशन की हँसी उड़ाना हिन्दी व्यंग्य में बहुत पहले से शुरू हो गया था। लेकिन ऐसे लोग वर्तमानता को परसाई की तरह नहीं देखते। परसाई की दृष्टि द्वंद्वात्मक है। उनके यहाँ वर्तमानता एक ऐतिहासिक अवधारणा और मूल्य है। वे पौराणिक पात्रों की टक्कर प्राय: निम्नमध्यवर्गीय, अभावग्रस्त या शोषित पात्रों से कराते हैं। उनके यहाँ ये पौराणिक पात्र वर्तमान युग की जटिल विषमता में उलझकर अपनी पौराणिक गरिमा झाड़ देते हैं। अभावग्रस्त शोषित जन के प्रति बेहद करुणा ही परसाई को कबीर और ग़ालिब से जोड़ती है। यह करुणा व्यंग्य में छिपी रहती है। परसाई को कबीर और ग़ालिब से यों ही नहीं जोड़ा जा रहा है। इस पर यथावसर चर्चा की जाएगी।

परसाई के लेखन को समग्रता में देखा जाए तो वर्तमान भारत के द्वंद्व का चित्र उभरेगा। इस चित्र में एक कसमसाता, छटपटाता हुआ भारत है जिसे एक और छद्म भारत ने दबोच रखा है। दबोचने वाला और दमित, दोनों भारत सक्रिय हैं। दोनों के बीच निरन्तर दाँव-पेंच चल रहे हैं। शोषक, शोषित, उनकी समस्याएँ, सांस्कृतिक, आर्थिक, आचरण—सब परस्पर सम्बद्ध हैं। इस सघन परस्पर-सम्बन्धता को ही वर्तमानता की अखंडता समझिए। इसमें उच्चवर्ग, मध्यवर्ग और निम्नवर्ग—सबकी आशाएँ, आकांक्षाएँ हैं। सबके अपने-अपने दु:ख हैं। दु:ख और सुख विविध हैं, भिन्न हैं, परस्पर विरोधी हैं, छद्म हैं, सच्चे हैं।

> मेरा दु:ख यह है कि मुझे बिजली का चालीस रुपये का बिल जमा करना है और मेरे पास इतने रुपये नहीं हैं।
>
> तभी एक बन्धु अपना दु:ख बताने लगता है। उसने आठ कमरों का मकान बनाने की योजना बनाई थी। छह कमरे बन चुके हैं। दो के लिए पैसे की तंगी आ गई है।
>
> एक बन्धु की रोटरी मशीन आ गई। अब मोनो मशीन आने में कठिनाई आ गई है। वे दुखी हैं।

एक जीवित रहने का संघर्ष है और एक सम्पन्नता का संघर्ष है। (3/45-46)

'सतर्क वैज्ञानिक-बोध परसाई की व्यंग्य-रचना का प्रधान साधक है।' वे इस बोध से संस्थानों, रूढ़ियों, आचरण आदि के टुकड़े कर देते हैं और उनका व्यंग्य वास्तविकता प्रकट कर देता है। वास्तविकता, चूँकि अमानवीय है, अतएव इसकी अनुभूति करुणा जगाती है।

स्वातंत्र्योत्तर भारत में स्वाधीनता-आन्दोलन के सिद्धान्त गायब नहीं हो गए हैं। उनका इस्तेमाल किया जाता है—मुखौटों के रूप में। कथनी और करनी में भिन्नता नहीं, विपरीतता है। फलतः देश की मानवीय विरासत को मुखौटे के रूप में इस्तेमाल किया जाता है। यह हमारे देश में ज़्यादा आसान है क्योंकि हमारे देश की जनता का अधिकांश रूढ़िग्रस्त है। जो शिक्षित हैं, उनकी आँखों पर भी रूढ़ि और अन्धविश्वास का आवरण पड़ा है। जनता का शोषण करनेवाली शक्तियाँ एक हो जाती हैं। साम्प्रदायिकता, बहुराष्ट्रीय पूँजी, फासिज्म, धर्म, वर्ग-विभाजन को बरकरार रखनेवाली राजनीतिक शक्तियाँ सब इस नाटकीय षड्यंत्र में शामिल होकर एक जुट हो जाती हैं।

राजनीतिज्ञ स्वाधीनता-आन्दोलन के नारों—सत्य, अहिंसा, सेवा को, धर्माधिकारी अतीत को, फासिज्म संस्कृति को मुखौटा बनाते हैं तो देशी पूँजीवाद और बहुराष्ट्रीय कम्पनियाँ सब कुछ का इस्तेमाल विज्ञापन के रूप में करती हैं। 'विज्ञापन हमारे युग का सबसे बड़ा और घातक मुखौटा है।' वह आर्थिक शोषण के लिए राजनीति, चरित्र, संस्कृति, मानसिकता को विकृत करता है। नारी को शारीरिकता में सीमित करता है। इस तरह यह स्पष्ट हो जाता है कि पूँजीवाद सामन्ती दृष्टि का ही विकास है। इसके लिए क्षणवाद एवं व्यक्तिवादी अनुभववाद सहायक होते हैं।

परसाई यह सारा छद्‌म देख लेते हैं तो इसका श्रेय उस वैज्ञानिक दृष्टि को भी है जो पूँजीवाद के विरोध में समाजवादी विकास का विकल्प प्रस्तुत करती है।

साम्राज्यवाद से समर्थित, कभी-कभी उससे अपने स्वार्थ के लिए टकराता हुआ भी, देशी पूँजीवाद और अनेकता के साथ एकता में विश्वास करनेवाला समाजवाद—इन दोनों का परस्पर विरोध हमारे युग की वर्तमानता का अन्तर्विरोध है। इसे हमारे देश का प्रत्येक जन झेल रहा है। प्रत्येक व्यक्ति इस संघर्ष-गाथा का पात्र है। हम जब आँकड़ों या सिद्धान्तों की भाषा में बहस करते हैं, तब इस संघर्ष-गाथा की अनुभव-धार बहुत कुछ अरूप होकर ओझल हो जाती है। देश के एक-एक जन का दुःख-अनुभव अपने-आपमें अखंड असीम है। इन सबके अनुभवों को एक साथ देखने का प्रयास करनेवाला रचनाकार अपने युग का महाकाव्य लिखता है। इस व्याप्ति में प्रत्येक का संघर्ष ओझल नहीं होता, प्रत्येक का अनुभव करोड़ों से

गुणित होकर सरूप, अखंड, वास्तविक, रचनात्मक हो जाता है। यही वर्तमानता है। मुक्तिबोध की रचनात्मक पीड़ा में जो व्याप्ति है, वह द्रष्टव्य है :

मुझे भ्रम होता है कि प्रत्येक पत्थर में
चमकता हीरा है,
हर एक छाती में आत्मा अधीरा है
प्रत्येक सुस्मित में विमल सदानीरा है
मुझे भ्रम होता है कि प्रत्येक वाणी में
महाकाव्य पीड़ा है
दुःख की कथाएँ, तरह-तरह की शिकायतें,
अहंकार विश्लेषण, चारित्रिक आख्यान,
जमाने के जानदार सूरें व आयतें
सुनने को मिलती हैं।

यही महाकाव्य-पीड़ा परसाई की रचना में है। व्यंग्य उसका रूप है। स्वातंत्र्योत्तर भारत में कथनी-करनी की विपरीतता ने जो नाटकीयता उत्पन्न की है, वह उनके व्यंग्य-निबन्धों में है। लेकिन इस विपरीतता और नाटकीयता में सफल शोषकों का स्वाँग और अभावग्रस्त जन की पीड़ा है। इस पीड़ा का विभावन है।

यह पीड़ा-बोध परसाई के सौन्दर्य-बोध का अंग है। वे व्यंग्य के पैने हथियार से हमारी अमानवीयता और कमजोरियों को छील-छीलकर नैतिक दृष्टि से अधिक विकसित मनुष्य को गढ़ते हैं। उनका सतर्क-बोध उनके व्यंग्य को वैज्ञानिक नैतिकता और सौन्दर्य-बोध से जोड़ता है। यह बोध वर्तमानता की परतों और नाटकीयता को उघाड़ता है। वह विभिन्न मनोविकारों को परस्पर-सम्बद्ध करके करुणा की भूमि का विस्तार करता है। इन सबसे परसाई का व्यंग्य अधिक जटिल बनता है। वह पहले की अपेक्षा अधिक मनोविकारों और जीवन स्थितियों से सम्पृक्त है। उनका व्यंग्य अधिक अर्थ-भूमि पर स्थित है, वह अधिक भाव-भूमि घेरता है। आचार्य शुक्ल के शब्दों में कहें तो 'परसाई के व्यंग्य से मनोविकारों का 'व्यायाम' होता है।'

व्यंग्य विषमता पर आधारित होता है, वह चोट भी विषमता पर करता है। विषमता का विलोम सुषमा है—सुषमा सौन्दर्य उत्पन्न करती है। सुषमा को औचित्य भी कह सकते हैं, जो जहाँ जितना होना चाहिए, वह वहाँ उतना है तो उससे सौन्दर्य उत्पन्न होगा। नहीं है—अनौचित्य है तो विषमता होगी—यही कुरूपता है। इससे हास्य उत्पन्न होता है। 'व्यंग्य' शब्द में विकलांगता का भाव है। जिस प्रकार स्थूल और शारीरिक विषमता होती है, उसी प्रकार सामाजिक और आचरणगत भी।

घटिया लोग लम्बी नाक, मोटी तोंद, हकलाहट, विकलांगता की हँसी उड़ाकर अपने को रचनाकार समझते हैं। ऐसा व्यंग्य (?) हिन्दी की रंग-बिरंगी पत्रिकाओं में खपा रहता है। यह उसी प्रकार का छिछोरापन है, जैसाकि चटक-मटक, बाँकी अदा, पतली कमर पर फिदा हो जाना। ऐसी हँसी मानवीयता नहीं, पशुता की पहचान है। यह बात पशुओं में नहीं, मानव-पशुओं में ही पाई जाती है। वे लँगड़े आदमी की विकलांगता पर हँसते हैं। उनकी हँसी से आदमी को कितनी तकलीफ हो रही है, इस पर ध्यान नहीं देते। इतिहास में अमानवीय हँसी के दारुण उदाहरण हैं। कहते हैं कि रोमन लोग एकत्र होकर युद्धबन्दियों के सामने भूखे शेरों को छोड़ देते थे। यह उनका मनोरंजन था। नीरो रोम को आग की लपटों में देख रहा था और वायलिन बजा रहा था। वह अपनी जातीय परम्परा का ही निर्वाह कर रहा था। दुखी आदमी पर हँसना, उस पर ईंट-पत्थर चलाने जैसा है। पीड़ा-व्यथा पर खल हँसना ही जानते हैं। मीरा ने लिखा :

मेरो मरण औ जग केरी हाँसी।

यह हँसी दु:ख को और तीव्र कर देती है, यानी उसे और असहनीय बना देती है। संवेदनशील प्राणी के लिए यह हँसी कैसी होती है, इसकी व्यंजना निराला की इन पंक्तियों में है :

' 'दूबर होत नहीं कबहूँ पकवान के विप्र मसान के कूकुर' की सार्थकता मैंने दूसरे मित्रों में देखी, जिनकी निगाह दूसरों की दुनिया की लाश पर थी। वे पहले फटीचर थे, पर अब अमीर बन गए हैं, दोमंजिला मकान खड़ा कर लिया है, मोटर पर सैर करते हैं। मुझे देखते हैं, जैसे मेरा-उनका नौकर-मालिक का रिश्ता हो! नक्की स्वरों में कहते हैं—हाँ, आदमी अच्छा है; जरा सनकी है। फिर बड़े गहरे पैठकर मित्र के साथ हँसते हैं।' (देवी)

हँसी खलों को ही नहीं आती। कबीर को भी आती थी। कबीरदास को हँसी भी आती है और रोना भी आता है। लोग झूठी सफलता पर इतराते हैं, मूर्ख और ज्ञानियों की मुद्रा अपनाते हैं। जानते कुछ नहीं और बखानते ज़्यादा हैं तो कबीरदास को हँसी आती है। अज्ञानता के कारण लोग भटकते हैं, परेशान होते हैं तो कबीरदास उदास होते हैं, कभी-कभी रो भी देते हैं। कबीरदास की हँसी उनके रोने से जुड़ी है। जो सांसारिक दृष्टि से सफल हैं, झूठे सुख को सुख समझकर पुलकित हैं, उन पर कबीरदास हँसते हैं। सामान्य लोगों के भ्रम पर वे उदास होते हैं या रोते हैं। हास्य और करुणा का यह मेल कबीर की मानवीयता के कारण है।

हँसता वह है जो अपने को सुरक्षित या उचित समझता है। वह दूसरों की हँसी उड़ाता है। मायाग्रस्त लोग अज्ञानी हैं। वे असुरिक्षत हैं, तब भी हँसते हैं।

हास्यास्पद दूसरों की हँसी उड़ाए तो उसकी हास्यास्पदता बहुत बढ़ जाती है। कबीरदास ऐसे लोगों से कहते हैं : 'बहुत जमा कर लिया है, समझते हो सबकुछ 'मेरा है।' यमराज का डंडा मूँड़ पर लगते ही फैसला हो जाएगा कि तुम्हारा क्या है' :

जम का डंड मूँड़ महि लागै पल मा होइ निबेरा।

कबीरदास राम के भरोसे अपने को सुरक्षित और सांसारिक दृष्टि से सफल किन्तु राम-विमुख लोगों की मूर्खता पर हँसते थे। इस व्यंग्य का तर्क और बोध था। वह जाग्रत व्यक्ति का व्यंग्य था। उनका व्यंग्य करुणा से स्पन्दित था। वह लोकोन्मुख भी था, पक्षधर था—भक्तों और पीड़ित प्राणियों के पक्ष में। कबीर जागते हैं, दुखी हैं और रोते हैं :

सुखिया सब संसार है खावै औ सोवै।
दुखिया दास कबीर है जागै औ रोवै॥

जागना बोध है, रोना करुणावान् होना है, दुखी होना संवेदनशील होना है। जिस तरह व्यंग्य का तर्क और बोध है, उसी प्रकार दुखी होने और रोने का भी। यह वही कबीरदास हैं जो बेहद्दी मैदान में सोते हैं। जो काम ब्रह्मा, विष्णु, महेश भी नहीं कर पाए यानी अपनी चादर को निर्मल न रख सके, उसे 'जस का तस' धर देनेवाले हैं। यह अखंड विश्वास, हास्य-व्यंग्य, करुणा—सब उनके मानसिक ढाँचे के विविध किन्तु अन्तस्सम्बन्धित पहलू हैं। मानसिक ढाँचे की इस समग्रता को ही उनकी भक्ति कहनी चाहिए।

हरिशंकर परसाई के व्यंग्य का आधार इतिहास-बोध है। यह इतिहास-बोध उनकी समस्त रचनात्मकता में सक्रिय है। यही उन्हें वह औचित्य और सुरक्षा प्रदान करता है जिसके भरोसे वे व्यंग्य कर सकते हैं और समाज-विरोधियों पर हँस सकते हैं। कबीर परमसत्ता की साधना करते थे, वे काल को चीरकर कालातीत स्थिति में पहुँचने का रास्ता खोजते थे। फिर भी 'मूरों' (गुलामों को बेचने वाले सौदागरों) के लिए नहीं, 'बन्दियों' (जिन्हें गुलाम के रूप में बेचा जाता था) के लिए रोने की बात करते थे :

मूरों को का रोइए जे अपने घर जाहिं।
रोइए बन्दी जनन को जे हाटहिं-हाट बिकाहिं॥

परसाई समाजवाद में विश्वास करते हैं। वे वर्ग-विभक्त समाज में दूसरों का हक छीनकर सांसारिक सफलता प्राप्त करने की अमानवीयता एवं टुच्चेपन को समझते हैं।

वे अमानुषिक यथास्थितिवादी एवं विकास-विरोधी रूढ़ियों को उद्घाटित करते हैं। वर्ग-विभक्त समाज की शोषक शक्तियों की ऐतिहासिक अशक्तता जानते हैं। ऐतिहासिक प्रक्रिया का तर्क उनका सुदृढ़ दुर्ग है। जहाँ वे सुरक्षित हैं, जहाँ से वे यथास्थितिवादियों को देखते हैं, उन पर प्रहार करते हैं।

यह व्यंग्य सकारात्मक है। इसमें अभूतपूर्व व्याप्ति है। इसीलिए जटिलता भी पहले से अधिक है। इसमें वर्तमानता केन्द्रीय महत्त्व की है। यह वर्तमानता प्रवहमान है। इस व्याप्ति, जटिलता और प्रवहमानता के बगैर व्यंग्य सकारात्मक नहीं होता।

व्याप्ति एवं वर्तमानता को साथ-साथ देखना चाहिए। इसकी परीक्षा सरूपता से करनी चाहिए। सरूपता ठोस सन्दर्भों में आकार ग्रहण करती है।

परसाई के अधिकांश व्यंग्य निबन्धों का नायक निम्नमध्यवर्गीय है। इन निबन्धों में गेहूँ, चावल, चीनी, मिट्टी का तेल, किराए का मकान, गन्दी नाली, प्राइमरी स्कूल की बिल्डिंग, दहेज, शेरवानी, छाता, बीमारियाँ, दवाएँ, श्राद्ध, सत्यनारायण की कथा, चन्दा, चुनाव, बाढ़, अकाल, विज्ञापन, बिना टिकट रेल-यात्रा, कवि-सम्मेलन, लेखकीय पारिश्रमिक, मध्यप्रदेश के अनेक कस्बे आदि बार-बार आते हैं। कुछ दूसरी स्थितियों के भी लोग आते हैं; जैसे—कांट्रैक्टर, नेता, मंत्री, एम.एल.ए., सेठ, गुंडे, धर्माधिकारी, व्यापारी, इंस्पेक्टर, प्रिंसिपल, प्रोफेसर, शोध निर्देशक आदि। ये परस्पर विरोधी हैं। इनका द्वंद्व निबन्धों में नाटकीयता उत्पन्न करता है। वाचक का द्वंद्व भी प्रायः दिखलाई पड़ता है।

तथाकथित गम्भीर साहित्य में गेहूँ, चावल, चीनी जैसी मामूली चीजों को कोई खास महत्त्व नहीं दिया जाता। प्रगतिशील साहित्य में ही कभी-कभी इनकी चर्चा होती है। 'सवा सेर गेहूँ' प्रेमचन्द की मशहूर कहानी है। तथाकथित शिष्ट साहित्य इन जीवनाधार वस्तुओं से यथाशक्ति परहेज करता है। घीसू-माधव की सबसे बड़ी आकांक्षा पेट भरकर पूड़ी-तरकारी खाने की थी। ऐसे साहित्य-रसिक काफी संख्या में हैं जो इसे अवास्तविक और फूहड़ मानते हैं। वे पढ़ना-लिखना शुरू करते ही आस-पास की दुनिया छोड़ देते हैं। कलम या किताब उठाते ही वे सोकर स्वप्न देखने लगते हैं। दुनिया छोड़ देने या सो जाने को ही काव्यानन्द समझते हैं। उन्हें देखकर 'सुखिया सब संसार है खावै औ सोवै' का अर्थ साक्षात् हो जाता है।

जिन वस्तुओं पर हमारा जीवन आधारित है, वे कुछ लोगों को इतनी अनायास मिल जाती हैं कि उनके लिए महत्त्वहीन हो जाती हैं। अगर वे सभी लोगों को सुलभ हों तो उनसे 'ऊपर उठ जाना' किसी हद तक स्वाभाविक है। लेकिन जिस देश में आबादी का अधिकांश गरीबी-रेखा के नीचे जीवन बसर करता हो, वहाँ इसे अपने भाव-बोध से खारिज कर देना विचार-शून्य एवं हृदयहीन होना है।

जिस वस्तु के न मिलने से आदमी मर जाए, पशु हो जाए, बैल-घोड़े की तरह जिन्दगी बसर करे, उसे महत्त्वहीन वे ही समझ सकते हैं जो खाते-पीते बैल, घोड़े हैं। धार्मिक कथाओं में इसके उदाहरण भरे हैं जब महापुरुषों ने अन्न, वस्त्र को कर्मकांड से ऊपर स्थान दिया। जो प्राथमिक आवश्यकता है, उसकी पूर्ति न हो तो बाकी ऊपर का सारा ढाँचा चरमराकर बैठ जाएगा। अन्न को ब्रह्म मानने का यही रहस्य है।

साहित्य अनुभव-व्यापार है लेकिन अनुभव और अनुभव में अन्तर है। घीसू-माधव और शेखर—दोनों के अनुभव हैं। एक रास्ता यह हो सकता है कि दोनों के अनुभवों का चित्रण ऐसे किया जाए, मानो ये दो कोटि के भिन्न प्राणी-प्रकारों के अनुभव हैं। दूसरा रास्ता यह है कि इन दोनों को विभिन्न वर्गों के मानव का अनुभव माना जाए। दूसरे रास्ते पर चलकर चित्रण करने से दोनों अनुभवों में टकराहट होगी। फिर हमें विवेक से काम लेना पड़ेगा यानी प्राथमिकता निश्चित करनी पड़ेगी।

संवेदना अनुभव से जुड़ी है। दूसरे के कष्ट को कल्पना से हम अपना लेते हैं। इस कल्पना का आधार हमारा अपना अनुभव होता है। कल्पना अनुभव की भी की जाती है—हम इस स्थिति में हों तो हमें कैसा लगेगा? आत्मसात होने पर अनुभव की संवेदना करुणा बन जाती है। करुणा मानवीय क्षमता है। इसकी प्रवृत्ति ऊँचे से नीचे की ओर ढलने और आस-पास फैलने की है—जल की तरह। जब हम उच्चतर वर्गीय व्यक्ति से, अपने से अधिक सुविधा-सम्पन्न व्यक्ति से, अपना तादात्म्य करते हैं, तब करुणा नहीं होती। अपने समान या अपनी अपेक्षा अधिक अरक्षित, अभावग्रस्त, पीड़ित प्राणी से तादात्म्य स्थापित करके उसके कष्ट को अपना बना लेते हैं, तब करुणावान होते हैं। इसीलिए उसके कष्ट को दूर करके हम स्वयं मुक्ति का अनुभव करते हैं। मनुष्य पशुओं के कष्ट से पीड़ित होता है। पशु मनुष्य के कष्ट से पीड़ित नहीं होते। मनुष्य गो-वध आन्दोलन चलाता है। गाय-बैल, मानव-संहार के विरुद्ध कोई आन्दोलन नहीं चलाते। कुत्ते किसी और कुत्ते के दुःख से दुखित नहीं होते।

दुःख के अनुभव की तीव्रता ठेठ वर्तमानता से सम्बद्ध है। यह तीव्रता आगा-पीछा नहीं देखती। वह दुःख को दूर करने में सक्रिय हो जाती है। मालुंक्यपुत्त ने बुद्ध से लोक की शाश्वतता-अशाश्वतता आदि के विषय में प्रश्न किये। बुद्ध ने इन प्रश्नों को 'अव्याकृत' अर्थात् अकथनीय कहा। बुद्ध का तर्क था कि दुःखों को दूर करने का प्रयत्न करना चाहिए। किसी व्यक्ति को वाण से बेध दिया जाए तो पहले उसका वाण निकालना चाहिए। अतिप्रश्न करनेवाला उस वाण-बिद्ध व्यक्ति की तरह है जो वाण को निकलवाने का प्रयत्न न कर वाण मारने वाले के विषय में असंगत प्रश्न कर रहा है। ('पालि साहित्य का इतिहास', डॉ. भरतसिंह उपाध्याय, पृ. 166)

सवाल यह है कि अभावग्रस्त जन जो पीड़ा भोग रहे हैं, उसका अनुभव आप कितनी तीव्रता से कर रहे हैं! वह किस सीमा तक आपका अपना दुःख बन सका है? मुक्तिबोध ने 'मुझे याद आते हैं' कविता में लिखा है :

आज के अभाव के व कल के उपवास के
व परसों की मृत्यु के
दैन्य के, महाअपमान के, व क्षोभपूर्ण
भयंकर चिन्ता के उस पागल यथार्थ का
दीखता पहाड़...
स्याह।

यहाँ अभाव, उपवास पहाड़ की तरह साक्षात् हो गया है। यथार्थ पागल है। पागल है यानी विषम, असंगत है।

इस पागल यथार्थ का तीव्रता से अनुभव न कर पाना रचनात्मक संवेदना का अभाव है। जीवन के शाश्वत सत्य की खोज, क्षण की विविक्तता, आत्मोपलब्धि, वैयक्तिक स्वातंत्र्य, ऐकान्तिक प्रेम के अनुभव—सब केवल इस समाज-व्यापी पहाड़ की तरह साक्षात् अनुभव से जुड़कर सार्थक हो सकते हैं, कटकर विकलांग।

बात इतनी ही नहीं। हिन्दी के अधिकांश लेखकों को इस अभाव अनुभव की कल्पना करने की जरूरत नहीं। वे खुद अभावग्रस्त हैं। लेकिन कलम उठाते ही वे अभाव की दुनिया से ऊपर उठ जाते हैं। वे मानव-मूल्यों की बात इस ढंग से करते हैं मानो बेरोजगारी, अशिक्षा, दहेज आदि की समस्या का मानव-मूल्यों से कोई सम्बन्ध ही न हो। जीवन का मूल्यों से कुछ लेना-देना ही न हो। यह विडम्बना अक्सर देखने में आती है कि लेखक चप्पल फटकाते अखबारों-पत्रिकाओं के कार्यालयों में घूम रहा है, दहेज के कारण लड़की की शादी नहीं कर पा रहा है, मकान मालिक से रोज झगड़ता है लेकिन साहित्य में रोजी-रोटी की समस्या का चित्रण करनेवाले लेखकों को गाली देता है। इनमें से अनेक लोग अनुभव की प्रामाणिकता की भी बात करते हैं और खुद लेखन शुरू करते ही अपने अनुभव को ताक पर रख देते हैं। ये अनुभूत या देखे हुए का नहीं, साहित्य के फैशनों का चित्रण करते हैं। इनकी रचनात्मकता का मतलब चौंकाने के लिए घोषित साहित्यिक रीतियाँ हैं। ये रीतियाँ अनैतिहासिक एवं रूपवादी होती हैं।

गेहूँ, चावल, चीनी, मिट्टी का तेल आदि कितने महत्त्वपूर्ण है, इसे जानने के लिए उचित दर दुकानों की लम्बी मानव कतारें देखिए। ये कतारें अक्सर कड़ी धूप में खड़ी होती हैं। आगे-पीछे होने के लिए झगड़ा-झंझट, गाली-गलौज, सर-फुट्टौवल, चालाकी, बेईमानी होती है। इस अनुभव में पसीना बहता है, धूप लगती है, बुड्ढे-बुढ़ियों के पैर थरथराते हैं। अरूप चिन्तन या ऐकान्तिक से यह भिन्न प्रकार का अनुभव है।

परसाई का साहित्य इस अनुभव का आँखों-देखा हाल ही नहीं है, वह कतार में खड़े आदमी की अनुभव-कथा भी है। परसाई के व्यंग्य निबन्धों का वाचक 'मैं' कतार में खड़ा भी है। वह केवल इस अर्थ में भिन्न है कि वह भोगने वाला ही नहीं, कहने वाला भी है। इसीलिए उनके लेखन में तटस्थता 'निरपेक्षता' नहीं।

असुविधा में रहने वालों को मामूली सुविधा की सुरक्षा भी निश्चितता दे जाती है। सुविधा-सम्पन्नता के अभ्यस्त अभावग्रस्त लोगों की असुविधा को नहीं अपना पाते तो सुविधा का आनन्द भी नहीं जानते। चित्रकूट के वन-पर्वत को देखने से जो आनन्द भरत को हुआ, उसकी तुलना तुलसीदास ने भूखे के अन्न पा जाने की प्रसन्नता से की है :

भरत दीख बन-सैल समाजू। मुदित छुधित जनु पाव सुनाजू।

तुलसीदास भूख का दुःख जानते थे तो भोजन का सुख भी। परसाई के व्यंग्य में घर में गेहूँ की कमी की दारुण व्यथा छिपी है तो घर में पर्याप्त गेहूँ आ जाने का सुख भी।

> हम सब अभिभूत थे। भाई ने ठेले पर से बोरे उतरवाकर बरामदे में रखवाए और एक हाथ कमर पर रखकर दूसरे से पसीना पोंछते हुए कुछ इस तरह मेरी ओर देखा मानो कह रहा हो—तुमने मुझे कभी किसी योग्य नहीं समझा। आज देखो, मेरी सामर्थ्य। तुम कभी इतना गेहूँ लाए?—ठीक कहता है। मुझसे कभी यह नहीं बना। जो-जो मुझसे नहीं बना, वह सब भाई कर दिखा रहा है।

अब परसाई जी के मन में क्या हो रहा है, इसे देखिए :

> मैं अपने मन को इस नई परिस्थिति के अनुकूल नहीं पा रहा हूँ। प्रसन्न हूँ पर एक भयानक शिथिलता भी मेरे मन में है। वर्षों से जब-तब थोड़ी-थोड़ी मात्रा में गेहूँ के प्रबन्ध के प्रयत्न और चिन्ता का अभ्यासी मन आगामी कुछ महीनों की निश्चिन्तता की कल्पना से सहम गया है। अपने प्रयत्नों को अब कौन राह मिलेगी? मैं सुखी भी हूँ और दुखी भी। निःसन्तान के घर, उमर चढ़े पुत्र हो पर प्रसव में स्त्री मर जाए तो उसे कैसा लगेगा? अपनी सत्ता का एक भाग जो हमेशा गेहूँ में उलझा रहता था, एकदम बेकार हो गया और मुझे उस समय लगा कि जिस मात्रा में जी रहा था, उससे कुछ कम मात्रा में जीना पड़ेगा।

> मन के कितने ही कोठे हैं जिनमें जरूरतें भरी हैं—एक गेहूँ का कोठा है, एक वस्त्रों का, एक मकान का। आज गेहूँ का कोठा खाली हो गया। मन कुछ रीता हो गया। ('गेहूँ का सुख')

मन गेहूँ प्राप्त करने के उद्योग का अभ्यस्त हो गया था। वह 'स्वभाव' बन गया था। 'स्वभाव' जिन अभावों से मिलकर निर्मित हुआ था, उनमें से कुछ कम हो गया तो स्वभाव ही बदल जाएगा। व्यक्तित्व में ही परिवर्तन हो जाएगा। आप कल्पना करें, रिक्शा चलाने वाले को रिक्शा न चलाना पड़े, पत्थर तोड़ने वाली नर्स हो जाए, कॉलेज का चपरासी अध्यापक हो जाए तो उनमें कितना परिवर्तन आ जाएगा! गेहूँ का सुख इतना बड़ा सुख है मानो प्रेमिका से विवाह हो गया हो! ऐसी मीठी दार्शनिक गम्भीरता जीवन में बहुत बड़ी सिद्धि मिल जाने पर ही आती है। 'अभाव ही स्वभाव का निर्माण करते थे। जो वास्तविक जीवन का अभाव है, वही मन का भाव है।'

एक बार और भी पच्चीस-तीस किलो गेहूँ एक साथ आ गया। 'बाजार में जब गेहूँ का दाना न मिलता हो तब कोई मित्र पच्चीस-तीस किलो गेहूँ दे दे तो देश का भविष्य उज्ज्वल दिखने लगता है।' खैर, यह गेहूँ सड़ा हुआ निकला। उल्लास शोक में बदल गया। इस निबन्ध का शीर्षक है : 'अन्न की मौत'। परसाई के निबन्धों में मौत का सन्दर्भ बहुत मिलता है। मौत की घटना से वे जीवन-आचरण की अनेक ग्रंथियाँ और परतें प्रकट करते हैं। अन्न की मौत से उन्हें अपने चाचा की मौत का स्मरण हो जाता है। गेहूँ का सम्बन्ध अगर जीवन से है तो मौत से भी जरूर होगा। गेहूँ के भाव का सम्बन्ध मौत की दर से है। इस महँगाई को जीवन अपनी शक्ति भर ही रोक सकता है। यह शक्ति अलग-अलग है। पिता चाचा से पहले ही चले गए थे। गेहूँ की महँगाई कितनी प्राणघातक है, इसे परसाई ने यों व्यक्त किया :

> चाचा जब उस लोक पहुँचे होंगे तो वहाँ वालों ने पूछा होगा—'कहिए पंडित श्यामलाल परसाई, कितने किलो पर चले आए?' चाचा ने कहा होगा—'भैया, हम तो रुपये के ढाई किलो पर ही चले आए। पता नहीं, आगे क्या हो! जीने वाले भुगतें।' पिता ने, जो रुपये के बीस सेर पर ही चले गए थे, जब सुना होगा तो परेशान हुए होंगे कि बच्चे बड़ी मुसीबत में हैं। ('अन्न की मौत')

अन्न की मौत से चाचा और पिता की मौत जोड़ दी गई। परलोकवासी इस दुनिया से पहुँचने वाले से गेहूँ का भाव पूछते हैं। इस लोक की सबसे बड़ी घटना यही है। यह महज घटना की पूछताछ नहीं। इस पूछताछ के माध्यम से महँगाई का संत्रास व्यंजित किया गया है। लोग मर गए हैं लेकिन परलोक में भी वे इस लोक

में महँगाई के अनुभव से परेशान हैं और वे यहाँ से पहुँचाने वाले हर आदमी से उसी की जानकारी हासिल करना चाहते हैं। जौक के एक शेर वाली स्थिति है :

अब तो घबरा के यह कहते हैं कि मर जाएँगे,
मर के भी चैन न पाया तो किधर जाएँगे?

गेहूँ की महँगाई से, मरने के बाद भी छुटकारा नहीं मिला है। यह संत्रास केवल एक की अनुभव-तीव्रता नहीं, देश की अधिकांश जनता की है। पिता ने जब गेहूँ का भाव ढाई किलो सुना होगा तो बच्चों की चिन्ता में परेशान हो गए होंगे। दिवंगत पिता के वात्सल्य की यह स्मृति-छाया अत्यन्त मार्मिक है। व्यंग्य में ऐसा वात्सल्य और करुणा अन्यत्र महान् रचनाकारों में ही मिले तो मिले। महँगाई की कठिन जिन्दगी में पिता की वात्सल्यजनित चिन्ता की स्मृति स्वाभाविक है, ऐसी मार्मिकता व्यंग्य में अभूतपूर्व है।

भूख के अनुभव की असह्यता का चित्र चार्ली चैपलिन ने 'गोल्ड रश' नामक फिल्म में खींचा है जिसमें एक चरित्र जूते पर नमक लगाकर उसे खाता है और अन्य चरित्र को उसका मित्र (जिसकी भूमिका स्वयं चैपलिन करता है) मुर्गा दिखलाई पड़ता है। भूख ने भूखे के लिए मित्र को मुर्गा बना दिया। यह भूख की असह्यता की वास्तविकता है।

स्थिति एक है। लेकिन पाठक या दर्शक अपनी-अपनी स्थितियों के अनुसार प्रभाव ग्रहण करते हैं। आदमी का मुर्गा बनना खाते-पीते लोगों के लिए हँसी की बात है। लेकिन जिसे भूख लगी है, उसकी स्थिति और जिस आदमी को मुर्गे की तरह काटा जाए, उसकी स्थिति हँसने की नहीं होगी। यह करुणागर्भित हास्य विषमता का चित्र है। यह चित्र समझदार पाठक-दर्शकों को हँसाता नहीं; रुलाता है। वे भूखे और हलाल किये जानेवाले की स्थिति में पहुँच जाते हैं। यह व्यंग्य की नैतिकता है।

इसी संत्रास को 'अपील का जादू' निबन्ध में व्यंजित किया गया है। 'अपील का जादू' फ़ैंटेसी है। 'जादू' शीर्षक फ़ैंटेसी की संगति में है। जो होना चाहिए, वह इतना असम्भव है कि फ़ैंटेसी या जादू में ही सम्भव है। महँगाई का कम होना तर्कसम्भव नहीं रह गया है—इस व्यवस्था में। व्यापारी जादू से ही नैतिक और ईमानदार हो सकते हैं। प्रधानमंत्री व्यापारियों से अपील करें और व्यापारी उस अपील से प्रभावित हो जाएँ, यह फ़ैंटेसी में ही हो सकता है, यथार्थ में नहीं। स्वातंत्र्योत्तर भारत की आर्थिक विषमता, अनैतिकता स्वयं व्यंग्य है। वह सर्वत्र व्याप्त एवं दृश्य है। उसे कल्पित करने की नहीं, देखकर चित्रित करने की जरूरत है। कल्पना करनी पड़ती है—जो होना चाहिए, उस स्थिति की। यह कितना क्रूर व्यंग्य है और कैसी विडम्बना है कि

जो उचित और स्वाभाविक हो, उसकी कल्पना करनी पड़े, उसका स्वप्न देखना पड़े? विडम्बना की क्रूरता इस बात में है कि उचित और स्वाभाविक घटित होने लगे तो वह अविश्वसनीय, स्वप्न, जादू लगने लगता है—यथार्थ नहीं। अभावग्रस्त आदमी गेहूँ महँगा न मिलने पर विश्वास ही न करे, सस्ता मिलने पर असन्तुलित हो उठे, इस व्यंग्य में करुण व्यंजना है। वह महँगाई, अभावग्रस्तता एवं अनादर को शाश्वत मानता है।

> गल्ले की दुकान पर तख्ती लगी थी—गेहूँ सौ रुपये क्विंटल। ग्राहक ने आँखें मलीं, फिर पढ़ा। फिर आँखें मलीं और फिर पढ़ा। वह आँखें मलता जाता और पढ़ता जाता। उसकी आँखें सूज गईं, तब उसे भरोसा हुआ कि यही लिखा है।
>
> उसने दुकानदार से कहा—'क्या गेहूँ सौ रुपया क्विंटल कर दिया? परसों तक तो दो सौ रुपये था!'
>
> सेठ ने कहा—'हाँ, अब सौ रुपये के भाव से देंगे।'
>
> ग्राहक ने कहा—'ऐसा गजब मत कीजिए। आपके बच्चे भूखे मर जाएँगे।'
>
> सेठ ने कहा—'चाहे जो हो जाए, मैं अपना और परिवार का बलिदान कर दूँगा, पर कीमत नहीं बढ़ाऊँगा। नैतिकता और मानवीयता का तकाजा है।'

घोर अनैतिक और अमानवीय व्यक्ति नैतिकता और मानवीयता की बात करे तो क्रूर विडम्बना है जिसे आज अधिकांश भारतीय भोग रहे हैं।

परसाई के साहित्य में कल्पना से बहुत कम काम किया गया है। यथार्थ है—जो नहीं होना चाहिए। इसे उल्टा कर दीजिए—यानी जो होना चाहिए, उसे यथार्थवत् मान लीजिए तो वह स्वप्न-कथा हो जाएगी। अवांछित और वांछित यथार्थ के बीच की रिक्तता को परसाई का व्यंग्य उद्घाटित करता है। यह व्यंग्य अपने युग की, ऐतिहासिक जिम्मेदारी निभाता है।

वांछित और अवांछित यथार्थ के अनगिनत पहलू हैं। यथार्थ और स्वप्न किसी न किसी मात्रा में सह-स्थित हैं। वे एक दूसरे में पैठे हैं। यथार्थ इतना रोमांचक विविधतापूर्ण है कि रचनात्मकता के लिए कल्पना की अपेक्षा कहीं अधिक उपयोगी है। हमारे इर्द-गिर्द जो होता है—हम, हमारे मित्र, परिचित अपने सामान्य दैनिक जीवन में जो देखते, सुनते, सोचते, करते हैं—वह कल्पना नियोजित साहित्य की अपेक्षा कहीं अधिक सर्जनात्मक है। इस जीवन-रचना के पात्र, नायक, प्रतिनायक, उपनायक हमीं हैं। जीवन और रचना में यह अभेद अभूतपूर्व है।

अगणित आयामों, परतों और पहलुओं वाली यह जीवंत वर्तमानता सभी रचनाकारों एवं पाठकों के लिए इतनी रचनात्मक नहीं हो सकती। जो समाज के हर दुखी और पीड़ित जन के कष्टों से खुद दुखी होते हैं—इस दु:ख की अनुभूति में जो साहित्य, प्रसिद्धि, स्वार्थ भूल जाते हैं और इन दु:खों को समाप्त करने के लिए अधीर हो जाते हैं, उन्हीं के लिए यह जीवन्त वर्तमानता रचनात्मक है। परसाई ने इतने विविध विषयों पर यों ही नहीं लिखा है। दैनन्दिन जीवन की घटनाओं से आकुल, अधीर होने की उनमें असामान्य क्षमता है। यह क्षमता ऐसी है जो सफलता के महल में आदमी को नाबदान के रास्ते घुसने नहीं देती :

> सफलता के महल का प्रवेश-द्वार बन्द है। इसमें पीछे के नाबदान से ही घुसा जा सकता है। जिन्हें घुसना है, नाक पर रूमाल रखकर घुस जाते हैं। पास ही इत्र-सने रूमालों के ठेले खड़े हैं। रूमाल ख़रीदो, नाक पर रखो और नाबदान में घुस जाओ। सफलता और सुख के महल में एक आदमी खड़ा देख रहा है। कोई पूछता है—घुसते क्यों नहीं? वह कहता है—एक नाक होती तो घुस जाते। हमारा तो हर रोम एक नाक है। कहाँ-कहाँ रूमाल लपेटें?

हर रोम एक-एक नाक का अर्थ है—प्रत्येक अमानवीय स्थिति की मानवीय संवेदना है। यह हर अमानवीय स्थिति की वेदना भोगने वाली व्यापक रचनात्मक संवेदन-क्षमता है। इसके बिना जीवन्त वर्तमानता की विविधता को नहीं आँका जा सकता। यह संवेदना अपनी व्यापकता में तीव्र है।

यह संवेदना केवल विषमता का बोध नहीं कराती। वह सभी मनोविकारों का पुनर्गठन करती है। वह सामाजिक, वैयक्तिक पुनर्रचना की नैतिक भूमि है। वह नये सौन्दर्य-बोध के अनुसार समाज एवं व्यक्ति की असंगतियों, अभद्रताओं, कुरूपताओं को व्यंग्य के बसूले से छील-छीलकर अलग फेंकती है और नये मनुष्य को गढ़ती है।

परसाई सामाजिक विषमता का उद्घाटन करनेवाले रचनाकार हैं। वे समकालीन विषम सामाजिक व्यवस्था को भोग रहे व्यक्ति के भी रचनाकार हैं। उनके यहाँ समाज और उसकी विभिन्न गतिविधियाँ अरूप नहीं हैं। सामाजिक व्यवस्था, रूढ़ियों के अतिरिक्त उनके व्यंग्य-निबन्धों में सभी प्रकार के प्रतिनिधि और गैर-प्रतिनिधि पात्र मिल जाएँगे। समकालीन समाज का जो रूप उभरता है, वह सम-विषम वास्तविक स्थितियों और व्यक्ति पात्रों से भरपूर है। ये पात्र और स्थितियाँ हमारी अपनी जिन्दगी में मिलते हैं। परसाई की रचनाओं से उनकी पहचान और ज़्यादा गाढ़ी हो जाती है।

व्यंग्य की व्याप्ति—मनोविकारों का संश्लेष

परसाई का व्यंग्य पक्षधर है। पक्षधर का मतलब किसी पक्ष की अनदेखी करना नहीं। अगर अनदेखी की गई तो पक्षधरता ही विकलांग हो जाएगी। उनके यहाँ वर्तमानता अपनी सम्पूर्णप्राय सकलता में मौजूद है—सारे दाँव-पेंच के साथ। विश्लेषण करने पर प्रकट होता है कि परसाई स्वातंत्र्योत्तर भारत की नैतिक चेतना के आग्रही रचनाकार हैं। उनके साहित्य में अन्ततः अपने युग की नैतिक चेतना का रूप उभरता है। नैतिकता भी ऐतिहासिक संकल्पना है। वह युग-चेतना से सम्बद्ध है। वह वैज्ञानिक भी है क्योंकि वह युग की जटिलता का विश्लेषण करके युग को विकासोन्मुख करती है। जटिलता के विश्लेषण की ही माँग है कि वह वर्तमानता की यथासम्भव सर्वविध जाँच करे। परसाई के लेखन की विषय-विविधता इसी सर्वविध जाँच के कारण है। लघु आकार के व्यंग्य-निबन्धों का जो रूप उन्होंने अपनाया है, उसके पीछे भी यही कारण है। सर्वविध विश्लेषण का निष्कर्ष नैतिकता प्रस्तुत करता है। युग का ऐतिहासिक आचरण ही नैतिकता की माँग है। आचरण विचारधारा से जुड़ता है। व्यंग्यकार परसाई की नैतिकता समाजवाद से जुड़ी है।

स्वातंत्र्योत्तर भारत की सब बातें बुरी नहीं हैं। लेकिन आज के भारत की पृष्ठभूमि महान् स्वाधीनता-आन्दोलन है जो भक्ति-आन्दोलन के बाद हमारे इतिहास का अखिल भारतीय लोकजागरण काल था। उसमें स्वाधीनता के स्वप्न को यथार्थ बना लेने की सक्रियता थी। स्वाधीनता भौतिक, मानसिक स्थिति के अलावा नैतिक प्रतिबद्धता और संकल्प है। इस स्वप्न की स्वातंत्र्योत्तर भारत में वांछित परिणति होनी थी। लेकिन उस काल के सिद्धान्त मुखौटे बन गए—अवसरवादिता, स्वार्थांधता एवं सुविधाजीविता के। हमारा वास्तविक यथार्थ उस वांछित यथार्थ से दूर होता गया है। स्वाधीनता की मानसिकता से देखने पर यह विडम्बना इतिहासघाती एवं संत्रासक लगती है।

स्वातंत्र्योत्तर भारत मोह-भंग का काल है। अमानवीय शोषक शक्तियों के मोह-भंग का नहीं, उनके तो फलने-फूलने का काल है। इन शक्तियों ने सबसे बुरा यह किया है कि उन्होंने अपने विकृत आदर्श का भी काफी प्रचार किया है।

'इस विकृत आदर्श की प्रवक्ता उपभोक्ता संस्कृति है, विज्ञापन जिसका सबसे बड़ा हथियार है। ये शक्तियाँ दोगलेपन से काम लेती हैं—खुद तो सारे मानवीय सिद्धान्तों का मुखौटा पहनकर स्वार्थरत होती हैं, लेकिन शोषित जनता के बीच सेवा, त्याग, बलिदान का प्रचार करती हैं। स्वाधीन भारत में जो जितना ही समृद्ध और सुविधाग्रस्त, है, वह उतना ही ज़्यादा और जोर से त्याग, अहिंसा, बलिदान की माँग करता है। यह मनोरंजक, दारुण और संत्रासक है।'

इस दोगलेपन को उद्घाटित करने का सबसे प्रभावशाली साहित्य-रूप व्यंग्य है। इसीलिए स्वातंत्र्योत्तर भारत की सर्वाधिक सशक्त विधा व्यंग्य है। वह इस युग की ऐतिहासिक प्रक्रिया का अनिवार्य साहित्य रूप है। कथनी-करनी का अन्तर बहुत बढ़ गया है। इसके गुणात्मक प्रभाव के फलस्वरूप व्यंग्य की विधा सबसे विश्वसनीय बन गई है। व्यंग्य सिद्धान्तों के मुखौटे को बेनकाब करता है। व्यंग्य में इतिहास, पुराण, धर्म, रीतिरिवाज, नीति, राजनीति—सब आ जाते हैं। शोषक मिथकों का दुरुपयोग करते हैं। वे हमारे युग की वास्तविकता को ढक लेते हैं। सीता के मिथक का इस्तेमाल करके वे स्त्री को जलाते हैं। गांधी का इस्तेमाल वे हरिजनों पर अत्याचार के लिए करते हैं। परसाई पौराणिक पात्रों को वर्तमान समस्याओं से भिड़ा देते हैं। मिथक अपने-आप चकनाचूर हो जाते हैं। यह इतिहास, धर्म या संस्कृति की मानवीय धारा के प्रति अवज्ञा नहीं। वस्तुत: यह इतिहास, धर्म, संस्कृति की मानवीय धारा को अवरुद्ध करनेवाले तत्त्वों को हटाना है। वर्तमान समय में गतकालिक मूल्यों को बनाए रखने की वकालत करनेवाले उनका दुरुपयोग करते हैं। वे श्रद्धा, सम्मान, पूजा-भावना को अपनी स्वार्थ-पूर्ति का साधन बनाते हैं। परसाई मिथक-भंजन के लिए अत्यन्त साहस से काम लेते हैं—कहने की आवश्यकता नहीं कि यह साहस समझ के बूते पर किया जाता है—श्रवणकुमार अपने अन्धे माँ-बाप को कन्धे पर काँवड़ में लादकर तीर्थ कराते थे। श्रवणकुमार पितृभक्ति के पौराणिक प्रतिमान हैं। लेकिन जब पुरानी पीढ़ी स्वार्थांध होकर नई पीढ़ी पर लदी रहे, पिंड न छोड़े, तब यह मिथक—प्रतीक विपरीतार्थक हो जाता है। स्वार्थांध पुरानी पीढ़ी के लिए भी जो श्रवणकुमार बना रहे, वह नासमझ है। तीर्थ भी भिन्न हो गए हैं। व्यंग्य-विधान में रूपक है :

> मगर देख रहा हूँ कि श्रवणकुमार के कन्धे दुखने लगे हैं। यह काँवड़ हिलाने लगा है। विचित्र दृश्य है यह। दो अन्धे एक आँख वाले पर लदे हैं और उसे चला रहे हैं। जीवन से कट जाने के कारण एक पीढ़ी दृष्टिहीन हो जाती है। तब आगामी पीढ़ी के ऊपर लद जाती है। अन्धी होते ही उसे तीर्थ सूझने लगते हैं।

> कितनी काँवड़े हैं—राजनीति में, साहित्य में, कला में, धर्म में, शिक्षा में। अन्धे बैठे हैं और आँख वाले उन्हें ढो रहे हैं। अन्धे में अजीब काँइयाँपन आ जाता है। वह खरे और खोटे सिक्के को पहचान लेता है। पैसे सही गिन लेता है। उसमें टटोलने की क्षमता आ जाती है। वह पद टटोल लेता है, पुरस्कार टटोल लेता है, सम्मान के रास्ते टटोल लेता है।
>
> नये अन्धों के तीर्थ भी नये हैं। वे काशी, हरिद्वार, पुरी नहीं जाते। इस काँवड़ वाले अन्धे से पूछो—कहाँ ले चलें? वह कहेगा—तीर्थ। कौन-सा तीर्थ? जवाब देगा—केबिनट, मंत्रिमंडल...अकादमी, विश्वविद्यालय। (3/20)

यह अन्धापन स्वार्थांधता है। कर्तव्य, ऐतिहासिक बोध, सामाजिकता नहीं दिखलाई पड़ती, केवल स्वार्थ दिखलाई पड़ता है। यह व्यंग्य-निबन्ध वर्तमान-बोध से नई नैतिकता निर्मित कर रहा है। इसमें नये युग की आकांक्षा को समझने की दुर्लभ क्षमता है। जो बेटा पिता के प्रति अवज्ञा कर रहा है, वह अशिष्ट नहीं है। वह समझदार है। उसकी समझ पर रूढ़ि का पर्दा नहीं पड़ा है। वह देख सकता है कि 'यह पिता फीस रोकर देता है, कपड़े बनवाना टालता जाता है, फिर यह नहीं सोचता कि इसे पढ़ाई के बीच से नहीं उठाना चाहिए।'

रचनात्मक जिम्मेदारी वर्तमान का पर्यवेक्षण करके उसके प्रवाह में भावी युग की सकारात्मकता को पहचान लेती है। इस नैतिक जिम्मेदारी को पूरा किये बगैर नया सौन्दर्य-बोध नहीं विकसित हो सकता। यह सौन्दर्य-बोध आचरण-बोध से कटा नहीं है। यह ऐसी गुरुभक्ति को अस्वीकार करता है, जिससे द्रोणाचार्य एकलव्य का अँगूठा कटवा लें। ऐसी पितृभक्ति को अस्वीकार करता है जिससे मोरध्वज खुद स्वर्ग भोगने के लिए पुत्र को आरे से चिरवा दें। ऐसी पतिभक्ति को अस्वीकार करता है जिसमें मृत पति के शव के साथ युवा पत्नी को जिन्दा जल जाना पड़े। नैतिकता और सौन्दर्य का बोध अस्वीकार के बिना असम्भव है।

यह कहा जा चुका है कि परसाई का व्यंग्य करुणोन्मुख है। करुणा ऐसा मनोविकार है जो स्वार्थ से बिलकुल अछूता है। इसीलिए वह प्रेम से मिलता-जुलता है। आचार्य रामचन्द्र शुक्ल ने करुणा की विशद व्याख्या की है। भवभूति ने तो करुण को ही 'एक एकमात्र रस' माना। वह बहुत काम का है। कहाँ भवभूति का करुण रस और कहाँ व्यंग्य! मध्य प्रदेश हिन्दी साहित्य सम्मेलन ने 'भवभूति अलंकरण' के लिए सबसे पहले जिस साहित्यकार को चुना, वह व्यंग्यकार परसाई थे।

कोई भी मनोविकार करुणोन्मुख होकर ही मानवीय अत: रचनात्मक दृष्टि से उत्कर्ष विधायक होता है। वीरता का स्थायी भाव उत्साह है। उत्साह डाकू-चोर में भी होता है। रति व्यक्ति को प्रेमी भी बना सकता है, भक्त भी और लम्पट भी। इसी तरह व्यंग्य को भी समझिए। एक बार मैंने एक हिन्दी साप्ताहिक के हास्य-व्यंग्य के कालम में पढ़ा था—नीच सिपाही ने गिरफ्तार लुलुम्बा की उँगली चबा ली थी। इस पर व्यंग्यकार की टिप्पणी थी—सादा चबाई या नमक-मिर्च डालकर? संघर्षशील की विपत्ति पर व्यंग्य करनेवाले भी होते हैं।

परसाई का 'मैं' भरसक भावुक नहीं होता। वह अपनी परदु:खकातरता को गहरे छिपाए रहता है। ईमानदार आदमी अपने दिल को हथेली पर लिये नहीं घूमता। परसाई मध्यकालीन वीरनायकों की नैतिकता से विपरीत समझदार और काँइयाँ नैतिकता के कायल हैं। नैतिकता खुद गुरिल्ला नहीं होती किन्तु गुरिल्लों की नैतिकता होती है। भाव-तीव्रता के कारण भावुकता उथली नहीं होती। बात-बात पर रोने वाले या दिल चीरकर दिखाने वाले या तो बेईमान होते हैं या निष्क्रिय या मूर्ख। परसाई की भाव-तीव्रता भाव-प्रदर्शन के लिए नहीं, वह विषमता के प्रति आक्रोशमय है इसलिए आचरण की माँग करती है। उसे भावुक होने का अवकाश नहीं। उनके निबन्धों की विषय-विविधता ही प्रकट कर देती है कि उनकी रचनात्मकता इतनी व्यस्त और सक्रिय है कि उसे अपना हृदय दिखाने का अवकाश नहीं। भाव-तीव्रता उनके रचनाकार को सक्रिय बनाती है, भावुक नहीं।

परसाई की संवेदनशीलता उनकी सक्रियता एवं विषय-विविधता में व्याप्त है। भाव तीव्रता ने उन्हें लोकोन्मुख बनाया है—भाव की इस लोकोन्मुखता को ही करुणा कहते हैं। यह करुणा छिपी है, वह रचना की अन्तर्वस्तु है। व्यंग्य उसका रूप है। व्यंग्य रूप इसलिए है क्योंकि रचनाकार के हृदय में करुणा से सबसे ज़्यादा सम्बद्ध जो भाव है, वह विषमता को उत्पन्न करनेवाले और उसे बनाए रखनेवालों के प्रति आक्रोश का है। यहाँ आचार्य शुक्ल का करुणा के साथ लोकरक्षा के भाव का स्मरण होगा। हृदय में आक्रोश एवं घृणा के साथ परसाई वर्ग-विभक्त विषम समाज में अन्यायी, बेईमान, कायरों की सफलता-सम्पन्नता, आश्वस्ति, सुरक्षा को देखते हैं। इससे व्यंग्य पैदा होता है। जो लोग अपने अहंकार को सुरक्षित रखकर विषमता पर दृष्टिपात करते हैं, उनका व्यंग्य या तो स्थूल होता है या यथास्थितिवादी। अहंकार करुणा का विरोधी मनोविकार है। वह इसलिए बुरा है क्योंकि वह व्यक्ति को औरों से जुड़ने नहीं देता, काटकर अलग रखता है। स्वार्थ की समाई अहंकार में ही होनी चाहिए।

व्यंग्य और घृणा कैसे परस्पर-बद्ध हो सकते हैं, इसे 'छुट्टी वाला शोक' में देखिए :

'मैं' का एक सहपाठी ठेकेदार हुआ, फिर विधायक और इसके बाद मंत्री। उसकी मौत पर छुट्टी हुई। वह इस व्यवस्था के सफलतम व्यक्तियों की श्रेणी में है। वह परम भ्रष्टाचारी था। उसकी शोक-सभा में 'मैं' ने भाषण दिया—'उनके रिक्त स्थान की पूर्ति होना कठिन है। यह ठीक इस अर्थ में था कि अकालग्रस्त मवेशियों की घास तक खा जानेवाला आदमी रोज नहीं पैदा होता। उसके ऊपर निगरानी आयोग बैठा है। मृत्यु हृदयगति रुक जाने से हुई। विचित्र बात हुई, जिसके पास हृदय था ही नहीं, उसकी मृत्यु हृदय फेल हो जाने से हुई।

उसके हृदय की गति ठीक वक्त देखकर रुक गई। यों उसका हृदय तो ठेकेदारी के दौर में ही फेल हो गया था। देश के इस दौर में हृदय को सही-सलामत रखकर कोई तरक्की नहीं कर सकता। ठेकेदारी सभ्यता की यह बड़ी वैज्ञानिक देन है कि सफल आदमी बन्द हुए हृदय को लेकर भी जिन्दा रहता है। ठेकेदारी करते-करते ज्योंही उसका हृदय फेल हुआ, वह विधायक हो गया।' (3/293)

यहाँ 'मैं' के व्यंग्य में घृणा इतनी तीव्र है कि भूतपूर्व ठेकेदार, मंत्री की मृत्यु पर भी वह कम नहीं होती। यह घृणा उसकी हृदयहीनता के कारण है, इसमें आक्रोश है। आक्रोश और घृणा मृत्यु के उपरान्त भी उसे घृणा और आक्रोश का पात्र बनाए है। इस स्थिति में उसकी मृत्यु के उपलक्ष्य में घोषित छुट्टी। लोगों से आशा की जाए कि ऐसे भ्रष्ट व्यक्ति की मृत्यु पर शोक मनाएँ। इस 'शोक' को जनता मना रही है।

सरकार के हुक्म से सारा प्रदेश शोक में डूबा है। लड़के जिसे जानते नहीं, उसके शोक में गिल्ली खेल रहे हैं। बाबू लोग दुःख में ब्रिज खेल रहे हैं। साहब लोग सुबह तक पी रहे हैं—कल तो छुट्टी है। (उप.)

आगे और स्पष्ट होता है :

सार्वजनिक शोक सिर्फ राजनीति वालों का होता है। राष्ट्र सिर्फ उन पर आँसू बहाता है जो राजनीतिक सत्ता पर रहते हुए मर जाते हैं। निराला होंगे युगान्तरकारी कवि, पर वे इलाहाबाद नगर पालिका के सदस्य तक नहीं थे। उनका शोक सार्वजनिक क्यों हो? बड़े से बड़े कवि मर जाए, राष्ट्र की बला से। पर अगर पुलिस-मंत्री मर जाए तो राष्ट्र फूट-फूटकर

> रोता है—हाय! रोज लाठी चार्ज करवाने वाला मेरा लाडला चला गया। अब कौन ऐसा मिलेगा जो इतनी रुचि से लाठी चार्ज कराएगा?

और घृणा एवं आक्रोश से पूर्ण इस व्यंग्य-रूपक का भरत वाक्य भी है :

> कर्मचारियों को छुट्टी का लालच लग गया है। वे जब किसी बूढ़े मंत्री को या नगर परिषद् के सदस्य को देखते हैं तो ऐसे, जैसे भूखा रसगुल्ले को देखता है। सोचता—'अहा, सत्तर के हो गए भैया जी! सालेक में छुट्टी दिलाते ही हैं। भैया जी, जरा जल्दी करिए न, छह महीने से कोई शोक की छुट्टी नहीं हुई। एक दिन की छुट्टी तो दिलाइए।' (3/295)

एक चरित्र राष्ट्रीय पुरुष है। वह सोर्स ढूँढ़ता और चिक उठाता घूम रहा है। वह सबसे अपना काम कराता रहता है। उसे केवल अपने काम की चिन्ता है। अपने परिचितों से उसका एकमात्र सरोकार यही है। एक दिन वह किसी की शव-यात्रा में मरघट जाता है। मरघट का इंचार्ज रामदीन है।

> राष्ट्रीय पुरुष सोचता है। उसके चेहरे पर चमक आती है। कहता है—यार रामदीन, एक दिन मरना तो है ही। बाद में मरकर आया और तू नहीं हुआ तो लकड़ी की कीमत लग जाएगी। तू तो मुझे अभी जला दे।
>
> राष्ट्रीय पुरुष को मरघट में 'सोर्स' मिल गया, तो मुफ्त की लकड़ी में जिन्दा जल मरे। (3/135)

'अँधेर नगरी' का राजा भी सभी स्थितियों में सिर्फ अपना फायदा ढूँढ़ते हुए अन्त में सभी को पीछे ढकेलकर सूली पर चढ़ जाता है।

व्यंग्य के रूप में इस घृणा, विक्षोभ का चित्रण एवं कथन उनके अनेक निबन्धों में है। पात्र विभिन्न रूपों में आते हैं।

व्यंग्य एक ओर आक्रोश, घृणा उत्पन्न करता है तो दूसरी ओर करुणा, अपनापा और सम्मान। ऐसे प्रसंगों में परसाई की भाव-तरलता द्रष्टव्य होती है। घृणा, आक्रोश, करुणा, अपनापा, सम्मान एक ही मानसिक ढाँचे के विभिन्न पहलू हैं। वह ढाँचा सौन्दर्य-बोध का है जो मूलतः नैतिक-बोध पर आधारित है।

सम्मान किन लोगों के लिए है? 'पगडंडियों का जमाना' का अन्तिम अंश सम्माननीय लोगों की पहचान करता है :

> सफलता के महल का सामने का आम दरवाजा बन्द हो गया है। कई लोग भीतर घुस गए हैं और उन्होंने कुंडी लगा दी है। जिसे उसमें घुसना है, वह रूमाल नाक पर रखकर नाबदान में से घुस जाता है। आस-पास सुगन्धित रूमालों की दुकानें लगी हैं। लोग रूमाल खरीदकर उसे नाक पर रखकर नाबदान में घुस रहे हैं।
>
> जिन्हें बदबू ज़्यादा आती है और जो सिर्फ मुख्य द्वार से घुसना चाहते हैं, खड़े दरवाजे पर सिर मार रहे हैं और उनके कपालों से खून बह रहा है। (3/195)

इस रूपक को देखकर मुक्तिबोध के 'रक्तालोक स्नातपुरुष' और शेखर जोशी की कहानी 'बदबू' का स्मरण स्वाभाविक है। सामने का दरवाजा खोलने से सबको प्रवेश का रास्ता मिल जाएगा। खुशबू स्वार्थपूर्ण अवसरवादिता है। अपना काम निकाल लेते हैं, बदबू बनी रहती है। दरवाजे को सिर से तोड़ने के प्रयास में व्यक्ति लहूलुहान हो रहा है—वह रक्तालोक स्नात पुरुष बन रहा है। 'सफलता के महल' का आम दरवाजा अमानवीय व्यवस्था ने बन्द कर रखा है। इसे सबके लिए खोलने का प्रयास करनेवाला व्यक्ति सम्माननीय है। यहाँ व्यंग्य का रूप घृणा, करुणा, संघर्ष, सम्मान—सब एक साथ प्रकट कर रहा है। व्यंग्य में यह भाव-संश्लेष परसाई को महान् व्यंग्यकार बनाता है।

भाव-तीव्रता परसाई के व्यंग्य-रूप को कहीं-कहीं तोड़ देती है। उनके सहज रचनात्मक संयम को तीव्रता से भेद देती है। उनके निबन्धों में इसीलिए कभी-कभी भाव कलात्मक छल छोड़कर सीधे सामने आ जाते हैं।

प्रेमचन्द के फोटो से उनका जो व्यक्तित्व उभरता है, वह निहायत सहज एवं आडम्बर रहित है। वे किसी भी प्रकार की बनावट से दूर हैं। फोटो बिना किसी बनाव-सिंगार के यों ही खिंचा लिया है।

> प्रेमचन्द का एक चित्र मेरे सामने है। पत्नी के साथ फोटो खिंचा रहे हैं। सिर पर किसी मोटे कपड़े की टोपी, कुरता और धोती पहिने हैं। कनपटी चिपकी है, गालों की हड्डियाँ उभर आई हैं, पर घनी मूँछें चेहरे को भरा-भरा बतलाती हैं। उनके बाएँ जूते में बड़ा छेद है जिसमें से उँगली बाहर निकल आई है।

इतने आडम्बरहीन हैं। परसाई सोचते हैं, यह कैसा आदमी है, जो खुद तो फटे जूते पहिने फोटो खिंचा रहा है, पर किसी पर हँस भी रहा है? यह मुस्कान नहीं है, इसमें उपहास है, व्यंग्य है।

प्रेमचन्द की मुस्कान में उपहास और व्यंग्य किस पर होगा? कहते हैं, लेनिन के होंठों के कोनों पर पूँजीवादी बुद्धिजीवियों से बात करते समय एक प्रकार की उपेक्षा एवं व्यंग्यपूर्ण मुस्कान तैरती रहती थी। प्रेमचन्द के इस उपहास और व्यंग्यपूर्ण मुस्कान की अनेक व्याख्याएँ हो सकती हैं :

> खुद फोटो खिंचाने पर प्रेमचन्द अपने ऊपर हँस रहे हों! जो लोग ऐसे अवसरों पर बनाव-सिंगार करके फोटो खिंचाते हों, प्रेमचन्द उन पर हँस रहे हों!

बड़ी बात यह है कि अभावग्रस्त प्रेमचन्द व्यंग्य और उपहास से मुस्करा रहे हैं। वे खुद करुणोन्मुख व्यंग्य के प्रतीक हैं, केवल करुणोन्मुख नहीं, वे संघर्षशील मनुष्य की उस ट्रैजेडी के भी प्रतीक हैं जो एक ओर असफल होता है, दूसरी ओर सार्थक। जो अपने से बड़ी अमानवीय शक्ति से पराजित होता है और मानव की गरिमा को औदात्य प्रदान करता है। सामने का आम दरवाजा खोलने में लहूलुहान होता है। लेकिन रक्त से आलोक फैलाता है। ऐसे व्यक्ति को ही अमानवीय तत्त्वों पर उपेक्षा, घृणा और व्यंग्य से मुस्कराना शोभा देता है।

परसाई का सम्मान भी अनेक मनोविकारों को साथ लिये होता है। जो दूसरों के लिए अपने हृदय में इतना दुःख पाले हो, वह खुद दुखी रहे, ऊपर से दुःख के बावजूद मुस्कराए तो यह मुस्कराहट बहुत मार्मिक होगी। ग़ालिब ने एक खत में लिखा है—सारी दुनिया में न सही लेकिन जिस शहर में रहूँ, वहाँ तो कोई भूखा-नंगा नजर न आए। मैं वह बदनसीब हूँ जो किसी को भूखा-नंगा नहीं देख सकता, और खुद भूखा-नंगा रहता है।

यही ग़ालिब अपनी बेबसी और फाकामस्ती को तेवर के साथ बयान करने में लासानी हैं।

प्रेमचन्द का जूता कैसे फटा?

'मुझे लगता है, तुम किसी सख्त चीज को ठोकर मारते रहे हो। कोई चीज जो परत-दर-परत सदियों से जमती गई है, उसे शायद तुमने ठोकर मार-मारकर अपना जूता फाड़ लिया। तुम उसे बचाकर भी उसके बगल से भी निकल सकते थे। टीलों से समझौता भी तो हो जाता है'—वही पीछे के नाबदान से न घुसना। किसी सख्त चीज से टकराना। सिर से न सही, पाँव से सही।

और इस सम्मान में घृणा का भी योग है—प्रेमचन्द सम्माननीय हैं क्योंकि वे तीव्र घृणा कर सकते थे—इतनी कि घृणित वस्तु की ओर हाथ की अँगुली से नहीं, पैर की अँगुली से संकेत करते हैं :

> तुम्हारी यह पाँव की अँगुली मुझे संकेत करती-सी लगती है जिसे तुम घृणित समझते हो, उसकी तरफ हाथ की नहीं, पाँव की अँगुली से इशारा करते हो।

इस निबन्ध में कलात्मक छल छूट गया है। अपनापे का भाव इतना तीव्र है कि परसाई प्रेमचन्द को बार-बार 'मेरे' कहते हैं। मिथक-भंजक परसाई प्रेमचन्द को 'मेरे साहित्यिक पुरखे' कहते हैं, 'मेरी जनता के लेखक' कहते हैं। मानो हरिशंकर परसाई समझते हों कि प्रेमचन्द सिर्फ उनके नहीं, पूरी भारतीय जनता के हैं। आत्मीयता का ही एक रूप यह कि निबन्ध के अन्त में :

> मैं समझता हूँ। मैं तुम्हारे फटे जूते की बात समझता हूँ, अँगुली का इशारा समझता हूँ, तुम्हारी व्यंग्य-मुस्कान समझता हूँ। (3/34)

इतना भरपूर आत्मीय को ही समझा जाता है। डॉ. रामविलास शर्मा ने कहा है कि प्रेमचन्द कबीर के बाद हिन्दी के सबसे बड़े व्यंग्यकार हैं। और हरिशंकर परसाई? क्या इसकी घोषणा करने की जरूरत है कि वे प्रेमचन्दोत्तर साहित्य के सबसे बड़े व्यंग्यकार हैं? प्रेमचन्द को 'मेरे साहित्यिक पुरखे' कहकर सम्बोधित करना यूँ ही नहीं है।

और तब यह करुणा, सम्मान-मिश्रित व्यंग्य समझ में आता है।

> मैं तुम्हारा यह फोटो देखते-देखते, तुम्हारे क्लेश को अपने भीतर महसूस करके कैसे रो पड़ना चाहता हूँ, मगर तुम्हारी आँखों का यह तीखा दर्द-भरा व्यंग्य मुझे एकदम रोक देता है। (3/32)

परसाई प्रेमचन्द जैसे महान् साहित्यिक पुरखे पर ही भावमय होकर नहीं रो पड़ना चाहते। जो लोग उनसे सिफारिश कराने आते हैं—गलत-सलत काम कराने आते हैं, उन पर भी उन्हें रोना आता है। 'पगडंडियों का जमाना' में वे 'सज्जनों', 'प्रोफेसरों', 'मित्रों' की पीठ व्यंग्य की चाबुक से उधेड़ रहे थे कि उन्होंने लिखा :

> इन सब पर्चा आउट करवाने वालों और नम्बर बढ़वाने वालों पर हँसा भी नहीं जा सकता। इनमें अधिकांश दया के पात्र हैं। ये बेहद परेशान और घबड़ाए हुए लोग हैं। कोई चाहता है कि लड़का पास हो जाए तो उससे नौकरी करा दें, जिससे परिवार की दुर्दशा कुछ कम हो। किसी को चिन्ता है कि लड़का फेल हो गया है तो और एक साल उसकी पढ़ाई का खर्च कैसे चलाऊँगा? कोई चाहता है कि लड़की पास हो जाए तो

> उसकी शादी करके बोझ हलका करूँ। बहुत दुखी और परेशान लोग होते हैं। इनमें कुछ तो इतने दीन होते हैं कि जी होता है, पहले इनके गले लगकर रो लिया जाए। (3/194)

किस सफल पर हँसा जाए और किस हास्यास्पद दिखलाई पड़ने वाले पर रोया जाए; यही विवेक हरिशंकर परसाई को हिन्दी के अन्य व्यंग्यकारों से अलग करके उनके व्यंग्य को इतना पैना एवं गम्भीर बनाता है। वे प्रेमचन्द के आत्मीय हैं और जनता के। लेकिन कैसी जनता के! जिन पर हँसा नहीं जा सकता, जो इतने दीन हैं। यह दीनता व्यंग्यकार को उनसे जोड़ती है। यह आत्मीयता है कि दीन लोग हैं और उनसे लिपटकर रोता व्यंग्यकार। व्यंग्य और करुणा के पात्र इस निबन्ध में सहस्थित हैं। सम्पन्न शोषक और विपन्न शोषित, दोनों विकलांग हैं। पहला क्रूरता एवं अति सम्पन्नता के कारण, दूसरा दीनता एवं विपन्नता के कारण। पहले के प्रति व्यंग्य घृणा एवं आक्रोश उत्पन्न करता है, दूसरे पर व्यंग्य करते-करते रुलाई आ जाती है। जो क्रूरता एवं अति सम्पन्नता को ठोकर लगाते हैं—वे सम्मान के पात्र हैं। ठोकर लगाने में जूता भी फट सकता है, लहूलुहान भी होना पड़ सकता है। परसाई की व्यंग्य-संवेदना का एक ढाँचा है जिसमें घृणा, आक्रोश, करुणा, सम्मान सब परस्पर-सम्बद्ध हैं।

परसाई के व्यंग्य में अनेक मनोविकारों का संश्लेष होता है। कारण कि वह वास्तविकता की जटिलता से सम्पृक्त है। वह इस जटिलता में से गुजरता हुआ निर्मित होता है। वह उपहास, उपेक्षा, आक्रोश, घृणा, करुणा सब व्यंजित करता है, तीव्रता में सारा कलात्मक छल त्यागकर सीधे भी प्रकट होता है। करुणा के साथ घृणा की अभिव्यक्ति परसाई के व्यंग्य में खूब मिलती है। करुण के प्रति जितनी आत्मीयता होगी, उस करुण स्थिति के जिम्मेदार व्यक्तियों के प्रति उतनी ही घृणा होगी। परसाई की करुणा प्रायः कथित नहीं होती, वह व्यंजित होती है। वह स्थितियों के संयोजन या विभावन व्यापार से खुद साक्षात् हो जाती है इसीलिए उसका अचूक और सीधा प्रभाव पड़ता है। करुणा को दीनता न समझा जाए। करुणा की भावना मूलतः संघर्षशील व्यक्तित्व के प्रति पैदा होती है। वह ट्रैजिक फीलिंग है। करुणा अपने साथ संघर्षशीलता के कारण एक प्रकार के औदात्य को लिये रहती है। दया और दयनीयता परसाई के शब्दकोश में अच्छे शब्द नहीं हैं। उन्हें दया प्रायः सफल और अमानवीय व्यक्तियों पर आती है—कबीर की तरह।

> निराला की मृत्यु के बाद प्रयाग के एक सुनामधन्य लेखक से मिला तो वे कहने लगे—बेचारे निराला जीवन-भर दुःख भोगते-भोगते आखिर मृत्यु को प्राप्त हो गए। ऐसी महान् प्रतिभा का ऐसा दारुण अन्त!

> मुझे लगा, ये रोने वाले हैं, पर वे बोले—मरते क्यों नहीं? सब करम तो करते थे—नशा, रंडीबाजी...मुझे लगा, मेरे पास एक कोढ़ी बैठा है, जिसके अंग-अंग गल रहे हैं। बड़ी दया आई। क्या करूँ इसके लिए? किस कुष्ठ आश्रम में भरती करा दूँ इसे? (3/244)

यहाँ घृणा दया में पर्यवसित हो गई है।

गरीबों को दयनीय समझने वाला, गरीबों से सिर्फ सहानुभूति रखनेवाला लेखक आज का मानवतावादी रचनाकार नहीं हो सकता, परसाई जैसा व्यंग्यकार तो कदापि नहीं हो सकता। दया और सहानुभूति के साथ न घृणा होती है, न आक्रोश। व्यक्ति को घृणा और आक्रोश सकर्मकता की ओर ठेलते हैं। घृणा और आक्रोश की समाई करुणा में है। इसीलिए आचार्य रामचन्द्र शुक्ल ने 'करुणा' को 'बीजभाव' कहा था। वह कर्म की ओर प्रेरित करती है।

परसाई की रचनाओं में 'करुणा' की व्यंजना सम्भव हुई युग-संघर्ष के चित्रण के द्वारा। उन्होंने व्यंग्य के माध्यम से युग का विषमता-बोध प्रकट किया। मुख्यत: नाट्य-कला का सहारा लेकर उस विषमता को साक्षात् दृश्य बनाया।

स्वातंत्र्योत्तर भारत में पूँजीवाद का विकास उठाईगीरों का मौसम और खाद है। परसाई इन उठाईगीरों की अमानवीयता और तुच्छता समझते हैं। ऐतिहासिक विकासक्रम में इनकी तुच्छता भी। इसलिए उन्हें ये 'सफल उठाईगीर' दयनीय लगते हैं। कोढ़ी लगते हैं, केंचुए लगते हैं। नाक पर रूमाल लपेटकर नाबदान के रास्ते सफलता के महल में प्रवेश करनेवाले लगते हैं।

लेकिन जो सफलता के महल में प्रवेश-द्वार से घुसना चाहते हैं, वे?

उनके प्रतीक 'राम की शक्ति-पूजा' के 'बिद्धांग, बद्ध कोदंड मुष्टि खर रुधिर स्राव' राम हैं; 'अँधेरे में' का रक्तालोक स्नात पुरुष है, जिसके कपड़े फटे हैं, जिसके वक्ष पर घाव हैं। वे परसाई के उदात्त, करुणावान् पात्र हैं। परसाई के राम और रक्तालोक स्नात पुरुष कल्पित, मिथकीय नायक नहीं हैं, वे हमारे सामने साक्षात् सक्रिय हैं। परसाई ने गल्प नहीं लिखा है। उनकी करुणा के नायक-पात्र ईमानदारी के रास्ते पर चलने की प्रक्रिया में लहूलुहान जन-समुदाय है—स्वयं निराला, मुक्तिबोध, प्रेमचन्द हैं।

ये परसाई को प्रेरणा देते हैं और परसाई को रुलाते भी हैं। इनके साथ स्वातंत्र्योत्तर भारत का वंचित एवं यंत्रणाग्रस्त जनसमुदाय है :

> मेरे भाषण का विषय था—'आजादी के पच्चीस वर्ष'। सामने लड़कियाँ बैठी थीं, जिनकी शादी बिना दहेज के नहीं होने वाली थी।

> बैल की तरह मार्केट में उनके लिए पति खरीदना ही होगा। वर का बाप जचकी तक का खर्च जोड़कर ले लेगा। स्त्री के लिए अभी भी पत्नी के पद पर नौकरी सबसे सुरक्षित जीविका है। और लड़के बैठे थे जिन्हें डिग्री लेने के बाद सिर्फ सिनेमा घर पर पत्थर फेंकने का काम मिलने वाला है। आजादी के पच्चीस वर्षों का यही हिसाब है। (3/246)

'सरकारी शोक' व्यंग्यपूर्ण है, क्योंकि जिनके लिए शोक होना चाहिए उनके लिए कभी नहीं होता। अभावग्रस्त लोगों को मृत्यु के मुख से बचाने में काहिली ही नहीं दिखाई जाती, बेईमान सफल लोगों की स्वार्थपूर्ण हरकतें उनकी विपत्तियों का कारण होती हैं। विडम्बना यह है कि शोक, वह भी राष्ट्रीय शोक, उन लोगों का मनाया जाता है जो वस्तुतः राष्ट्र के पीड़क हैं।

'सरकारी शोक' खत्म हो चुका है। इस देश में एकमात्र शोक सरकारी होता है। कभी-कभी मेरा मन किसी शोक से रोने को होता है पर रोता नहीं क्योंकि सरकार का हुक्म नहीं है। जलपाईगुड़ी में हजारों आदमी बाढ़ में मर गए, पर झंडा नहीं झुका और न सरकार ने इसे शोक के लायक समझा। यह प्राइवेट दुःख है। बंगाल में मंत्रिमंडल नहीं है। अगर होता और कोई मंत्री बाढ़ के वक्त मर जाता तो सरकार कहती—लोगो, तुम्हारे बाप, भाई, माँ, पत्नी, पुत्र मर गए हैं, सो ठीक है। कीड़ो, तुम तो मरते ही रहते हो। मगर चह जो हमारा नायाब हीरा मर गया है, इसके लिए दो दिन शोक मनाओ।

लोगों के ये ही बाप, भाई, माँ, पत्नी, पुत्र हैं जिनके शोक में परसाई का मन रोने को करता है।

सामन्ती व्यवस्था में नारी और अवर्णों की स्थिति समान होती है। धर्म ग्रंथों में शूद्र और नारी का सह-उल्लेख यों ही नहीं है। तुलसीदास 'ढोल गँवार सूद्र पसु नारी' लिखकर इसी स्थिति को व्यक्त कर रहे थे। यह भी देखने लायक है कि हमारे समाज में अवर्ण नारियों की अपेक्षा सवर्ण नारियाँ कहीं ज़्यादा पराधीन हैं। हरिजन और सवर्ण नारी की एक और समानता पर भी हमारा ध्यान जाना चाहिए। दोनों जलाई जाती हैं। बात लिखने-सुनने में बड़ी अजीब लगती है लेकिन है सच कि दोनों की परम्परा मर्यादा पुरुषोत्तम से प्रवर्तित हुई है। परसाई ने राम को इन सन्दर्भों में स्मरण किया है। कहा जा चुका है, जहाँ कोई मनोभाव अत्यधिक तीव्र होता है, वहाँ वह व्यंग्य का रूप फोड़कर सीधे बाहर आ जाता है। ऐसे अवसरों पर करुणा कोई भी छल, चाहे वह रचनात्मक व्यंग्य का ही क्यों न हो, बर्दाश्त नहीं कर पाती। रचनात्मक छल का ऐसा वर्जन महान् प्रतिबद्धता वाले रचनाकारों के यहाँ मिलता है। महान् प्रतिबद्धता का आधार अपार मानवीय करुणा होती है। मुझे ऐसी अपार मानवीय करुणा पर आधारित प्रतिबद्धता मध्यकालीन भक्त कवियों में मिलती है,

जहाँ वे बीच-बीच में कवियोचित मुद्रा त्यागकर सीधे इष्ट के प्रति अपनी भावनाएँ प्रकट करने लगते हैं। लिख रहे थे, पुलिस-मंत्री की मृत्यु पर राष्ट्र शोक में रोता है कि हाय! रोज लाठीचार्ज करवाने वाला मातृभूमि का लाडला चल बसा। हरिजनों को जलाए जाने का प्रसंग आते ही व्यंग्य छूट गया। भाव-तीव्रता से वर्णन आवेग एवं रेटरिक से युक्त हो उठा।

> अभी जब हरिजन जिन्दा जलाए जा रहे थे, तब मुझे लगा था कि यह राष्ट्रीय शोक का मौका है—राष्ट्रध्वज फड़फड़ाकर फट पड़ेगा। संविधान के आँसू निकल पड़ेंगे, गांधीजी की मूर्ति सर ठोंक लेगी। पर कुछ नहीं हुआ। गांधीजी ने 'हे राम' कहा होगा।

यह 'अँधेरे में' की गांधीजी की मूर्ति की भूमिका है। लेकिन आगे तीव्रता का तार टूट जाता है। सतर्क विषमता-बोध जो परसाई के व्यंग्य का अभिन्न सहचर है, काम करने लगता है :

> पर राम ने खुद शंबूक हरिजन को मारा था। वे कोई एक्शन ले नहीं सकते थे। वे पहले से कमिटेड हैं। (3/294)

आगे परसाई गांधी के सिद्धान्त और उनके तथाकथित अनुयायियों की करनी को आमने-सामने रखकर स्थिति की धार को व्यंग्य से पैना करते हैं। हरिजनों पर होने वाले अत्याचारों की बात करते-करते वे फिर व्यंग्य को छोड़कर तीव्र करुणा के आधार पर मार्मिक सादृश्य का विधान करते हैं।

मुर्दा अपने अधिकार की न माँग कर सकता है, न उसके लिए कोई चेष्टा। उसके साथ कोई चाहे जैसा सलूक कर सकता है। वह कोई प्रतिरोध नहीं कर सकता। जहाँ तक अपने लिए कुछ कर पाने का सवाल है, हरिजन इसी तरह रहते आए हैं। लेकिन चूँकि वे हैं, इसलिए कुछ-न-कुछ जगह वे घेरेंगे। जिन लोगों ने हरिजनों-भंगियों, चमारों, डोमों की झुग्गियाँ देखी हैं, वे इस कथन की सच्चाई मान लेंगे। देशवासियों का एक जिन्दा—समूचा समुदाय जीवन के समस्त अधिकारों से वंचित है। 'आतंक भवन अट्टालिका' में रहने वाले इन्हें मुर्दे जितनी जगह भी नहीं देते।

> जितनी जमीन मुर्दे को मिल जाती है, उतनी ही इन्हें झोपड़ी डालने के लिए चाहिए। मगर इन बेवकूफों की गलती यह है कि वे उतनी जमीन जीवित अवस्था में चाहते हैं। (3/295)

करुणा घृणा में पर्यवसित होती है : 'देखते नहीं कि सारे हक मुर्दों के हिस्से में हो गए हैं?'

कहा नहीं गया कि ये मुर्दे आतंक-भवन अट्टालिकाओं के वासी स्वातंत्र्योत्तर भारत के गांधी-अनुयायी हैं। मानवता जिनकी मर चुकी है, वे मुर्दे हैं।

एक ओर जीवित हैं, जिन्हें मुर्दा बना दिया गया है; दूसरी ओर वे हैं, जिन्होंने अपने को मुर्दा बना लिया है।

नारी के प्रति पुरुष का व्यवहार सभ्यता और संस्कृति का माप है। परसाई ने नारी को महिमा-मंडित नहीं किया है, विविध सन्दर्भों में उसकी वास्तविक स्थिति चित्रित की है। नारी पुरुष को आकृष्ट करती है। पुरुष उसे अपनी हवस का शिकार बनाता है। नारी भी पुरुष को उल्लू बनाती है। सम्बन्ध स्थितियों पर निर्भर है। स्थायी सम्बन्धों के निर्वाह की दुहाई ज़्यादातर या तो हास्यास्पद भावुकता में दी जाती है या चकमा देने के लिए। नारी को पुरुष की सहानुभूति प्रायः महँगी पड़ती है। मर्यादा पुरुषोत्तम राम ने गौतम ऋषि की पत्नी अहल्या को सहानुभूति दी थी। ये वही राम हैं जिन्होंने अपनी पत्नी सीता को वनवास दिया, अग्नि-परीक्षा लेने के बावजूद। परसाई ने लिखा है : 'दूसरे की पत्नी को ज़्यादा सहानुभूति देनेवाले प्रायः अपनी पत्नी को यंत्रणा देते हैं।' पूँजीवादी युग में नारी-शरीर को भोग्या मानने की मानसिकता समाप्त नहीं हुई है—वह विकसित हुई है। सामन्त नारी को राती, वेश्या, विषकन्या बनाते थे। अब नारी शरीर का उपयोग व्यापार के लिए होता है। इसमें विज्ञापन का क्षेत्र प्रमुख है।

परसाई के निबन्धों में ज़्यादातर मध्यवर्गीय हिन्दू परिवार की नारी विविध रूपों में उभरकर सामने आती है। वह नाना विषम व्यंग्यपूर्ण स्थितियों का साधन और शिकार है। परसाई नारी-पुरुष के सम्बन्ध को समाज का मेरुदंड मानते हैं। मनुष्य का निजी देवत्व और टुच्चापन, दोनों नारी-पुरुष के सम्बन्धों में व्यक्त होता है। वर्ग, वर्ण—दोनों की असमानता सहज मानवीय सम्बन्धों के आड़े आती है। लेकिन नारी-पुरुष सम्बन्ध वर्ग और वर्ण की असमानता की खाई को पाटने में सहायक भी हो सकता है। दाँत खोदते हुए जो निन्दक परसाई के पास पहुँचे थे, वे किसी लड़की के किसी लड़के के साथ भाग जाने का समाचार देने गए थे। इस विषय पर दाँत-खोदक सज्जन से 'मैं' की यह बातचीत हुई :

> मैंने अपनी दुष्ट आदत के मुताबिक कहा—'इसमें परेशान होने की क्या बात है? अपने देश में अच्छी शादियाँ लड़की भगाकर ही हुई हैं। कृष्ण ने रुक्मिणी का हरण किया था और अर्जुन ने कृष्ण की बहन सुभद्रा का।

इसमें कृष्ण की रजामन्दी थी। भाई अगर कोऑपरेट करे तो लड़की भगाने में आसानी होती है।'

वे कहने लगे—'आप हमेशा उलटी बातें करते हैं—रीति, नीति, परम्परा, विश्वास क्या कुछ नहीं हैं? आप जानते हैं, लड़का-लड़की अलग जाति के हैं?'

मैंने पूछा—'मनुष्य जाति के तो हैं न?'

वे बोले—'हाँ, मनुष्य होने में क्या शक है?'

मैंने कहा—'तो कम-से-कम मनुष्य जाति में तो शादी हुई। अपने यहाँ तो मनुष्य जाति के बाहर भी महान् मनुष्यों ने शादी की है, जैसे—भीम ने हिडिम्बा से।' (3/49)

प्रेम सम्बन्ध में जाति-पाँति के विचार पर मजाक प्रेम की बिरादरी में भी उड़ाया गया है। लेकिन नारी को लेकर केवल हास-परिहास की बात नहीं, बात नारी की करुण-स्थिति की व्यंजना की है। परसाई ने नारी को महिमा-मंडित नहीं किया है, उसकी वास्तविक स्थिति को विविध सन्दर्भों में प्रकट किया है। यह बहुत साफ तौर पर उनके लघु उपन्यास 'तट की खोज' में चित्रित हुआ है। नारी-पुरुष की प्राकृतिक भिन्नता परस्पर आकर्षण का कारण है। किन्तु भिन्नता को असमानता में बदल दिया गया है। 'जिसकी अविवाहित पुत्री घर में हो, उसे कुछ इस दृष्टि से देखा जाता है, मानो उसने कोई घोर पाप किया हो, और समाज की यह हीन दृष्टि उस पिता को धीरे-धीरे अपनी ही नजरों से गिराती जाती है।'

शीला अपने पिता की स्थिति से इतनी क्षुब्ध है कि उसके मन में विचार आता है कि लड़कियों को विवाह ही नहीं करना चाहिए। विमला कहती है—'फिर तो मानव जाति का विकास ही रुक जाएगा।' इस पर शीला का उत्तर है :

प्रकृति को अगर मनुष्य जाति चलानी होगी, तो वह उसका कोई और साधन खोज लेगी। वनस्पति जगत् में जैसे वह वायु या अन्य साधनों से उत्पादन-क्रिया सम्पन्न कराती है, वैसा ही कुछ यहाँ करा देगी। और यदि मनुष्य जाति अपने को अस्तित्व के अयोग्य सिद्ध कर चुकी होगी, तो चिन्ता क्या?

'तट की खोज' की नायिका शीला 'सेवासदन' की सुमन की याद दिलाती है। वह संवेदनशील होने के साथ-साथ समझदार भी है। पाठक के मन में उसके प्रति गहरी करुणा का भाव पैदा होता है और उसके मन में कायर-अवसरवादी पुरुष के प्रति तीव्र घृणा का भाव। व्यंग्य में करुणा और घृणा का संश्लेष 'तट की खोज' में भी है।

मनुष्य जाति अपने को अस्तित्व के अयोग्य सिद्ध कर चुकी है, यह तीव्रतम घृणा की अभिव्यक्ति है। पीड़ित नारी का शाप है। रीति-रिवाज के नाम पर फलने-फूलने वाली अमानवीय सामाजिक कुरीतियों पर तीव्र घृणा की अभिव्यक्ति अनेक स्थलों पर व्यंग्य के कला-छल को हटाकर सीधे सामने प्रकट होती है—यह कहा जा चुका है। ऐसे स्थलों से परसाई के संवेदनशील व्यक्तित्व की झलक मिलती है जो व्यंग्य रचनाधर्मिता के पीछे छिपी ही नहीं है, उसका आधार है, और जो उनकी रचनाओं में नाना-विध प्रकट हुई है। नारी और अवर्ण उनकी रचनाओं में बारम्बार आते हैं :

> जिस जाति में बच्चे की बलि को धर्म-साधना माना जाए, विधवा को पति की चिता में डाल देना नैतिकता माना जाए, जिस धर्म में ऐसी कथा हो कि मोरध्वज और उसकी पत्नी भगवान को खुश करने के लिए बेटे को आरी से चीरते हैं, जिस देश में मनु महाराज विधान देते हैं कि यदि द्विज शूद्र को मार डाले तो वह उतना ही प्रायश्चित्त करे, जितना सूअर या कुत्ते को मारने पर—उस जाति की संवेदना, मूल्यचेतना, मानव गरिमा की भावना, अध्यात्म चेतना को फूल चढ़ाए जाएँ या उस पर थूका जाए। (4/268)

परसाई के साहिय में नारी के विविध रूप मिलते हैं। नारी जीवन और व्यवहार की यह समझ प्रेमचन्द और मध्यकालीन कवियों—विशेषतः सूरदास एवं तुलसीदास की याद दिला देती है। तुलसीदास नारी निन्दक होने के साथ-साथ यह भी महसूस करते थे कि विधाता ने नारी को इतना पराधीन बनाया क्यों? उसे सपने में भी सुख नहीं मिलता :

कत विधि सृजी नारि जग माँही।
पराधीन सपनेहु सुख नाहीं॥

इस पराधीनता का वास्तविक रूप परसाई के निबन्धों में मिलता है। यह रूप रीति-रिवाज, रूढ़िग्रस्तता, यथास्थितिवाद के चौखटों में कैद है। नारी की शारीरिक भिन्नता उसके शोषण को दुहरा कर देती है। वह सामाजिक अव्यवस्था के साथ-साथ मनुष्य में बैठे पशु के भी शोषण का शिकार होती है।

आकर्षण आदिम अमानवता को उत्तेजित करता है। क्रूर विडम्बना है। फूलन दस्यु तो है लेकिन नारी है। उसे अपराध के संसार में खींचकर लानेवाली घटनाओं की सरणि देखिए :

> गाँव की लड़की, गँवार बूढ़े से ब्याही, परिवार में चचेरे भाई की हत्या करने को तैयार। इलाके में हिंसा, कोई भी किसी को मार डाले। जिसमें लाठी और बन्दूक का दम हो, वही उस लड़की से बलात्कार कर ले, पुलिस शक में उसे बन्द कर ले, छूटने पर डाकू उठा ले जाएँ। जिस डाकू में दम हो, वह उसी की रखैल हो जाए। (4/267)

पत्रकार ने पूछा—'तुम सात-आठ दिनों से कहाँ छिपी थीं?' उसके मधुर मोहक स्वर निकले—'तेरी माँ की...' में यह फूहड़, हत्यारी, असह्य, बदबूदार अर्द्ध-विक्षिप्त नारी हमारी संस्कृति है। इसे समझेंगे तो आक्रोश, घृणा, मानवीय करुणा स्वतः उपजेगी। करुणा और मानवीयता व्यवहारत: समानार्थक हैं। लेकिन इन्हें हमारी चेतना-बोध के सहारे ग्रहण करती है। अगर समझ या बोध में चूक हो जाए तो हम या तो लिजलिजी भावुकता के शिकार होंगे या छद्‌म के। लिजलिजी भावुकता और छद्‌म भी व्यवहारत: प्राय: समानार्थक होते हैं। स्वातंत्र्योत्तर भारत में स्वार्थांधता और भीषण अहंकार ने इसी लिजलिजेपन का तेवर अख्तियार किया है। कभी वह सहानुभूति में प्रकट होती है, कभी अतिशय विनम्रता में, कभी अन्यविध अभिनय में। यह सामाजिक रोग संकट का रूप धारण कर चुका है। इसका उद्‌घाटन स्वातंत्र्योत्तर भारतीय साहित्य की नैतिकता का प्रधान क्षेत्र है। परसाई, नागार्जुन, अमरकान्त—इस क्षेत्र के प्रमुख रचनाकार हैं। परसाई इस क्षेत्र में अग्रणी हैं।

परसाई का व्यंग्य-लेखन स्वातंत्र्योत्तर भारत की नैतिक आवाज होने के साथ-साथ बहुत दूर तक आचरण-संहिता भी है। व्यक्तिगत, सामाजिक, राजनीतिक, आर्थिक और साहित्यिक आचरण की संहिता। यह बात शुरू-शुरू में चाहे अजब लगे लेकिन उनके निबन्धों को पढ़कर आप सहमत होंगे। व्यंग्य के माध्यम से उन्होंने हर प्रकार के अनौचित्य पर प्रहार किया है।

यह व्यंग्य दृष्टि व्यापक सामाजिक दृष्टि ही है जो द्वंद्व को उसकी वास्तविक स्थिति में चित्रित कर देती है। वह यथार्थपरक है। बोध से युक्त दृष्टि किसी भी चीज को व्यापक सामाजिक सन्दर्भ में देखती है तो औचित्य छद्‌म महिमा को ध्वस्त कर देता है, वह किसी भी क्षेत्र की महिमा हो। इसीलिए यह व्यंग्य दृष्टि निर्मम है। परसाई को हमने मिथक भंजक कहा है। यह ठीक है किन्तु उन्होंने छद्‌म मिथक भंजकों, छद्‌म क्रान्तिकारियों, विनम्रों, सहानुभूतिशील रँगे सियारों की खबर कम नहीं ली है।

अभी बात नारी जाति की चल रही थी। फूलन पर लिखते हुए परसाई ने उसके फूहड़पन को अलग नहीं रखा है—ढका नहीं है। घीसू-माधव का चित्रण करते समय प्रेमचन्द ने उनके निठल्लेपन को ढका नहीं था। वह निठल्लापन यथार्थ था—वह कहानी में व्यंग्य और करुणा का वाहक बन गया है। फूलन पर लिखते समय परसाई के यहाँ भी उसका फूहड़पन व्यंग्य एवं करुणा का माध्यम बन गया है। द्वंद्वात्मक बोध से रचित यथार्थपरक मानवीय करुणा का साहित्य इकहरा नहीं, भरपूर होता है।

इसी निर्मम दृष्टि से देखने पर कमलादास की आत्मकथा एक मादा की कहानी लगती है और अमृता प्रीतम की आत्मकथा एक कुड़ी की कहानी। ये दोनों नारियाँ अपने को बौद्धिक और मुक्त मानती हैं। सवाल है, मुक्ति किससे? मुक्ति का सन्दर्भ ठीक न हुआ तो मुक्ति निरर्थक नहीं, अनर्थक हो सकती है। ये लेखिकाएँ अपने शरीर की सम्पर्क-घटनाओं को निहायत शहीदाना अन्दाज में पेश करती हैं, मानो मुक्त यौनाचार ही क्रान्ति हो! यहाँ परसाई का व्यंग्य करुणा नहीं व्यंजित करता, आक्रोश भी नहीं। यहाँ उनका व्यंग्य आत्मकथा लेखिकाओं के प्रति दया एवं उपहास उपजाता है। ये लेखिकाएँ प्रसिद्ध और सम्मानित हैं। यहाँ उन पर लिखे गए व्यंग्य-निबन्ध की चर्चा करने का उद्‌देश्य छद्‌म क्रान्तिकारिता एवं छद्‌म बौद्धिकता का उद्‌घाटन तो है ही, करुणा और दया का अन्तर भी पहचानना है। इन लेखिकाओं की आत्मकथा पढ़ने पर परसाई को लगा कि ये मानो केवल शरीर और सपनों पर जिन्दगी गुजारने वाली औरतों की कथा है। केवल शरीर पर जीने वालों का, गुंडों और वेश्याओं की तरह, शरीर ढलने पर दयनीय होना अनिवार्य है। सामन्ती एवं पूँजीवादी मानसिकता नारी को शरीर अर्थात् भोग्या मात्र समझती है और इसी तरह उसका अपने लिए उपयोग करती है। नारी की मुक्ति का अर्थ उसके व्यक्तित्व की सामाजिक, व्यक्तिगत उपयोगिता की स्वीकृति है, मुक्त यौनाचार नहीं। ऐसा करके तो वह उसी सामन्ती पूँजीवादी मानसिकता का ख़ुद को शिकार बना लेती है।

वर्ग-विभक्त समाज में नारी और सम्पत्ति का सम्बन्ध दारुण रहा है। शोषक उसका सम्पत्ति या सम्पत्ति के साधन की तरह इस्तेमाल करते रहे हैं। सामन्तवाद जिस प्रकार वसुन्धरा को 'वीर भोग्या' मानता था, वैसे ही सुन्दरी को। धर्मराज ने उसे जुए में दाँव पर रख दिया। जैसे भूमि के लिए युद्ध होते थे, वैसे ही राजकुमारी के लिए। भूमि एवं सम्पत्ति का भोग हम मरणोपरान्त भी करते रहें, इसके लिए पुत्र का होना जरूरी था—आत्मा वै जायते पुत्रः। पुत्र अपना ही हो, इसे सुनिश्चित करने के लिए नारी का पतिव्रता होना जरूरी था। मध्य युग में सामंतों की मृत्यु पर

केवल पत्नी/पत्नियाँ ही नहीं, नौकर-चाकर भी जलाए जाते थे। वहाँ परलोक में सामन्त की खिदमतगारी कौन करता!

नारी के प्रति शोषक वर्ग की दृष्टि विकलांग होती है। मध्यकालीन साहित्य में इस खंडित दृष्टि के विरुद्ध भक्त कवियों ने नारी निन्दा के बावजूद नारी को पुत्री, माँ, बहन आदि के रूप में भी चित्रित किया है।

पूँजीवाद-साम्राज्यवाद नारी के साथ क्या सलूक करता है, इसका उदाहरण मार्लिन मुनरो और क्रिस्टीन कीलर हैं। शरीर का निर्बन्ध भोग, फिर आत्महत्या या भीख या मानसिक विक्षेप। प्रकृति की सुन्दरतम कृति को पूँजीवाद-साम्राज्यवाद विकृत करता है। वह कितना आत्मघाती और तर्कहीन है—मुनरो और कीलर का जीवन इसका प्रतीक है।

देवराला में रूप कुँअर का सतीकांड सामन्ती रूढ़िग्रस्त अमानवीयता का प्रतीक है।

पूँजीवाद का बहुत बड़ा साधन विज्ञापन है। 'मिसइनफॉर्मेशन' और 'डिसइनफॉर्मेशन' सबसे ज़्यादा विज्ञापनों में होता है। उपभोक्ता संस्कृति पूँजीवादी-साम्राज्यवादी संस्कृति का ही आचरण है। विज्ञापन 'समझ' को ढँकना चाहता है। विज्ञापनी संस्कृति सबसे ज़्यादा इस्तेमाल नारी शरीर का करती है। वह शरीर को माल की बिक्री का साधन बनाकर अन्ततः शरीर को भी महत्त्वहीन बना देती है—महत्त्वपूर्ण बनी रहती है खरीदारी, जिससे सेठों की जेब भरती है। परसाई जब सच्चाई सामने रख देते हैं तब विज्ञापनी चित्र के उठाईगीर सौन्दर्यबोध का उद्‌घाटन हो जाता है और विज्ञापनी सौन्दर्य वास्तविक रूप में आकर व्यंग्य-चित्र बन जाता है—फिर उसकी कुरूपता खुल जाती है।

व्यक्ति एक खूबसूरत छोकरे को किसी कम्पनी का सिगरेट, या पेय पीते या क़पड़ा पहने किसी विज्ञापन में देखता है, जिसकी ओर कोई लड़की मुग्ध भाव से देख रही होती है। कोई खूबसूरत छोकरी किसी मिल के कपड़े के वस्त्र या तौलिए पहने उत्तेजक मुद्राओं में दिखाई जाती है। विज्ञापन से प्रभावित लोग समझते हैं कि उस कम्पनी या मिल की बनी चीज इस्तेमाल करने से हम भी वैसे ही आकर्षक हो जाएँगे, जबकि विज्ञापन का उद्‌देश्य देखने वाले को विज्ञापित वस्तु का ग्राहक बनाकर पैसे ऐंठना है। शरीर आकर्षण का ऐसा असामाजिक उपयोग पूँजीवादी संस्कृति में आपत्तिजनक नहीं माना जाता है बल्कि इसे व्यक्ति स्वातंत्र्य के क्षेत्र में रखा जाता है। सामाजिक और विकसित वैज्ञानिक सौन्दर्यबोध के स्थान पर उपभोक्ता संस्कृति के सर्वेसर्वा पहले से ही अभावग्रस्त सामान्य जन की वह क्षमता भी छीन लेना चाहते हैं जिससे वह उपयोगिता और सौन्दर्य में ताल-मेल बिठा सके।

उसके पास जरूरत से कम पैसा होता है लेकिन जरूरी चीजों के स्थान पर उन गैर-जरूरी विलास की वस्तुओं के पीछे दौड़ाते हैं—फिर या तो वह निराश-हताश हीनताग्रस्त होता है या उन वस्तुओं को प्राप्त करने की होड़ में अपराधकर्मी। उपभोक्ता संस्कृति के सौन्दर्य-बोध की विशेषताएँ हैं :

> इस देश की सारी सुन्दर स्त्रियाँ कम्पनियों की नौकरानियाँ हैं। उनका काम कम्पनी की तरफ से पुरुष को फुसलाना है।
>
> सुन्दर स्त्री के जीवन का महान् उद्देश्य है : किसी कारखाने का माल बिकवाना और सबसे बड़ी बात यह कि प्रेम व सौन्दर्य का सारा स्टाक कम्पनियों ने खरीद लिया है, अब ये उन्हीं के मारफत मिल सकते हैं।
> ('विज्ञापन में बिकती नारी')

कहने की जरूरत नहीं कि यहाँ देश का आशय पूँजीवादी मानसिकता से ग्रस्त देश से है।

सौन्दर्य-बोध का सम्बन्ध मूल्य-बोध से है। उपभोक्ता संस्कृति का विकृत सौन्दर्य-बोध मूल्यान्ध है। मूल्यान्धता के बिना उसके विज्ञापन न चमकदार होंगे, न कारगर। वह छोकरी-छोकरा शरीर का ही नहीं, हर क्षेत्र के सौन्दर्य—कलात्मक एवं कर्म सौन्दर्य—का भी विज्ञापनी उपयोग करता है। आप शुद्ध कल्याण-राग में पान-पराग की प्रशंसा सुन सकते हैं। तांडव-नृत्य की मुद्रा में बाटा के जूतों का विज्ञापन देख सकते हैं। दिल्ली में एक पाँच-सितारा होटल है जिसके लॉन में चन्द्रगुप्त मौर्य तलवार टिकाए खड़े हैं—होटलबाजों के स्वागत में। एअर इंडिया के महाराजा की दुर्गति से हम सब परिचित हैं। महानगरों की वैभवपूर्ण बस्तियों का नाम है—पंचशील मार्ग, सत्य मार्ग, सर्वोदय इन्क्लेव आदि। कुछ दिनों पहले पंचशील मार्ग के एक निवासी 'ब्राउन शुगर' बेचते हुए पकड़े गए। इस तत्समी और भारतीय सांस्कृतिक(?) वैभव में भयंकर विकृति है और इस विकृति का उद्घाटन करनेवाले व्यंग्य में बड़ी घृणा है। पूँजीवादी-साम्राज्यवादी विकृति हमारे देश की ऐतिहासिक एवं आचरणगत उपलब्धियों को ध्वस्त करके उन्हें दयनीय, उपहासास्पद बना रही है। भारतीय संस्कृति के पंडे इसका विरोध नहीं कर रहे हैं, इसके साधन बन रहे हैं।

इस आत्मघाती विकृति का विरोध परसाई की व्यंग्य-रचना करती है। 'विज्ञापन-संस्कृति' में परसाई खुद चकित हैं—विभिन्न क्षेत्रों के ख्यात व्यक्तियों को इस विकृति में शामिल देखकर। क्या ये विज्ञापनी इतने नासमझ हैं—इतने जरूरतमन्द हैं? इन्हें इस फाँस में पड़ने की क्या जरूरत थी?

नीतू सिंह, डिम्पल, राजेश खन्ना, नवाब पटौदी, कपिल देव, सुनील गावस्कर, दारा सिंह, सब विज्ञापन के साधन बनते हैं—कोई लक्स का, कोई हमाम की टिकिया का, कोई ब्लेड का, कोई वीटा घी का। इन्हें पैसे की या यश की कमी नहीं, फिर ये विकृत विज्ञापनबाजी के साधन क्यों बनते हैं? सीधा उत्तर है—ये देश की जनता के उस अपनापे के हकदार नहीं हैं जो इन्हें मिल रहा है। 'ब्लिट्ज' के मशहूर सम्पादक को, जो एक अर्से तक प्रगतिशील समझे जाते रहे—कपड़े के रंगीन विज्ञापन में मॉडल बने देखकर परसाई पूछते हैं :

> मगर बुजुर्ग, मशहूर, गम्भीर, इज्जतदार, बुद्धिजीवी करंजिया किसी बौड़म की तरह कपड़े के विज्ञापन में खड़े हैं, कारण क्या है? क्या जवानी की हवस अब पूरी हो रही है? क्या और पैसा कमाना जरूरी था? क्या इतना यश काफी नहीं था, जो मॉडल बनकर या सर्कस कम्पनी के रोल से बढ़ाया जा रहा है? ('विज्ञापन संस्कृति')

नवाब पटौदी या माधवराव सिंधिया को किस चीज की कमी है? उन्हें दिग्जाम कपड़े का विज्ञापन करने की क्या जरूरत है? ये दोनों भूतपूर्व(?) सामन्त हैं। ये वही माधवराव सिंधिया हैं जो इस समय (1987 में) रेल-मंत्री हैं और जिनकी लड़की की शादी में शाही शान-शौकत का दिखावा हुआ है। जिस मंत्रिमंडल में वे शामिल हैं, उसने अकाल-राहत के लिए फिजूलखर्ची को रोकने की घोषणा कर रखी थी। यहाँ भी सामंतवादी अकड़ पूँजीवादी विकृति की चाकरी कर रही है। पटौदी नरेश, ग्वालियर नरेश दिग्जाम मिल के कपड़ों को बेचने के लिए फेरी लगा रहे हैं। लेकिन सबसे ज़्यादा चौंकाने वाला विज्ञापन अभी शेष है :

> सबसे ज़्यादा चौंकाने वाला विज्ञापन यह मेरे सामने है। रंगीन दो पृष्ठों का विज्ञापन। 'विमल' के कपड़ों का विज्ञापन है। इसमें सूट पहने, पगड़ी बाँधे खड़े हैं कौन? कल्पना नहीं कर सकते। ये हैं, लेफ्टिनेंट जनरल जे. एस. अरोड़ा—परम विशिष्ट सेवा मेडल प्राप्त, पद्मभूषण भी। ऊपर कोने में एक चित्र है, जो वास्तविक होगा, जिसमें जनरल अरोड़ा 1971 में ढाका में जनरल नियाजी का समर्पण स्वीकार कर रहे हैं।
>
> चौंकाने वाला यह विज्ञापन-चित्र कई सवाल उठाता है। वे लेफ्टिनेंट जनरल हैं। रहे हैं। वे फौज के अफसर हैं। फौज का अनुशासन होता है। मर्यादा होती है।...क्या लेफ्टिनेंट जनरल या ऊँचा अफसर चीजों की बिक्री बढ़ाने का काम कर सकता है? क्या सुरक्षा विभाग से उन्हें इसकी

> इजाजत मिल गई थी?...जनरल कमीशन एजेंट या हॉकर का काम कैसे करने लगा?...अगर फौज के जनरल व्यापार के फरेब में शामिल होने लगे तो सेवा की विश्वसनीयता का क्या होगा? ('विज्ञापन संस्कृति')

परसाई विक्षुब्ध होकर कहते हैं :

> अगर जनरल अरोड़ा सेवा में हों तो उनसे कैफियत तलब करके उन पर कार्यवाही करनी चाहिए। (उप.)

सरकार मजदूरों पर गोली चलाती है, हर प्रकार की अव्यवस्था चुपचाप देखती है। पैसे वालों पर कार्यवाही नहीं होती। यह व्यवस्था पैसे के लिए झूठ बोलने, फरेब देने, अपने किये-धरे को भुनाने की पूरी छूट देती है; सार्वजनिक जीवन में जो प्रतिष्ठा मिली है, उसके सहारे पूँजीपति की फरमाबरदारी करना अनैतिकता है, यह अनैतिकता हमें विक्षुब्ध नहीं करती। विज्ञापन संस्कृति 'अँधेरे में' के मृतदल की शोभा-यात्रा का ही एक और चित्र है जिसमें मंत्री, उद्योगपति, बुद्धिजीवी, सेना—सब शामिल हैं। 'अँधेरे में' उनके नाम नहीं थे, यहाँ उनके नाम हैं—'रक्तपायी वर्ग से नाभि-नाल बद्ध ये लोग'।

यह खुलापन या रचनात्मक साहस वर्तमानता पर आग्रह के कारण है। वर्तमानता की रचनात्मकता का ही काम है—चीजों और वस्तुओं को सही सन्दर्भ में प्रस्तुत कर पाना। अपराधकर्मियों को कम-से-कम पाठकों की अदालत में हाजिर होने के लिए आवाज लगाना।

अहं का भालू और नर्मदा मैया

परसाई का व्यंग्य मूलतः किस तल पर आधारित है—संवेदना पर, समझदारी पर या नैतिकता पर?

परसाई के व्यंग्य में ये तीनों यथोचित मात्रा में हैं। रचनात्मकता में ये परस्पर घुले-मिले हैं। संवेदना नैतिकता से अनुशासित होती है और नैतिकता समझ से। समझ परसाई का प्रस्थान बिन्दु ही नहीं, रचना-यात्रा का प्रधान पाथेय है। परसाई के यहाँ भावुकता का तिरस्कार है। वह छद्म, ढोंग का प्रमुख साधन बन जाता है। भावुकता परसाई के साहित्य में बेसमझी नहीं, प्रायः कपट का औजार है। समझ न हो तो हम आज की विकसित, यानी कपट को फाड़कर असलियत देख सकने वाली नैतिकता को पहचान नहीं सकते। समझदारी को न छोड़कर जो नैतिकता निर्मित होती है, वह परसाई की संवेदना की कसौटी है। यह सस्ती नहीं होती, कदम-कदम पर रोती नहीं, आँसुओं की झड़ी नहीं लगाती। जिस तरह धर्म, सिद्धान्त, राजनीति के नारों की रूढ़ि होती है, वैसी ही संवेदना की भी। छद्म प्रायः रूढ़ि का सहारा लेती है। रूढ़ि समझ को ढकती है। इसलिए रूढ़ि की आड़ में छद्म अपनी लीला करता है। 'समझ' संवेदना और संवेदना में फर्क करती है। छल, कपट भी संवेदना के ही—जिसे अभी भावुकता कहा गया—नाम पर होता है। यह कपटी व्यक्ति में एक प्रकार की होती है। जिन्हें कपट का शिकार बनाया जाता है, उनमें दूसरे प्रकार की। यह रूढ़ि का सहारा लेती है। यह छद्म संवेदना अनैतिक है। इसमें व्याप्ति नहीं। यह अधिकांश जनसमूह को धोखा देने के लिए है। यह संवेदना वस्तुतः पूँजीवादी-युग में फल-फूल रही विज्ञापनी मानसिकता की संवेदन-शून्यता है जो अमानवीय है, क्योंकि वह स्वार्थ के लिए कुछ भी कर सकती है। इसे समझे बिना नैतिक एवं समझ के आधार पर रचित नई संवेदना को नहीं समझा जा सकता जो परसाई की व्यंग्य रचनाओं की प्रेरणा है। इसलिए परसाई का व्यंग्य अपने युग की संवेदन-शून्यता का चित्रण करता है। चूँकि यह छद्म संवेदना एवं भावुकता के रूप में आती है इसलिए रचना स्वतः व्यंग्यधर्मी हो जाती है। याद रखने की बात यह है कि ऐतिहासिक तौर

पर अनिवार्य संवेदना ही संवेदन-शून्यता का चित्रण करके उसका पर्दाफाश कर रही है। अनिवार्य अर्थात् ऐतिहासिक विकास के लिए अनिवार्य।

परसाई की व्यंग्य-रचनाओं में 'मृत्यु' का प्रसंग आश्चर्यजनक रूप से बहुत अधिक मिलता है। विचित्र बात लगती है, व्यंग्य में मौत का इतना वर्णन। ध्यान देने पर रहस्य खुल जाता है। 'मौत' जीवन की दारुणतम घटना है। इसमें शोक-संवेदना अनायास होती है। शत्रु से शत्रु की मृत्यु पर भी हमें वेदना होती है। मृत व्यक्ति के लौटने की कोई आशा-आशंका नहीं होती—और मृत्यु सबकी होनी है, इसलिए मृत्यु की शोक-संवेदना में छल-कपट की गुंजाइश कम-से-कम होनी चाहिए।

किसी भी विपत्ति में सामान्यतः दो प्रकार की प्रतिक्रियाएँ हो सकती हैं :

(1) हम विपन्न व्यक्ति से सहानुभूति रखें या
(2) सहानुभूति न रखें।

एक और स्थिति होती है कि हम सहानुभूति का नाटक करें और सहानुभूति के मुखौटे में अपने स्वार्थ की ताक में रहें। परसाई की रचनाओं में ऐसी सहानुभूति के कई रंग हैं। अगर आज कुछ आदमी इतने घटिया हो गए हैं कि वे दूसरे की विपत्ति को भी भुनाते हैं, तो कुछ ऐसे भी हैं जिनका दुःख ही छद्म होता है। ये दोनों एक ही श्रेणी के घटिया लोग हैं। कुछ लोग अपनी सहानुभूति भुनाते हैं, कुछ लोग दूसरों की। और उन लोगों को क्या कहा जाए, जो मृत्यु जैसी घटना का भी उपयोग करते हैं?

मृत्यु मानव-जीवन की दारुणतम घटना है। इसमें शोक एवं सहानुभूति की भावना अनायास होती है। अतः मृत्यु के शोक एवं सहानुभूति की छद्म भावना सर्वाधिक प्रयुक्त रूढ़ि भी बन गई है।

एक 'परम घनिष्ठ मित्र' की मृत्यु की प्रतीक्षा का संकट इस प्रकार है :

> सहानुभूति संकट एक दिन मैंने एक भलेमानस का देखा। इनके परम घनिष्ठ मित्र अस्पताल में थे और मौत के पास थे। उनसे कहा गया था कि आधा घंटा के ही मेहमान हैं। भलेमानस ने दफ्तर से आधी छुट्टी ले ली और मरनेवाले से अपनी मैत्री के स्टैंडर्ड के हिसाब से शव-यात्रा के लिए तैयार होकर घर में बैठ गए। वे अस्पताल से फोन का इन्तजार कर रहे थे। फोन बजता तो बड़ी आशा से उठाते और निराश होकर रख देते। दो-तीन घंटे हो गए। वे खीझकर कहने लगे—'बताओ, भला कैसी झंझट है! हमसे तो कहा था कि आधा-घंटे में काम तमाम हो जाएगा। तो हम छुट्टी लेकर इधर बैठे हैं। तीन घंटे हो गए पर उधर से खबर ही नहीं आई। मरने वाले की भी क्या धाँधली थी! जल्दी और ठीक समय पर नहीं मर रहा था और इनकी छुट्टी बरबाद हो रही थी। ('सहानुभूति के रंग')

'मरने वाले से अपनी मैत्री के स्टैंडर्ड के हिसाब से' टुकड़ा महत्त्वपूर्ण है। मृत्यु के अवसर पर भी आदमी इतना दुनियावी और औपचारिक बना रहे, यह हमारी सभ्यता (?) की देन है। मरनेवाला व्यक्ति परम घनिष्ठ है और उसकी मृत्यु हो जाने की सूचना पाने के लिए मित्र फोन 'बड़ी आशा से उठाते'। मृत्यु हो जाने की सूचना न मिलती तो फोन 'निराश होकर रख देते।' मानवीय रिश्तों को इतना नेस्तनाबूद किसने कर डाला है? मनुष्य ने अपने को इतने आवरणों में क्यों ढक रखा है कि उसका मनुष्यत्व मर गया है? मनुष्य ने मनुष्यता को निर्वासित कर दिया है—कृत्रिमता का यान्त्रिक आवरण अपना लिया है। इस व्यक्तिवादी मानसिकता का कारण—इस व्यक्तिवादी मानसिकता का आचरण पक्ष पूँजीवादी सभ्यता है। हमारा सामुदायिक जीवन समाप्त होता जा रहा है। सामन्तवादी जीवन-पद्धति में इतनी जल्दी नहीं होती। वहाँ व्यक्ति की व्यक्ति से इतनी प्रतिस्पर्धा नहीं होती। उसमें स्थिर सामुदायिक सम्बन्ध होते हैं जिनसे मूल्य बनते हैं। पूँजीवादी जीवन-पद्धति में समय स्वर्ण होता है। यहाँ घर पर बैठने की, अपने बच्चे, पत्नी, माँ, बाप के साथ भी समय गुजारने की फुर्सत कम होती है। लोग सपत्नीक बॉस के यहाँ पहुँचते हैं। व्यक्तिगत तरक्की स्वयं एक मूल्य बन जाती है जो पिछले सभी मूल्यों से अपनी शर्त मनवाती है—नहीं तो उन्हें समाप्त कर देती है। इसे ही जीवन की भाग-दौड़ या व्यस्तता समझा और कहा जाता है। इसमें 'स्पीड' की बहुत जरूरत पड़ती है। 'तीव्रगति' अपने-आपमें मूल्यवत्ता बन जाती है। अभी हाल में दिल्ली पुलिस के अधिकारी ने कहा कि दिल्ली वालों को सड़क पर बहुत जल्दी होती है। जल्दी यानी व्यवहारत: सभी को पीछे छोड़कर आगे निकल जाने की आतुरता। यह ठेठ पूँजीवादी व्यक्तिवादी मानसिकता है, देश को भी पीछे छोड़कर आगे जाने की मानसिकता—विदेशी दूतावासों के लिए मुख़बरी, कालाबाजारी, तस्करी, चरस, ड्रग्स का व्यापार। इतनी जल्दी है कि परम घनिष्ठ मित्र की मृत्यु पर शोक प्रकट करने का इन्तजार देर तक नहीं किया जा सकता। समय स्वर्ण है। परम घनिष्ठ मित्रता के लिए स्वर्ण का व्यय सीमित मात्रा में ही किया जा सकता है। कितना समय-रूपी स्वर्ण कहाँ खर्च करना है, इसका पूरा ध्यान है, तभी मरनेवाले से अपनी मैत्री के स्टैंडर्ड के हिसाब से शव-यात्रा के लिए तैयार हुए।

परसाई का व्यंग्य एक ओर इस अमानवीकरण की त्रासदी प्रकट करता है, दूसरी ओर इस अमानवीकृत स्थिति और मन:स्थिति से व्यक्ति को निकाल उसे मानवीय बनाना चाहता है। सत्य, शिष्टता, विनम्रता, साधन आदि मूल्य-बोधक शब्दों और उनके आचरण-रूपों में जो असंगति आ गई है, वह भयानक है। अगर यह भयानक न होती तो सफलता के महल में मुख्य द्वार से घुसने वाले लहूलुहान न होते;

स्वर्गीय पिता, चाचा गेहूँ का भाव सुनकर चिन्तित न होते। वह स्थिति कितनी घोर है जिसमें महँगाई का घटना सिर्फ स्वप्न में ही सम्भव है। यह सब बाह्य परिस्थितियों की त्रासदी है जिसकी व्यंजना परसाई का व्यंग्य करता है। बाह्य स्थितियों ने हमारे मनोविकारों में जो उलट-फेर किया है, मानवीय आचरण एवं सम्बन्धों को नष्ट करके हमें अमानवीय कर दिया है, इसका भी चित्रण परसाई का व्यंग्य करता है। उनके व्यंग्य की करुणा दारुण स्थिति से उत्पन्न होती है और इस स्थिति-यथास्थिति के प्रति आक्रोश, घृणा उत्पन्न करती है—इससे उबरने की छटपटाहट पैदा करती है। व्यंग्य ने साहित्य में यह काम इतने व्यापक धरातल पर पहले नहीं किया था।

परसाई को मिथक-भंजन की जरूरत क्यों पड़ गई? अगर यह आवश्यक न होता तो मिथकों को भंग करने का काम कोई सच्चा रचनाकार न करता। मिथक-भंजन का क्षेत्र प्रधानत: विज्ञान का है, साहित्य का नहीं। मिथक-भंजन की शुरुआत कौन करता है?

> पर एक दिन मैंने एक अभिनन्दन-समारोह देख लिया और इच्छा की आग भड़क उठी।
>
> एक श्रद्धेय का सम्मान था। वे सचमुच बहुत लोगों की श्रद्धा के पात्र हैं। श्रद्धा मन में रहे तो कोई बात नहीं, प्रकट होने लगे तो कभी-कभी हास्यास्पद हो जाती है। इस समारोह में श्रद्धा का प्रकटीकरण दुर्लभ मनोरंजन का कारण बन रहा था। सबसे अच्छी बात तो यह थी कि अश्रद्धा, श्रद्धा की अपेक्षा जोर से बोल रही थी।
>
> श्रद्धेय विद्वान् ब्राह्मण हैं। उनका नाम कृष्ण का पर्यायवाची है। वे उपकुलपति भी हैं।
>
> एक श्रद्धा प्रकट करनेवाले विद्वान् कायस्थ थे। उन्होंने कहा—श्रीकृष्ण ने बड़े-बड़े काम किये, पर उपकुलपति वे नहीं हो सके थे। अब इस रूप में उपकुलपति बने। (मेरे मुँह से 'हाय' निकल पड़ी।) ('अभिनन्दन')

श्रीकृष्ण के मिथक का उपयोग जब उपकुलपति की खुशामद में किया जाएगा तो वह स्वयं टूटेगा। रचनाकार तो इसे वर्णित या चित्रित करके मिथक-भंजक बनता है।

अब प्राचीन कवियों का उपयोग देखिए :

और पिछले महीने बड़े दिन को इसी जबलपुर महानगरी में 'कृष्णायन' के कवि के अभिनन्दन में जो कुछ हो गया, उसे देख-सुनकर भाई हमारी तो गर्दन नीची हो गई थी।...तुलसी, वेदव्यास, वाल्मीकि तक को नहीं छोड़ा—मंत्री की तारीफ के लिए। ('साहित्य में ईमानदारी')

जिसे समाजशास्त्री विशिष्ट वस्तुओं का उपभोग की प्रवृत्ति कहते हैं, वह वस्तुतः विज्ञापन-मानसिकता है। हम असामान्य हैं—शेष से अलग। भीड़ से अलग। जिसे 'निजता की सुरक्षा' या 'व्यक्ति स्वातंत्र्य' घोषित किया जाता है, वह पूँजीवादी संस्कृति में निजता का विज्ञापन बन जाता है। पूँजीवादी समाज में इसी संस्कृति एवं मानसिकता का वर्चस्व रहता है। यह प्रवृत्ति इतनी हावी हो जाती है कि सभी वर्गों के बीच आम हो जाती है। जो वर्ग अभावग्रस्त होता है, वह भी इसके लिए छटपटाता है।

यह विज्ञापन-मानसिकता अपना प्रभाव आचरण पर डालती है। पहले पैसे वाले अपना धन जमीन में गाड़कर रखते थे, छिपाते थे। अब पैसा पैसे को खींचता है इसलिए उसे बाहर दिखना पड़ता है। जो धन, धन को पैदा करता है, वह पूँजी है : अपने गुणों को छिपाना, करुणा, उदारता, दया, सहानुभूति को प्रदर्शित न करके आचरण से ही उसे जताना सामाजिक मूल्य हैं। कहीं-न-कहीं आर्थिक व्यापार एवं मानसिक व्यापार का ताल-मेल है। आचरणगत मूल्यों पर अर्थ का दबाव तो जरूर पड़ता है किन्तु वे आर्थिक प्रवृत्तियों का विरोध भी करते हैं। हमारे कहने का आशय यह नहीं है कि आत्म-प्रदर्शन की प्रवृत्ति पहले नहीं थी—पहले भी थी किन्तु अब सहानुभूति, शिष्टता, सम्मान, विनम्रता आदि का प्रदर्शन व्यापकतर पैमाने पर व्यक्तिगत लाभ के लिए किया जाता है। इन मानवीय गुणों का उपयोग व्यक्तिगत स्वार्थों के लिए विशिष्ट वस्तुओं की तरह किया जाता है—पूँजीवादी संस्कृति ने इन मानवीय गुणों को वस्तुओं में रूपान्तरित कर दिया है। इसी तरह कला और संस्कृति का भी। मजदूर के श्रम, कलाकार की कला, नारी, शरीर, बुद्धिजीविता, विज्ञान, प्रकृति—सबका। पर्यावरण प्रदूषण प्रकृति के प्रति पूँजीवादी दुराचार का परिणाम है। और तो और, व्यक्ति अपने दुःखों, पारिवारिक सम्बन्धों का भी 'उपयोग' करने लगा है। यह अन्ततोगत्वा व्यक्ति को सभी प्रकार के मानवीय सम्बन्धों से रहित करके उसे अकेला, असहाय बना देता है। व्यक्तिवादिता अन्ततोगत्वा हित से बिलकुल उलटी दिशा में चलती है। इक़बाल ने इसी संस्कृति के बारे में लिखा था :

तुम्हारी तहज़ीब खुद अपने हाथों ही आप खुदकुशी करेगी
जो शाख़े-नाज़ुक पे आशियाना बनेगा, नापायेदार होगा।

मानव-मूल्यों की उपेक्षा ही शाख का नाजुक होना है।

यह मानसिकता मूल्यान्धता एवं विकृत रुचि पैदा करती है। उठाईगीर संस्कृति इसे अपना सौन्दर्य-बोध कहती है। यह सौन्दर्यबोध आचरण में मानवीय सम्बन्धों से वंचित-रहित होता है।

यह मूल्यान्ध विकृत रुचि बहुत सक्रिय है। वह जितनी मूल्यान्ध है, उतनी ही सक्रिय। परसाई इस विकृति की विकृति के रूप में पहचान कराते हैं। वह इस पर व्यंग्य-प्रहार करते हैं, इसे उद्‌घाटित करते हैं। उद्‌घाटन होने से पाठकों के मन में इस विकृति और भोंडी रुचि के विरुद्ध आक्रोश जाग्रत होता है, इसकी उपहासास्पदता प्रकट हो जाती है। स्वाधीनता के उपरान्त कुछ लोग बहुत तेजी से धनिक हुए हैं। आवश्यकता से इतना अधिक धन और अकस्मात्! इसने इस समुदाय का आचरण-सन्तुलन बिगाड़ दिया है। अस्सी फीसदी गरीब जनता के बीच कुछ लोगों का अनावश्यक धन अशोभनीय तौर पर प्रदर्शित होता है—'आसपास गँवार सम्पन्नता तमाचे जड़ रही है।' यह ऐसी ही सफलता है—चाहे वह नवधनिकों की हो या मानवता खोकर प्राप्त की गई कोई सफलता हो—जिसके बारे में मुक्तिबोध कहते थे : 'पार्टनर, चारों तरफ देखो, सफलता की चाँदनी रात में उल्लू बोल रहे हैं।'

विकृत रुचि से ग्रस्त व्यक्ति आत्ममुग्धता के नशे में धुत्त रहता है। यह आत्ममुग्धता या आत्मग्रस्तता आत्मप्रदर्शन के बिना रह नहीं सकती। आत्मप्रदर्शन अपने को सामान्य से अलग करके विशिष्ट बनाने की प्रवृत्ति है। परसाई ने लिखा :

> अहं की प्रकृति प्रदर्शन की है, वह नकटे की तरह आईना देखने को उत्सुक रहता है। (3/37)

> पैसा ऊपर हो जाता है तो वह अपना रूप प्रकट करना चाहता है। वह अकुलाता है कि मैं हूँ और दिख नहीं रहा हूँ। मैं अपने को अभिव्यक्त करूँ और पैसा इस तरह फूटकर प्रकट हो जाता है, जैसे पके फोड़े का मवाद। फूहड़पन के लिए भी हैसियत चाहिए। मेरी हैसियत नहीं है तो लालाजी के बेटों पर हँस रहा हूँ। पैसा और फूहड़पन, दोनों आ जाएँ तो मैं गहरा रंग खरीदकर चेहरे को रँगवा लूँ—एक गाल पीला, दूसरा लाल, नाक हरी, कपाल नीला। (3/226-27)

इसी सम्पन्नता का एक और रूप :

> कल इधर एक बारात आई थी। मजदूरों के सिर पर कई गैस बत्तियाँ रखी थीं। दूल्हे की सजावट ऐसी थी कि वधू को उसे देखकर उल्टी हो जाए।

> दो बैंड और इसके साथ ही लाउडस्पीकर। बड़ा घमासान कोलाहल। बारातियों को विभिन्न रंगों से पोत दिया होता तो अच्छा होता। (3/227)

पहले उद्धरण में पके फोड़े का मवाद था, इसमें सजावट देखकर उलटी हो जाए। एक जगह लिखा है—सफलता के महल में प्रवेश के विषय में :

> लोग नाबदान के रास्ते घुस रहे हैं। इतनी बदबू सफलता के पिछले द्वार में। हम नहीं घुस पाते। 'एक नाक होती तो घुस जाते। हमारा तो हर रोम एक नाक है। कहाँ-कहाँ रूमाल लपेटें?' (3/47)

यह घृणा, जो पके हुए फोड़े के मवाद, उलटी, बदबू के प्रतीकों में प्रकट हुई है, नवधनिकों की विकृत रुचि, पूँजीवादी संस्कृति के प्रति है। हमारे देश में रूढ़ियाँ इत्यादि ही बहुत मजबूत नहीं हैं, भद्र आचरण की परम्परा भी बहुत प्राचीन और सुदृढ़ है। आवश्यकता से अधिक और शीघ्र अर्जित धन जिस अहंकार एवं अश्लील प्रदर्शन की विकृति पैदा करता है, वह संस्कारशील मनुष्य की रुचि को आहत करता है। इस अनुचित धन के स्रोत को पहचानने वाली समझ आक्रोश, घृणा, उपहास के साथ करुणा भी पैदा करती है। यह करुणा पैसे को ही सब कुछ समझने वाली, पैसा पैदा करने के लिए मानव-इतिहास द्वारा अर्जित समस्त मूल्यवान नैतिक, सुन्दर परम्पराओं को विकृत कर देनेवाली महाजनी सभ्यता का घोर प्रतिरोध करती है। उलटी करा देनेवाली सजावट की प्रवृत्ति ही जलाल आगा, करंजिया, जे. एस. अरोरा को एक साथ कर देती है। पान-पराग को शास्त्रीय संगीत से; अमोल पालेकर, श्रीराम लागू को ब्लेड से; और धार्मिक, साहित्यिक कृतियों पर बने टी.वी. सीरियलों को बाटा जूते से जोड़ देती है। उसी ने 'महाराजा' को 'एअरइंडिया' और 'चन्द्रगुप्त मौर्य' को 'मौर्या शेरीटन' की चाकरी में नियुक्त कर दिया है। उसी ने सत्य, सर्वोदय, पंचशील, अशोक, बुद्ध, तिलक के नामों से विभूषित बस्तियों को काला बाजारियों, तस्करों, देशद्रोहियों की कॉलोनियाँ बना दी हैं। स्वातंत्र्योत्तर भारत में स्वार्थान्धता को ढकने वाली चमचमाहट के लिए परम्परा, संस्कृति का पूरा उपयोग किया जाता है। इसीलिए परसाई को रूढ़ियों का इतना विरोध करना पड़ता है। मिथक-भंजन सांस्कृतिक क्षेत्र में अनिवार्य है। रूढ़ि-भंजन के बिना चेतना का विकास अब सम्भव नहीं।

प्रदर्शन और अनैतिकता का संयोग स्वातंत्र्योत्तर भारत में बहुत बढ़ गया है। इस संयोग का लक्ष्य होता है—स्वार्थ-सम्पादन। प्रदर्शन और अनैतिकता का संयोग पूँजीवादी व्यवस्था की कार्यपद्धति में है और व्यक्तिवादी आचरण में भी। ऐसे आचरण में प्रदर्शन आवरण का काम करता है। वह अनैतिक आचरण का साधन होता है—छद्म होता है।

'छद्‌म', जो आच्छादन करे। अगर ऐसा व्यक्ति विनम्रता दिखाए तो उसका वास्तविक उद्‌देश्य अपने अहंकार को प्रकट करना होता है। विनम्रता प्रदर्शित है, विनम्रता में छिपा है अहंकार। परसाई ने इसे 'मखमल की म्यान में तलवार' कहा है। 'अहं का भालू मंच पर मेमना हो जाता है'—भालू अपने को मेमना प्रदर्शित करता है। इस छद्‌म विनम्रता के प्रदर्शन में भाषा भी दोहरापन धारण कर लेती है—'गांधी-युग से जनता-जनार्दन' शब्द नेताओं की जबान पर चढ़ गया है। कितने लोग मंच से घोषणा करते हैं :

> मैं जनता-जनार्दन का सेवक हूँ। इस मखमली म्यान के भीतर अक्सर यह तलवार होती है—'मूर्खो, मैं तुम्हारा भाग्यविधाता हूँ।' (3/37)

एक 'विनम्र' फिल्म रंगमंच के प्रसिद्ध कलाकार का आचरण—'वे कुहनी तक हाथों को जोड़कर अपनी नाक ठीक कुहनियों के बीच में लाकर नमस्कार करते हैं।'... 'वे सम्मान का उत्तर देने को खड़े हुए। फिर कुहनी तक सम्पुट बाँधी। बोले—मैं तो आपका पुत्र हूँ...आपसे आशीर्वाद लेने आया हूँ...मैं जनता का सेवक हूँ।'

उन्होंने भाषण में आत्मचरित सुनाना शुरू किया :

> हर वाक्य का आरम्भ 'मैं' से होता। किसी-किसी वाक्य का अन्त भी 'मैं' से ही होता...जैसे—दिल्ली पहुँचा मैं। पत्नी का परिचय दिया, प्रशंसा की और उसके 'खर्च' पर एक-दो मजाक किये। पुत्रों के चरित्रों का विवरण दिया। रिश्तेदारों का विनोदमय हाल सुनाया। अन्त में फिर कुहनी तक हाथ जोड़े और वही—'मैं तो आपका पुत्र हूँ...आशीर्वाद दीजिए...जनता का सेवक'—भाषा में उत्तम पुरुष एक वचन के सिवा सर्वनाम नहीं। (3/36)

छद्‌म जब सामाजिक आचरण में आता है तब सामाजिक अपराध हो जाता है। आप जान-बूझकर लोगों के सामने अपनी झूठी प्रतिमा खड़ी करते हैं और नाम, पैसा कमाते हैं। जो सचमुच विनम्र, निरहंकारी है, उसके प्रति समाज की पूज्य-भावना की भी चोरी की जाती है। जिस प्रकार अहंकार विनम्रता के छद्‌म में आता है, उसी प्रकार कभी-कभी भद्रता अहंकार के रूप में आती है। लेकिन ऐसा 'अहंकार' अपने अहंकार को गला देने पर ही आता है। इसे परसाई लुभावना फक्कड़पन कहते हैं, जैसे निराला या 'उग्र' का अहंकार। यह लुभावना फक्कड़पन और अहंकार कबीर की परम्परा में है।

विनम्रता, शिष्टता, उदारता, सेवा-भावना आदि मानवीय गुण हैं। इनका प्रकटीकरण वाणी से नहीं, आचरण से होता है। फिर अपने बारे में ज़्यादा कहना ओछापन है। अगर यह काम स्वार्थ के लिए या दूसरों का अहित करने के लिए

किया जाए तो नीचता की कोटि में पहुँच जाता है। कुछ लोग अपने दुःखों का बयान बहुत बढ़ा-चढ़ाकर करते हैं। वे हमेशा दुखी की मुद्रा धारण करके दूसरों की सहानुभूति बटोरते रहते हैं। यह भी आत्म-प्रदर्शन ही है—यद्यपि इसका सम्बन्ध महाजनी सभ्यता से नहीं है। वस्तुतः दया, उदारता जैसे मनोविकार आदर्श जीवन व्यवस्था का लक्षण नहीं। आदर्श व्यवस्था वह है जिसमें किसी को किसी के प्रति दयालु या उदार होने की जरूरत ही न पड़े। लेकिन अभी तो हम ऐसी जीवन-स्थिति की कल्पना भी नहीं कर सकते। अतः ये मानवीय गुण हैं। दुःख फैशन की वस्तु नहीं। जो लोग इसे फैशन बनाते हैं, वे मानव जीवन की महत्ता कम करते हैं। दुःख महान् बनने का साधन नहीं। दुःख माँजता ही नहीं, वह मनुष्य को नीच और पशु भी बनाता है। दुःख के दागों को तमगा-सा धारण किये रहना भी आत्मग्रस्तता है। यह समझना कि संसार में मैं सबसे ज़्यादा दुखी हूँ या केवल मैं दुखी हूँ, दूसरों के दुःखों को अनदेखा करने का सबसे अच्छा रास्ता है। मनहूस व्यक्ति आत्मग्रस्त होता है। ऐसा व्यक्ति अपने दुःख को भी ओछा बनाता है, दूसरों के दुःखों को भी; खैर, वह क्या समझेगा!

> मेरे एक दोस्त के चाचा की मृत्यु हो गई। उनका कोई लड़का नहीं था, सब सम्पत्ति इसी भतीजे को मिलने वाली थी। इसने उनकी अरथी ऐसी प्रसन्नता से बाँधी, जैसे अपनी ही शादी में मंडप तान रहा हो! ऐसे शौक से सर घुटाया, मानो वर्षों की लालसा पूरी हो रही हो! शाम को वह मेरे साथ घूमने निकला। रास्ते में जो मिलता, उसी से वह उदास मुँह बनाकर कहता—'भैया, तुमने तो सुन ही लिया होगा। हम पर वज्रपात हो गया।' परिचित आगे बढ़ जाता, तो वह फिर प्रसन्न हो जाता। (3/161)

> एक भले आदमी को जानता हूँ, जिन्हें दर्द का चस्का लग गया था। एक आदमी उनसे दो सौ रुपये ले गया। साल बीत गया, पर उसने रुपये वापस नहीं किये। अब उन्होंने रोना-कुढ़ना शुरू किया। एक विचित्र बात देखी—रोने-कुढ़ने के बाद उनके मुख पर बड़ी प्रसन्नता, बड़ी ताजगी आ जाती। चेहरा खिल जाता।...दो सौ रुपये उन्होंने दुःख के बैंक में डाल रखे थे और कुढ़न तथा शिकायत के रूप में जो ब्याज मिलता, उससे गुजर करते थे। ऐसे आदमी मुझे हठयोगी लगते हैं—काँटों पर पड़े हैं और भीड़ देख रही है। (3/162)

जब आदमी दुःख के रस में डूबा रहे तब मान लेना चाहिए कि वह दुःख से कष्ट नहीं पा रहा। दुःख उसके अहंकार का रंगमंच है और उसकी निष्क्रियता का औचित्य।

दिक्कत यह है कि ऐसे दुःख-रसिक सच्ची सहानुभूति और करुणा चुराते रहते हैं। सो, सिर्फ करुणा काफी नहीं। करुणा की भावना के पास यह समझ भी होनी चाहिए कि उसकी जरूरत किसे और कहाँ है। परसाई की 'करुणा' भी जटिल है। करुणा की जहाँ जरूरत है, उसे वहाँ होना चाहिए। नहीं तो लोग दुखी होने का स्वाँग करके सहानुभूति और करुणा चुराते हैं :

> पर देख रहा हूँ कि इस जमाने में दुहरा शोषण चल रहा है—आदमी की रोटी तो छीनी ही जा रही है, उसके हिस्से की करुणा भी छीन ली जाती है। (3/164)

तुलसीदास ने ऐसे ही लोगों को राम-विमुख कहा था। आप उन्हें समाज-विमुख आत्मग्रस्त कह लीजिए :

अति दीन मलीन दुखी नित ही, जिनके पद-पंकज प्रीति नहीं।

छद्म-विनम्रता, दुःख-प्रदर्शन आदि आत्म-विज्ञापन के विविध रूप हैं। जैसे व्यापारी वस्तुओं का विज्ञापन करके फायदा उठाता है, वैसे ही छद्म जन आत्म-विज्ञापन करके फायदा उठाते हैं। इसका आचरण 'ओवर-एक्टिंग' में प्रकट होता है। ओवर एक्टिंग परसाई की रचनाओं का महत्त्वपूर्ण मूल्यबोधक शब्द है। छद्म, बनावट, बदनीयती, व्यक्तित्व की आन्तरिक कमजोरी अनिवार्यतः ओवर एक्टिंग का रूप धारण करती है। प्रायः प्रत्येक क्षेत्र में बदनीयती ओवर एक्टिंग करती है—व्यापारिक विज्ञापन, आत्मविज्ञापन, साहित्य, राजनीति—सब में। संवेदना के बिना उसका आचरण या भाव की मात्रा से अधिक अनुभाव ओवर एक्टिंग है। संवेदना का अभाव और बाह्यतः उसका आडम्बर—'ओवर एक्टिंग'—स्वातंत्र्योत्तर भारत में सफलता का सोपान बन गई है। संवेदना के अभाव को समझ लेने का व्यंग्य प्रकट हो जाता है।

परसाई ने समकालीन कविता पर लिखते हुए कहा :

> हिन्दी और उर्दू कवि ख़ास तौर से उचक्कापन और ओवर एक्टिंग करते हैं। यों इन भाषाओं की सारी समकालीन कविताएँ घटिया हीरो की ओवर एक्टिंग है। (3/139)

यह ओवर एक्टिंग कला के ही क्षेत्र का घटियापन नहीं। वह समकालीन कविता की तरह समकालीन जीवन में भी घटियापन का लक्षण है। आत्म-दया, दर्द का चस्का, शहीदाना अंदाज, घुटनों तक हाथ ले जाकर प्रणाम करना, टिंगेलाल-पिंगेलाल

का अंग्रेजी में कार्ड छपवाना, उपकुलपति को कृष्ण कहना, अमृता प्रीतम और कमलादास द्वारा अपने सेक्स जीवन का खुला चित्रण, इमरजेंसी में संजय गांधी को 'विवेकानन्द' और 'ईसा' कहना ओवर एक्टिंग की ही परिधि में है। परसाई अन्ततः जिस सुसंस्कृत व्यक्ति का निर्माण करना चाहते हैं, उसे समझाने के लिए भी 'ओवर एक्टिंग' को ध्यान में रखने की जरूरत है। ओवर एक्टिंग नैतिकता और संवेदना के अभाव का लक्षण है। परसाई का व्यंग्य इस नैतिक संवेदना के अभाव, इससे उत्पन्न यातना और उसे समाज एवं व्यक्ति के आचरण में प्रतिष्ठित करने के प्रयास से निर्मित होता है। इन तीनों से मिलकर इनकी रचनात्मक संवेदना बनती है। यह रचनात्मक संवेदना विकृति को छील-छोलकर अलग फेंकना चाहती है, सुषमा (औचित्य) को आचरण का आकार देना चाहती है। वह परसाई का सौन्दर्य-बोध भी है। वस्तुतः मुझे सौन्दर्य-संवेदना शब्द ज़्यादा उचित लगता है। बोध संवेदना में निहित है।

पीछे कहा गया है कि परसाई के निबन्धों में दो परस्पर-विरोधी संसार सक्रिय हैं। वे एक-दूसरे से गुँथे हैं। इतने गुँथे हैं कि उनके अलगाव और परस्पर विरोधी रूप को 'समझ' के बिना नहीं पहचाना जा सकता। एक दुनिया है जो मानवीय संवेदना से रहित है। वह विज्ञापन, आत्म-विज्ञापन, ओवर एक्टिंग की दुनिया है। मानवीय संवेदना वालों को यह दुनिया कैसी लगती है। इस दुनिया के निवासी कैसे लगते हैं। इस दुनिया के निवासियों के मनोविकारों के पास इन्द्रिय-बोध तो होता है, नैतिक संवेदना नहीं होती। मुक्तिबोध इसे 'ज्ञानात्मक संवेदन' कहते थे। एक कवि ने लिखा था :

ओ नज़रुल इस्लाम, निराला, रूसो, वानगाग के साथी!
हम तुमको पागल कहते हैं
किन्तु हमें तुम क्या कहते हो?

परसाई के व्यंग्य-निबन्धों में इन लोगों और इनकी दुनिया को पहचाना गया है। इनका उल्लेख यत्र-तत्र हो चुका है। किन्तु यहाँ उन्हें एकत्र देखना चाहिए। वे एकत्र दिखलाई पड़ने पर ज़्यादा खुलते हैं :

> अगर सूअर मैला खाकर परम आनन्द अनुभव करता है तो मैं उसे फल खाने की सलाह देकर उसका मजा किरकिरा नहीं करना चाहता। दुःख इतना ही है कि दिनभर मैले की तलाश में रहकर सूअर कोई रचनात्मक काम नहीं कर पाता। भगवान का वाराह अवतार कम-से-कम इतना लोकहित

तो करता ही है कि मैदान में पड़े मैले को उदरस्थ कर लेता है। (3/22)

कितने ही लोगों के अहं का भालू मंच पर एकदम मेमना हो जाता है। (3/37)

अहं की प्रकृति ही प्रदर्शन की है। वह नकटे की तरह आईना देखने को उत्सुक रहता है। (उप.)

आप तो पचास-साठ साल की बात करते हैं। केंचुए ने अपने लाखों सालों के अनुभव से कुल यही सीखा है कि रीढ़ की हड्डी नहीं होनी चाहिए। (3/51)

मुर्गा दिन में सबसे पहले क्रान्ति का आह्वान करता है। क्रान्ति की बाँग देता है और फिर घूरे पर दाने बीनने लगता है। भारतीय बुद्धिजीवी का भी यही हाल है। (3/246)

वे कहने लगे—बेचारे निराला जीवन भर दुःख भोगते-भोगते आखिर मृत्यु को प्राप्त हो गए। मुझे लगा, ये रोने वाले हैं, पर वे बोले—मरते क्यों नहीं? सब करम तो करते थे—नशा, रंडीबाजी...मुझे लगा, मेरे पास एक कोढ़ी बैठा है। (3/244)

वे रियारों की बारात में बैंड बजाते हैं। (3/45)

सफलता की चाँदनी रात में उल्लू बोल रहे हैं। (3/190)

पैसा इस तरह फूटकर प्रकट हो जाता है, जैसे पके फोड़े का मवाद, आदि। (3/226)

मानवता से रहित मनुष्यों का यह वास्तविक रूप है। मानव समाज में एक समूह भालुओं, मेमनों, मुर्गों, सूअरों, नकटों, सियारों, उल्लुओं का है, यद्यपि वे दिखते मनुष्य हैं। उनके आचरण और मनोविकारों के अनुरूप उनका नाम-रूप निर्धारित किया जाए तो यही ठहरेंगे। यह जमात सक्रिय है। स्वातंत्र्योत्तर भारत में इसकी वृद्धि तेजी से हुई है।

इसी के साथ-साथ एक दुनिया उन लोगों की भी है जिनमें मानवीय संवेदना है। मानवीय संवेदना का रूप शाश्वत नहीं। वह संवेदन-शून्यता से टकराती रहती है। मानवीय संवेदना अपने युग की जटिलताओं को आत्मसात् करके ही सुरक्षित रहती है। वह सदैव पुनर्निर्मित होती रहती है। इसीलिए परसाई के व्यंग्य में इतनी व्याप्ति है

और इसीलिए उनकी व्यंग्य रचनाओं को पुनरुत्थानवादियों एवं यथास्थितिवादियों से इतना उलझना पड़ा है। जिस 'समझ' को हमने परसाई के नैतिक एवं सौन्दर्य-संवेदना का आद्यन्त सहचर माना है, वह जटिलताओं को बूझने के लिए है। समझ की धार ही अनावश्यक और अवांछित को छील-छोलकर दूर फेंकती रहती है। इसे चाहें तो आप मानव आत्मा को सुघड़ आकार देनेवाले इंजीनियर या शिल्पी का काम कह लीजिए।

परसाई की रचनाओं में ऐसे व्यक्तित्वों का भी चित्रण-वर्णन है जो आज मानवीय संवेदना के प्रतीक-पुरुष हैं। संवेदन-शून्यता को महसूस करने में जो यातना होती है, उसकी पीड़ा ही ऐसे व्यक्तित्वों की खोज करती है। सच्ची यातना या पीड़ा निष्क्रिय नहीं होती। वह सक्रिय एवं सकर्मक होती है। परसाई का अनवरत लेखन यातना-बोध की सकर्मकता है। यातना से मुक्ति की कोशिश है। परसाई जानते हैं कि मुक्ति केवल शब्दों में नहीं है लेकिन शब्द भी एक सीमा तक मुक्ति के साधन बन सकते हैं। रचनाकार परसाई की मुक्ति उनके युगीन समाज की मुक्ति से अलग-थलग नहीं—सम्पृक्त है, यातना की सच्चाई का लक्षण यातना को दूर करने की सक्रियता में है। यही मुक्तिबोध का सकर्मक ज्ञानात्मक संवेदन है। इस सक्रियता में हमारे जीवन की सार्थकता है। यह आत्मदया को दूर करता है। आत्मदया तब होती है जब सक्रियता के मार्ग से हम विचलित होते हैं। यह कर्म-साधना है। परसाई की ये पंक्तियाँ पढ़ें :

> अपनी बात कहूँ तो यह कि अठारह साल की उम्र से काम कर रहा हूँ। जंगल विभाग से नौकरी शुरू की। बाद में कई साल अध्यापकी की। अध्यापकी छोड़ी तो नियमित लिखता रहा। अभी भी लिखता हूँ। मैं औसत आदमी से डेवढ़ा काम करता हूँ। औसत आदमी अगर आठ घंटे काम करता है तो मैं चौदह घंटे काम करता हूँ। आसन-भंग आदमी नहीं हूँ। आसन से मत डोल री तोहे पिया मिलेंगे। घूँघटपट भी काफी खुले रखता हूँ। कहानी, निबन्ध, उपन्यास के सिवा मैं हर हफ्ते कॉलम लिखता हूँ—जी हाँ, तीन कॉलम—ये व्यंग्य के कालम होते हैं और व्यंग्य रचनात्मक लेखन होता है, साहित्य होता है। बलात्कार, चोरी और अपहरण की रिपोर्टिंग नहीं होता। (3/23)

जो रचनाकार अपनी व्यंग्य प्रतिभा में कबीर, प्रेमचन्द, निराला, भारतेन्दु की परम्परा में हो, स्वातंत्र्योत्तर भारत में सर्वाधिक पढ़े जानेवाले लेखकों में से हो, फिर भी जिसका जीवन-स्तर निम्न-मध्यवर्ग का बना रहे; जो सरकार, समाचार-पत्र-स्वामियों,

टेलीविजन अधिकारियों के हाथों न बिका हो, अपने सम्मान-अभिनन्दन के लिए तिकड़में न करता हो, जो परिश्रम की रोटी तोड़ता हो, और जब कि सफलता की चाँदनी रात में उल्लू बोल रहे हों, उसकी यह उक्ति दर्पोक्ति नहीं। और अगर यह दर्पोक्ति है भी तो इसे ठीक-ठीक समझने के लिए ये पंक्तियाँ पढ़ना जरूरी है :

> मैंने निराला की 'उद्धतता' देखी है। 'उग्र' की कितनी ही गर्वोक्तियाँ सुनी और पढ़ी हैं।...बर्नार्ड शॉ की अगणित दर्पोक्तियाँ लोगों की जबान पर ही हैं।...ये सब गर्वोक्तियाँ मुझे अच्छी लगती हैं...। इनमें एक लुभावना फक्कड़पन है जो अहंकार को गला देने पर ही उपलब्ध होता है। (3/37)

मैं व्यक्ति परसाई पर लिखने का लोभ सँवरण कर रहा हूँ। लेकिन यह जोर देकर कहना चाहता हूँ कि उनकी रचनाओं में से उनका जो व्यक्तित्व उभरता है, यह उनके जैसे महान् रचनाकार के उपयुक्त है। मानवीय संवेदना के जिन प्रतीक-पुरुषों और गुणों की खोज उनके साहित्य में मिलती है, वे व्यक्ति रूप में स्वयं उसी प्रकार के प्रतीक पुरुष हैं। परसाई के 'मैं' ने जितनी कटूक्तियाँ खुद अपने ऊपर की हैं, जितना उद्घाटन अपनी कमजोरियों का किया है, जितना मजाक अपना उड़ाया है, वह अहंकार को गला देने पर ही सम्भव है।

परसाई अविवाहित रहे। लेकिन उनके मन में वात्सल्य सुरक्षित रहा। 'सुरक्षित रहा' अपर्याप्त कथन है। यह व्यक्तिगत स्तर से बहुत ऊपर उठकर अत्यन्त सघन एवं व्यापक हो गया। वह भावी पीढ़ियों तक व्याप गया। 'भावी पीढ़ी' रूढ़ शब्द है। मनोभाव की सच्चाई की पहचान यह है कि उसमें व्यक्ति की निजी अनुभूति की तीव्रता व्यापकता में बनी रहे। व्यापक मनोभाव बिखरा, शिथिल नहीं होता, वह तीव्र सांद्र होता है। भावी पीढ़ियों के प्रति यह राग-स्पन्दित वात्सल्य, कालचक्र से भिड़ने वाले निरहंकारी साधक के हृदय में ही उमड़ेगा :

> अपना कोई पुत्र नहीं। होता तो मुश्किल में पड़ जाते। क्या देते...?
>
> पर हम क्या दें? महायुद्ध की छाया में बढ़े हम लोग; हम गरीबी और अभाव में पले लोग, केवल जिजीविषा खाकर जिए हम लोग, हमारी पीढ़ी के बाल तो जन्म से ही सफेद हैं। हमारे पास क्या है? हाँ, भविष्य है...तो इतना रंक नहीं हूँ—विराट भविष्य तो है...मेरी पीढ़ी के समस्त पुत्रो! मैं तुम्हें यह भविष्य देता हूँ...लो, सफेद बाल दिखने के इस पर्व पर यह तुम्हारा प्राप्य सँभालो...!

> हमें तुमसे कुछ नहीं चाहिए। ययाति जैसे हम स्वार्थी नहीं हैं जो पुत्र की जवानी लेकर युवा हो गया था। बालों के साथ उसने मुँह भी काला कर लिया।
>
> हमें तुमसे कुछ नहीं चाहिए। हम नींव में धँसे रहे हैं—लो, हम तुम्हें कलश देते हैं। (3/197-98)

अपनी निस्सन्तानता का यह तेवर! व्यंग्य करना—अपने पर व्यंग्य करके तन जाना ग़ालिब को आता था! तुलसीदास 'ब्याह-बरेखी' न होने की बात व्यथा किन्तु भक्ति का बल होने के कारण गौरव से कहते थे। परसाई ने निजी व्यथा को भावी पीढ़ी से जोड़ दिया। मध्यकाल में सँभलने का रास्ता व्यथा को राम से जोड़ने में था—आज समाज से जोड़ देने में। सन्तान की बात है न, इसलिए भावी पीढ़ी आई।

मानवीय संवेदना की प्रतिष्ठा के लिए संघर्षरत परसाई के महामानव या प्रतीक पुरुष कल्पित या पौराणिक नहीं। निस्सन्देह परसाई प्राचीन महापुरुषों एवं कवियों के प्रशंसक हैं—कबीर और ग़ालिब के वे विशेष प्रशंसक हैं—उनसे छेड़खानी भी करते हैं। लेकिन मानवीय संवेदना के प्रतीक मनुष्य परसाई के यहाँ वर्तमान के ही हैं। द्वंद्वात्मक दृष्टि से यथार्थ को पहचानने वाली दृष्टि का काम भी यही था। उनके लेखन में चित्रित समूची वर्तमानता विकलांग हो जाती अगर वर्तमान की संवेदन-शून्यता तो दिखाई जाती और इससे लड़नेवाली मानवीय संवेदना गायब रह जाती। यह संवेदना, संवेदन-शून्यता एवं अमानवीयता का विरोध करती है।

परसाई के साहित्य में विरोध-पक्ष आद्यंत मौजूद है। विरोध पक्ष का प्रतीक वे हैं जिन्हें बदबू ज़्यादा आती है और जो सिर्फ मुख्य द्वार से घुसना चाहते हैं—'वे खड़े दरवाजे पर सिर मार रहे हैं और उनके कपालों से खून बह रहा है।'

प्रेमचन्द पैर से टीले को ठोकर मारते हैं—उनका जूता फट गया इसी से।

यह विरोध-पक्ष रचनात्मक है। परसाई की समझ विरोध और विरोध में अन्तर करती है। छद्म क्रान्तिकारिता सत्ता का विरोध नहीं करती—ओछी लोकप्रियता और लाभ कमाती है। ऐसे लोग घूरे पर दाने चुगने वाले मुर्गे हैं जो क्रान्ति की बाँग देते हैं।

'ओवर एक्टिंग' और 'कैमरा' परसाई के यहाँ छद्म की पहचान हैं; यानी प्रदर्शन एवं आत्म-प्रचार। यह छद्म भोंडा, अनैतिक, असुन्दर के साथ अक्सर दिखलाई पड़ता है।

सच्चा विरोध या विद्रोह चूँकि रचनात्मक एवं नैतिक उद्‌देश्य की पूर्ति के लिए होता है, इसलिए उसे आत्म-प्रचार या प्रदर्शन सह्य नहीं होते। प्रेमचन्द को सम्बोधित करते हुए परसाई कहते हैं :

> तुम फोटो का महत्त्व नहीं समझते। समझते होते, तो किसी से फोटो खिंचाने के लिए जूते माँग लेते। लोग तो माँगे के कोट से वर-दिखाई करते हैं। और माँगे की मोटर से बारात निकालते हैं। फोटो खिंचाने के लिए तो बीवी तक माँग ली जाती है, तुमसे जूते ही माँगते नहीं बने? तुम फोटो का महत्त्व नहीं जानते। लोग तो इत्र चुपड़कर फोटो खिंचाते हैं जिससे फोटो में खुशबू आ जाए, गंदे से गंदे आदमी का फोटो भी खुशबू देता है। (3/33)

'खुशबू' भी 'ओवर एक्टिंग' और 'कैमरा' की तरह है। वह भी छद्‌म की पहचान है। गंदे आदमी को इत्र की खुशबू की बहुत जरूरत पड़ती है। ऐसे व्यक्ति को अपनी कुरूपता छिपाने के लिए चेहरे पर रंगरोगन लेपने की भी जरूरत पड़ती है। मन की कुरूपता छिपाने के लिए 'अलंकृत शब्द-जाल की'। परसाई के व्यंग्य का मुख्य काम ऐसे लोगों की कुरूपता एवं कुटिलता प्रकट करना है। आत्म-प्रचार का ठेठ प्रतीक नीलकंठ है। ऐसे लोग जो कंठ पर नीला रंग पोते रहते हैं—विषपायी का स्वाँग रचाए हुए।

परसाई के निबन्धों में प्रकट संघर्षशील व्यक्ति इस ओवर एक्टिंग, कैमरा, खुशबू, रंग-रोगन से रहित है। प्रेमचन्द, निराला, उग्र, मुक्तिबोध इसी तरह के व्यक्तित्व हैं। अकृत्रिमता और अनावश्यकता से परहेज परसाई के सदाचार का मानदंड है। यह जीवन के हर क्षेत्र-साहित्य के साथ-साथ राजनीति, प्रेम, मित्रता—सभी क्षेत्रों में लागू होता है। आत्मविज्ञापन से परहेज के साथ सकर्मकता—यह उनके सदाचार की कसौटी है। राजनीति में वे जवाहरलाल नेहरू के प्रशंसक हैं। उनका एक जीवन-प्रसंग इस प्रकार उल्लिखित है :

> लेकिन उस दिन दिल्ली में, मनुष्यों में श्रेष्ठ एक मनुष्य ने वह किया जो करने की शिष्टता बड़े-से-बड़े देवता में आज तक नहीं आई। जवाहरलाल नेहरू ने अभिनन्दन-पत्र पढ़ने वाले के हाथ से कागज छीन लिया और तैश में कहा—'यह क्या बदतमीजी है! मेरे सामने मेरी प्रशंसा? मेरे पास यह सब सुनने को समय नहीं है।' (4/315)

जैसे निराला और उग्र की अहंकार-गलित दर्पोक्ति, वैसा ही यह अहंकार रहित तैश। जिसे साधना या संघर्ष कहते हैं, वह अपने लिए नहीं होता। जो अपने लिए नहीं लड़ता, उसके दोष गुण बन जाते हैं।

परसाई ने काफी संख्या में राजनीति से सम्बन्धित व्यंग्य निबन्ध लिखे हैं। परसाई वामपंथी रचनाकार हैं। वे पक्षधर विचारक एवं लेखक हैं। राजनीतिक विषयों में उनकी तीव्र सहमति-असहमति है। लेकिन उनके राजनीतिक निबन्धों की नैतिकता भी उन्हीं मूल्यों पर टिकी है जिन पर कि उनके अन्य निबन्धों की नैतिकता। वे भारतीय राजनीति के विविध मुद्दों को लेकर अनेक विशेषत: दक्षिणपंथी पार्टियों पर तीव्र प्रहार करते हैं, किन्तु उनके प्रहार का उद्देश्य राजनीतिक नहीं, मानवीय एवं नैतिक होता है। वे गलत राजनीति को भी छद्म-आचरण मानते हैं। उनके राजनीतिक निबन्धों को ध्यानपूर्वक देखा जाए तो निष्कर्ष निकलेगा कि वे राजनीति को मानवीय संस्कृति का ही एक अंग मानते हैं। उनकी दृष्टि में राजनीति संस्कृति का ही अंग है। आत्म-प्रचार, ओवर एक्टिंग, कैमराबाजी, अतिशय विनम्रता का स्वाँग आदि छद्म राजनीति का चालू दुराचार है। वे मोरारजी देसाई की गलत राजनीति का उद्घाटन उनकी अहिंसा-घोषणा, गीता-पाठ के माध्यम से करेंगे। इन्दिरा गांधी के समाजवाद-प्रेम को टाटा-बिड़ला के प्रति सौहार्द से जोड़ेंगे। गोलवलकर या अटलबिहारी बाजपेयी के हिन्दू प्रेम को दहेज पर चुप्पी या अमरीका-प्रेम से जोड़ेंगे। राजनीतिज्ञों का छद्म सर्वाधिक दारुण है क्योंकि इनके छद्म का प्रभाव सीधा देश की अभावग्रस्त जनता की स्थिति पर पड़ता है।

राजनीतिज्ञों में जवाहरलाल नेहरू के अलावा परसाई कृष्ण मेनन के प्रशंसक हैं। क्यों? उनकी समाजवादी विचारधारा और वामपंथी नीति से। बेशक! कृष्ण मेनन कांग्रेसी समाजवादी थे। राष्ट्रभक्त थे। लेकिन कम्यूनिस्ट पार्टी या रूस, चीन के पिट्‌टू नहीं थे। एक पत्रकार ने उनसे पूछा—'क्या आप कम्यूनिस्ट हैं?' उन्होंने उत्तर दिया—'मैं सवालों का जवाब देता हूँ, आरोपों का नहीं (आई रिप्लाई टु क्वेश्चन्स नॉट टु इनसिनुएशंस)।' अनेक राष्ट्रभक्तों को यह नहीं पता है, पता होने पर भी वे इसका उल्लेख नहीं करते कि भारतीय सेना में काशंस अंग्रेजी से हिन्दी में कृष्ण मेनन ने करवाए थे।

> मेनन का गुण था—चुपचाप काम करना। आत्म-प्रचार से दूर रहना, अपनी व्यक्तिगत व्यथा को छिपाए रहना। मेनन की शर्मनाक आलोचना की गई। मरने के बाद रक्षामंत्री आर. वेंकटरमन (अब राष्ट्रपति) सुरक्षा उत्पादन मंत्री गाडगिल आदि ने स्वीकार किया है कि मेनन ने देश की सुरक्षा सामग्री के उत्पादन का वैज्ञानिक आधार डाला और सुरक्षा के मामले में देश को आत्म-निर्भर बनाने की कोशिश की। (4/290)

हेराल्ड लास्की मेनन की बुद्धि से चमत्कृत थे। माइकेल फुट ने कहा—वे बुद्धिजीवियों के बुद्धिजीवी थे। मेनन ने पेंगुइन पॉकेट बुक्स की शुरुआत की थी, गाडलेहेड के सलाहकार थे। नेहरू उन्हें 'महान् बुद्धिमान्' मानते थे।

> इंग्लैंड में मेनन फटा पैंट पहनकर, भूखे रहकर भारत की स्वाधीनता के लिए काम करते थे। एक बार तीन-चार दिन के भूखे मेनन अपने कमरे में बेहोश पड़े थे। हेराल्ड लास्की उन्हें देखने पहुँचे, तब दरवाजा तोड़कर उन्हें बाहर निकाला गया। (4/291)

मेनन ने इस्तीफा दिया तो संसद में बयान भी नहीं दिया। वित्त मंत्रालय उनकी योजनाओं का विरोध करता था। मेनन ने सार्वजनिक मंच से कभी विरोध नहीं किया। कहते रहे—मंत्रिमंडल का संयुक्त दायित्व होता है।

रक्षा के मामले में देश को शक्तिशाली देखकर मेनन कितना आश्वस्त, प्रसन्न होते थे—इसका एक उदाहरण देकर परसाई ने निबन्ध समाप्त किया है :

> उनकी मृत्यु के थोड़ा पहले कुछ ब्रिटिश अमरीकी पत्रकार अस्पताल में उनसे मिलने आए। कुछ दिन पहले पोखरन परमाणु विस्फोट किया गया था। पत्रकारों ने यही बात उठाई। मेनन ने अपनी उसी तीखी आवाज में कहा—'यस, वी हैव डन इट। डू यू थिंक वी हैड बीन प्लेइंग मार्बल्स आल दीज ईयर्स?—हाँ, हमने विस्फोट किया। क्या तुम समझते हो, हम इतने सालों से कंचे खेल रहे थे?' (4/295)

'हम मंत्रिमंडल में रहें, न रहें, हमें अपने किये का श्रेय दिया जाए, न दिया जाए, फिर भी देश से यह राग कि अपने मान-अपमान से ऊपर उठकर उसके साथ हो सकें'—यह अहंकार को गला देना है।

परसाई के व्यंग्य निबन्धों का—यह बात उनके समस्त साहित्य के विषय में कही जा सकती है—विरोध पक्ष सामान्य अभावग्रस्त जनजीवन है जिसे लोलुप अमानवीय तत्त्वों ने वंचित कर रखा है, जो शोषण के कारागार में कैद और त्रस्त है, जो चीख-पटक के साथ यातना में सक्रिय है, जिसकी राशन की दुकानों पर लम्बी कतारें हैं, जो लड़कियों की शादी के लिए दहेज देने में असमर्थ है, जिसके बच्चे फीस के अभाव में स्कूल नहीं जा सकते, जिसकी छटनी होती है और जिस पर गोली चलाई जाती है, जिसे देखकर परसाई का मन गले लगाकर रोने को करता है। यह अपार सम्भावना शक्ति से भरपूर है—महावीर हनुमान की भाँति, 'गोदान' के होरी की भाँति। इन्हें जाग्रत करके शक्तिशाली बनाना, जिससे ये अपना हक पा सकें या छीन सकें—आज की सारी मानवीय चेष्टाओं की सार्थकता होगी।

परसाई जैसे प्रगतिशील मानवतावादी रचनाकारों के सामने 'कस्मै देवाय हविषा विधेम' का प्रश्न नहीं है। देवता, नायक, निश्चित हैं। मानवतावाद की कसौटी यही है कि संवेदना इसी विशाल जन को समर्पित हो। इसी को जाग्रत और शक्तिशाली बनाने की संवेदना एवं प्रेरणा को 'करुणा' कहा जाएगा। करुणा जो मानवीय साधना का बीज भाव है, यह वंचित किन्तु सम्भावनापूर्ण 'जन' ही परसाई की रचनाओं का नायक है। यह आजानुभुज या सौम्य गौरवर्ण, दीप्तदृग नहीं है, काला-कलूटा, मैले-कुचैले फटे वस्त्र वाला है। परसाई के निबन्ध इसी की गाथा हैं। यह गाथा महाकाव्यात्मक है :

> ये बेहद परेशान और घबराए हुए लोग हैं। कोई चाहता है कि लड़का पास हो जाए तो उससे नौकरी करा दें, जिससे परिवार की दुर्दशा कुछ कम हो। किसी को चिन्ता है कि लड़का फेल हो गया तो और एक साल उसकी पढ़ाई का खर्च कैसे चलाऊँगा? कोई चाहता है कि लड़की पास हो जाए तो उसकी शादी करके बोझ हल्का करूँ। बहुत दुखी और परेशान लोग होते हैं, इनमें कुछ तो इतने दीन होते हैं कि जी होता है, पहले इनके गले लगकर रो लिया जाए। (3/194)

> मेरे भाषण का विषय था—'आजादी के पच्चीस वर्ष'। सामने लड़कियाँ बैठी थीं, जिनकी शादी बिना दहेज के नहीं होने वाली थी। बैल की तरह मार्केट में उनके लिए पति खरीदना ही होगा। वर का बाप जचकी तक का खर्च जोड़कर ले लेगा।...और लड़के बैठे थे जिन्हें डिग्री लेने के बाद सिर्फ सिनेमाघर पर पत्थर फेंकने का काम मिलने वाला है। (3/246)

इन निबन्धों में अनेक पात्र आते हैं जो वर्तमान व्यवस्था की यथास्थिति को तोड़ते हैं। इनमें पिता का कहना आँख मूँदकर न मानने वाले बेटे; भ्रष्ट मंत्री पर पत्थर, जूता फेंकने वाले लोग; बेईमान प्रोफेसर, प्रिंसिपल, अध्यापक को तंग करनेवाले छात्र, प्रेम विवाह करनेवाले युवक-युवती आदि शामिल हैं।

परसाई के निबन्धों से निर्मित महाकाव्यात्मक युग—गाथा का नायक सामान्य जन है। इस युग-नायक जन की प्रतीक नर्मदा मैया की केवट-किशोरी है। परसाई ने अपने समस्त लेखन में जिस व्यक्ति की सर्वाधिक प्रशंसा की है, लगभग वीर नायकत्व से मंडित किया है, वह अवर्ण कन्या है। अवर्ण, और उसमें भी नारी को नायकत्व प्रदान करना अकारण नहीं। नायकत्व कहने से यह न समझिए कि परसाई ने उसे आदर्श के साँचे में ढाला है। परसाई-साहित्य गल्प नहीं है।

वह स्मृत-कल्पित नहीं, देखा हुआ है। अवर्ण तो दलित होते ही हैं। फूलन यथार्थ का एक पहलू है तो केवट कन्या सरस्वती उसी यथार्थ का दूसरा पहलू। फूलन में सरस्वती की (केवट-किशोरी) सम्भावना थी। इसे समझना-समझाना परसाई की दृष्टि की विशेषता है। जो सर्वाधिक दलित और शोषित है, उसी में नायकत्व की सर्वाधिक सम्भावनाएँ हैं। यह नायकत्व साहित्य की कल्पित रूढ़ि से भिन्न सहज वास्तविक जीवन का है, शब्द-संसार का नहीं। इसे कल्पित करने की जरूरत नहीं थी, देखने और शब्द-बद्ध करने की जरूरत थी।

जो मानवीय करुणा परसाई के व्यंग्य-निबन्धों की प्रेरणा और सम्प्रेषणीय संवेदना है, जो भावों के व्यायाम को सार्थक बनाती है, और जिसके बिना मानव-समाज की प्रगति क्या, स्थिति तक असम्भव है, उसकी साकार प्रतिमा है केवट-कन्या। वह नारी का श्रेष्ठ रूप माँ है—करुणा-पुत्र ईसा की कुमारी माँ मरियम का रूप। उसमें नर्मदा का विध्वंसक नहीं, केवल पालक-पोषक माता रूप है। अपनी जान को खतरे में डालकर सन्तान को बचाना यह माँ ही कर सकती है। परसाई को उनकी माँ ने बचपन में डूबने से ऐसे ही बचाया था। परसाई की माँ ने एक को बचाया था, केवट-कन्या ने अनेक को—वह अनेक की माँ हुई।

> मुझे लगता है—इसमें वही भावना है जो मेरी माँ में मुझे बचाते वक्त थी—मातृत्व की भावना। छोटी केवट लड़की उस वक्त माँ हो गई होगी और सोचा होगा—बच्चों को बचाना है। साथ ही मानवी करुणा। इस भीतरी भावना ने बाहरी शारीरिक सामर्थ्य से मिलकर उसके हाथों से डोंगी चलवाई होगी। यह केवल शारीरिक साहस नहीं है—गहरा है, भीतरी है।
>
> उसका सम्मान हो रहा है। उसने वे रुपये बाढ़-पीड़ितों के लिए दे दिये। (3/269)

सकर्मक करुणा ने उसे परसाई के वांछित रूप में अपने-आप ढाल दिया :

> इधर मेरे शहर में भी सार्वजनिक सम्मान हुआ। पचासों मालाएँ गले में डल रही हैं। जय बोली जा रही है। पर लड़की न प्रसन्न, न भावुक, न उत्तेजित। ऐसे बैठी रही, जैसे झोंपड़े में, घर में बैठी है और उसने कोई खास काम नहीं किया है। (उप.)

यहाँ 'ओवर एक्टिंग' आत्मविज्ञापन, आत्मप्रचार, खुशबू, रंग-रोगन, कैमरा, अंलकृत वाग्विलास नहीं। यह सहजता है। मध्यकालीन साधना में जिस 'सहज-साधना' की इतनी महिमा गाई गई है, उससे यह महत्तर है क्योंकि यह

सकर्मक और सामाजिक है, केवल मानसिक और व्यक्तिगत नहीं। केवट-कन्या परसाई के नैतिक सौन्दर्य-संवेदना का मानवी-आकार है—विकृत, विषम, जटिल, विडम्बनापूर्ण वर्तमानता का विरोध-पक्ष।

इस निबन्ध 'फिर उसी नर्मदा मैया की जय' को 'अपील का जादू' से मिलाकर पढ़िए। 'अपील का जादू' में जो होना चाहिए, वह इतना गायब है कि उसका होना स्वप्न में ही सम्भव है। वह फ़ैंटेसी इसलिए लगती है कि यथार्थ में महँगाई का घटना सम्भव नहीं। 'फिर उसी नर्मदा मैया की जय' में जो स्वप्न था, असम्भव लगता था, वह यथार्थ बन गया। व्यापारी ईमानदार हो गए, यह 'अपील का जादू' का जादू था। 'फिर उसी नर्मदा मैया की जय' में यह जादूलोक की बात नहीं, सच्ची घटना बन गई।

> मुझे लोगों ने बताया, इटारसी के लोगों ने घर खोल दिये थे—'दुखी भाइयो और बहनो—आओ! हमारे घर में जो है, तुम्हारा है। जितना है, बनाओ और खाओ...। मध्यवर्ग की महिलाओं ने गहने बेच दिये और कहा—गहने के बिना आदमी नहीं मरता। अन्न के बिना मरता है। बेच दो इन गहनों को और खाने का सामान लाओ...। कुछ लोग दुकानें खोल देते हैं—'ले जाओ, कोई भूखा न मरे।' (3/267)

परसाई कहते हैं :

> आदमी कब लकड़बग्घा हो जाए और कब करुणा-सागर—ठिकाना नहीं है। (उप.)

परसाई व्यक्ति ही नहीं, परसाई लेखक का भी नर्मदा से गहरा लगाव है। उनके द्वारा रचित शब्द-संसार नर्मदा ही है—'सुरसरि सम सब कहँ हित होई'।

परसाई के 'सब' में अमानवीय शोषक नहीं आते।

निबन्धों का रूप-1 : विधाओं का समावेश

पिछले पृष्ठों में हमने उनके एक शब्द-चित्र को कई बार उद्धृत किया है—सफलता के महल में नाबदान के रास्ते, नाक पर रूमाल रखकर घुसने वालों और मुख्य द्वार से सर टकराते हुए लहूलुहान व्यक्ति का चित्र। इस चित्र को एक आदमी खड़ा देख रहा है। कोई पूछता है—घुसते क्यों नहीं? वह कहता है—एक नाक होती तो घुस जाते। हमारा तो हर रोम एक नाक है। कहाँ-कहाँ रूमाल लपेटें?

यह चित्र परसाई के एकाधिक निबन्धों में आया है। यह ऐसा बिम्ब है जिससे उनके व्यंग्य-निबन्धों की संवेदना और उनके रूप का गहरा सम्बन्ध है। जो आदमी खड़ा देख रहा है, वह रचनाकार परसाई है। बदबू संवेदना है। 'हर रोम एक नाक है' संवेदनशीलता की क्षमता है, उसकी व्याप्ति है। हर घटना पर व्यथित या संवेदित होने वाली भावना है, जो रचना का केंद्र है। बदबू व्यंग्य का उचित प्रतीक है। 'देखना' क्रिया के महत्त्व पर शुरू में ही हमारा ध्यान गया था। यहाँ भी एक आदमी, जिसे हमने रचनाकार कहा है, खड़ा देख रहा है। याद कीजिए—बादल को घिरते देखा है, उसको मैंने जब-जब देखा...। 'हर रोम एक नाक है'—परसाई की विशेषता है। 'सूँघना' हिन्दी में सुराग लगाने को कहते हैं। 'मैं' 'मेटल डिटेक्टर' है।

परसाई ने लिखा :

> 'मैं' औसत आदमी से डेवढ़ा काम करता हूँ। औसत आदमी अगर आठ घंटे काम करता है तो मैं चौदह घंटे काम करता हूँ।...कहानी, निबन्ध, उपन्यास के सिवा मैं हर हफ्ते कॉलम लिखता हूँ—जी हाँ, तीन कॉलम। ये व्यंग्य के कॉलम होते हैं। और व्यंग्य रचनात्मक लेखन होता है, साहित्य होता है। बलात्कार, चोरी और अपहरण की रिपोर्टिंग नहीं होता। (3/23)

पिछले तीन दशकों की ऐसी कौन-सी महत्त्वपूर्ण घटना है जिस पर परसाई ने नहीं लिखा है? प्रेमचन्द की संवेदना की व्याप्ति परसाई में मिलती है। प्रेमचन्द के बारे में कहा गया है कि आप उनकी उँगली पकड़कर पूरे उत्तरी भारत की—

पूरे भारत की सैर कर सकते हैं। परसाई के व्यंग्य-निबन्धों को पढ़ते समय आप पूरे वर्तमान भारत को देख सकते हैं। यही वास्तविक वर्तमान भारत है। यह व्याप्ति—जिस-जिस घटना या स्थिति से चेतना पर आघात लगता है, उन सभी स्थितियों पर लिखने की प्रवृत्ति वस्तुत: संवेदना की तीव्रता के कारण है। यहाँ तीव्रता और व्याप्ति अन्योन्याश्रित हैं। हर रोम नाक है।

यह जनतांत्रिक रचनात्मक संवेदना की सक्रियता है। उनके व्यंग्य-निबन्ध का रूप इस जनतंत्रीकरण से प्रभावित है।

यह जनतंत्रीकरण हर विधा में आया है—उपन्यास, नाटक, कहानी, सब में। सामान्य व्यक्ति की रोजमर्रा घटित होने वाली मामूली स्थितियाँ रचना का विषय बनी हैं। यह मामूलीपन नितान्त मनोजागतिक होकर चेतना-प्रवाह या स्वत:स्फूर्त लेखन में पर्यवसित हो जाता है। प्रगतिशील काव्यधारा से भिन्न जो नई काव्यधारा हिन्दी में प्रवाहित हुई, वह मामूली-से-मामूली मन:स्थिति को चित्रित करने में प्रवृत्त हुई। समाज निरपेक्ष एवं व्यक्ति सापेक्ष कविता का मतलब व्यवहार में है—मन की किसी तरंग को रचनात्मकता की दृष्टि से उपेक्षणीय न मानना। इसलिए 'नई कविता' बहुत कुछ मूड्स की कविता है। इसी तरह क्षणवादी कविताएँ भी। इनका विकास अकविता में हुआ। सामाजिक जीवन में जो आत्यन्तिक स्वतंत्रता, मूल्यान्धता और गैरजिम्मेदारी में पर्यवसित होती है, वह रचना में मनोजगत् की अनर्गल तरंगों को व्यक्त करते समय दिखलाई पड़ती है। निस्सन्देह यहाँ भी नवीनता है, विरोध है, आक्रोश है—सिर्फ मूल्यवत्ता और जिम्मेदारी नहीं है।

क्षणवाद में क्षण-क्षण को पकड़ लेने की आतुरता है। किन्तु एक क्षण को दूसरे क्षण से जोड़ा नहीं जाता। उसमें इतिहास-बोध का लगभग निषेध है। देशकाल को छील-छोलकर अलग फेंक दिया जाता है। व्यक्ति के बाहर—जो दृश्य है, वह व्यक्ति मन में रूपान्तरित प्रतीकों, उपमाओं में ग्राह्य है।

जगत् के दृश्य, प्रतीक, उपमा हुए बिना भी मार्मिक एवं काव्यात्मक हैं, जगत् और जीवन के तथ्य कितने हृदयग्राही हैं—इस पर 'नई कविता' के रचनाकारों—खास तौर पर वर्गीय भावनाओं को बचाकर लिखने वालों का ध्यान नहीं गया। प्रकृति के चित्र तो उनके यहाँ मिल भी जाते हैं, मनुष्य जीवन की सामान्य दैनन्दिन घटनाओं, तथ्यों पर उन्होंने बहुत कम ध्यान दिया। मनोजगत् की अनुक्षण तरंगों को शब्दबद्ध करने का आग्रह जितना तीव्र था, वास्तविक अन्तस्सम्बन्धित घटनाओं, स्थितियों की मार्मिकता पर उतना ही कम ध्यान था।

कविता ही नहीं, यह प्रवृत्ति कथा-साहित्य में भी आ गई थी। हालाँकि कथा-साहित्य में मनोजगत् इतना हावी नहीं हो पाया। बाहर जो कुछ घटता है,

उसका प्रभाव अन्ततः मनुष्य के मन पर पड़ता है। मन पर प्रभाव न पड़े तो बाह्य जगत् निरर्थक है। लेकिन मनोजगत् की विश्वसनीयता और पहचान बाह्य जगत् से होती है। किसी के मन में क्या है, यह हम उसकी चेष्टाओं से ही पहचान पाते हैं। वस्तुतः रचना में महत्त्वपूर्ण यह विश्वसनीयता और पहचान है जिसके बिना मार्मिकता नहीं पैदा होती। यों मनोजगत् में ज़्यादा लीन शिक्षित मध्यवर्गीय होता है जिसके पास इसका अवकाश होता है। उच्चवर्गीय व्यक्ति काफी सक्रिय रहता है। निम्नवर्गीय को जिन्दा रहने के लिए ही काफी काम करना पड़ता है। वह प्रायः अशिक्षित होता है। मन की तरंगों में वह अपेक्षाकृत कम बह पाता होगा। कभी-कभी जरूर बहता होगा लेकिन निम्नवर्गीय अशिक्षित पात्रों की मानसिक तरंगों को पकड़ पाना प्रेमचन्द जैसे व्यापक संवेदना वाले लेखक के ही बस की बात है। इसका एक कारण यह भी है कि लेखक प्रायः शिक्षित मध्यवर्ग से आते हैं। जिन लेखकों में व्यापक संवेदना होती है, जिन्हें निम्नवर्गीय जिन्दगी को भोगने, देखने और उससे प्रभावित होने का अवसर मिला है, वे इस वर्ग के पात्रों के मन की हलचलों का वर्णन करते हैं। बात कहीं-न-कहीं संवेदना के विस्तार की है। संवेदना समावेशी होकर—आस-पास फैलकर और नीचे उतरकर उच्चता प्राप्त करती है, यही संवेदना का मानवीय होना है।

हिन्दी कविता में जीवन-तथ्यों का सीधा समावेश निराला के यहाँ नये तेवर से मिलने लगता है। ऐसी कविताएँ रूप में अभूतपूर्व हैं। छोटे-छोटे जीवन-प्रसंगों को लेकर कविता को लघु-कथा जैसा आकार दिया गया है। इनमें उपमा, बिम्ब, प्रतीक कम-से-कम हैं। गद्यात्मकता है। तथ्यात्मकता प्रधान है। जो कुछ घटित हुआ—मात्र उसी का सूखा वर्णन :

> इस प्रकार जब बघार चलती थी। जमींदार का गोड़इत। दोनाली लिये हुए। एक खेत फासले से। गोली चलाने लगा। भीड़ भगने लगी। कांस्टेबल खड़ा हुआ ललकारता रहा।
>
> झींगुर ने कहा—चूँकि हम किसान सभा के। भाई जी के मददगार। जमींदार ने गोली चलवाई। पुलिस ने हुक्म की तामीली की। ऐसा यह पेच है। ('झींगुर डटकर बोला')

ऐसी इतिवृत्तात्मक एवं गद्यात्मक कविताएँ द्विवेदी-युग में भी नहीं लिखी गई थीं। हिन्दी काव्य पाठकों को यह कविता तभी अच्छी लगेगी, जब झींगुर और उसकी परिस्थिति तक उनकी संवेदना का विस्तार होगा। नहीं तो यह कविता सूखी लगेगी। कविता के शब्दों में अगर झींगुर और उसके साथियों की जीवन-विषमता

नहीं देखी-पहचानी जा रही है तो यह भोंडी तुकबन्दी भी नहीं है। त्रिलोचन की 'चम्पा काले-काले अच्छर नहीं चीन्हती' इसी रौ की कविता है।

भैरवप्रसाद गुप्त द्वारा सम्पादित 'नई कहानियाँ' में कुछ दिनों तक कृश्न चन्दर ने कहानी लेखन में एक प्रयोग किया। वे अखबार में छपी किसी घटना के आधार पर कहानी रचते। यह भी जीवन-तथ्य को साहित्य में जस का तस उतार लेने का प्रयास था। हालाँकि इस प्रयास में अन्ततोगत्वा तथ्य से कहीं अधिक महत्त्वपूर्ण कल्पना हो जाती थी। लेकिन प्रयास में मौलिकता थी और उद्देश्य मामूली रोजमर्रा की घटनाओं की मार्मिकता को प्रकट करना था। दिक्कत यह थी कि अन्तिम घटना जो अखबार की सुर्खी होती, उस तक पहुँचने के लिए सोपान-घटनाओं की कल्पना की जाती थी। यह रुद्ध कल्पना थी।

निराला की उक्त कविताओं की एक विशेषता की ओर भी ध्यान जाना जरूरी है। इन लघु कविताओं की घटनाएँ या घटनासरणि कल्पित नहीं है। 'किसान सभा के भाई जी' कल्पित नहीं, वे प्रचलित अर्थ में गल्प-पात्र नहीं। ये कविताएँ इस दृष्टि से 'सरोज-स्मृति', 'कुल्ली भाट', 'बिल्लेसुर बकरिहा' और 'चतुरी चमार' की तरह हैं। वे आत्मकथा हैं, संस्मरण हैं, तथ्यात्मक हैं। यह कथानक-विधान नई तरह का है। इसमें आत्मकथात्मकता उस प्रकार की नहीं जिसके बारे में कहा जाता है कि हर रचना रचनाकार की आत्मकथा होती है। इसमें आत्मकथात्मकता या तथ्यात्मकता को ढूँढ़ने की जरूरत नहीं पड़ती। यहाँ कथानक में कथातत्त्व 'तथ्य' है, वह मनोजगत् का भाव-सत्य बाद में बनता है। वह मन की आँखों से ही नहीं, चर्म-चक्षुओं से भी देखा गया है। केवल मन की आँखों से देखे गए दृश्यों की अपेक्षा इन तथ्य-दृश्यों में रचनात्मक सम्भावना ज़्यादा होती है। तथ्यों की प्रभावोत्पादकता अचूक होती है। 'स्वत:सम्भवीवस्तुविधान' अधिक प्रभावी होता है।

इस बारे में महादेवी वर्मा के रेखाचित्रों और संस्मरणों पर ध्यान अवश्य जाता है। उनकी मार्मिकता अचूक है। निम्नवर्गीय पात्र—विशेषत: नारी पात्रों का विषम दारुण जीवन-संघर्ष अचूक मार्मिकता का आधार है। महादेवी जी की शैली भावुक और छायावादी है, उनकी गद्य-शैली शरत्चन्द्र से मिलती है, निराला या प्रेमचन्द से नहीं।

परसाई के निबन्धों की विषयवस्तु इतनी विविध इसलिए है क्योंकि वे प्रत्यक्ष जीवन-जगत् की विविधता एवं उसकी विषमता से मर्माहत होते हैं। दूसरी विशेषता इन निबन्धों की यह है कि ये कल्पित नहीं हैं। इन निबन्धों की घटनाएँ और पात्र भी वास्तविक हैं। वे परसाई के समकालीन हैं। उन्हें देखा-सुना जा सकता है। जब परसाई लिखते हैं : 'मेरे एक परिचित ने', 'मेरे एक मित्र ने'—यहाँ 'एक' का मतलब 'कोई' नहीं है। वे परिचित, निश्चित एवं समकालीन हैं।

व्यंग्य मूलतः विकलांगता-बोध की अभिव्यक्ति है। हम व्यंग्य का अर्थ व्यंजना से ही नहीं, वि+अंग—विकलांगता से भी जोड़ते हैं। इस अर्थ की पुष्टि संस्कृत कोश ग्रंथों से हो जाएगी।

स्वातंत्र्योत्तर भारत की वस्तुस्थिति में विसंगति प्रधान हो उठी है। इसलिए इस काल के यथार्थ का चित्रण करनेवाले साहित्य में व्यंग्य प्रधान हो उठा है। स्वातंत्र्योत्तर भारत के हिन्दी साहित्य में व्यंग्य सबसे सशक्त विधा के रूप में प्रकट हुई है। व्यंग्य एक मानसिक प्रक्रिया या बोध है जिससे हास्य, करुणा आदि उत्पन्न हो सकते हैं। रचनाकार औचित्य और अनौचित्य की परस्पर-विरोधिता के विधान से व्यंग्य उत्पन्न करता है। व्यंग्य उत्पन्न करना मात्र रचनाकार का उद्द्देश्य नहीं हो सकता। निम्न स्तर का भी व्यंग्य अपने तक ही नहीं सीमित रहता, वह मनोरंजन करता है। विनोद वस्तुतः मन-बहलाव है। वह आधुनिक व्यंग्य से बहुत दूर की चीज है। हास्य और व्यंग्य में अवश्य थोड़ी दूर तक समानता है। व्यंग्य हास्य का भी आधार हो सकता है। विकलांगता एवं अनौचित्य हँसी भी पैदा करता है। लेकिन व्यंग्य केवल हँसी पैदा नहीं करता, सामाजिक विकलांगता पर आधारित व्यंग्य आक्रोश, घृणा और करुणा भी पैदा करता है। व्यंग्य की प्रवृत्ति प्रहार करने की भी हो सकती है। हास्य हँसी उड़ाकर रस लेने तक सीमित होता है। हँसी उड़ाने वाले को जब आक्रोश या घृणा होगी, तब उसे मजा नहीं आएगा, वह विक्षुब्ध होगा। जिसकी हँसी उड़ाई जा रही है, उसे क्रोध हो सकता है। इसीलिए सबसे उत्कृष्ट हास्य वह होता है, जो अपने पर होता है। शुक्ल जी हास्य में करुणा या दया की समाई नहीं मानते। इस आधार पर हास्य को व्यंग्य से अलग किया जा सकता है। शुक्ल जी के अनुसार : द्वेष या घृणा के साथ आने पर हास उपहास हो जाएगा। व्यंग्य में द्वेष भी हो सकता है और घृणा भी। यानी व्यंग्य में उपहास समा सकता है, हास नहीं।

शुक्ल जी के अनुसार : हास के साथ किसी और भाव का सामंजस्य हो सकता है तो वह है प्रेम या भक्ति का। शुक्ल जी केवल भक्ति कहते तो उनके कथन में स्वतोव्याघात न होता। लेकिन अगर प्रेम भी हास में आ सकता है तो करुणा भी आएगी ही। क्योंकि प्रिय की रक्षा का बीज भाव तो करुणा ही है। वस्तुतः शुक्ल जी के दिमाग में हास्य का आलम्बन शिव, गणेश हैं, जो लौकिक प्रेम के नहीं, भक्ति के आलम्बन हैं।

हास को आनन्द की कोटि में रख सकते हैं, उपहास और व्यंग्य को नहीं। हास्यास्पद के प्रति विरक्ति या घृणा नहीं होती, उससे मनोरंजन होता है। उपहासास्पद के प्रति घृणा या विरक्ति हो सकती है, लेकिन क्रोध या आक्रोश नहीं होगा। व्यंग्य के आलम्बन के प्रति मनोरंजन, विरक्ति, घृणा, आक्रोश—सब हो सकता है।

हास और उपहास, दोनों व्यंग्य के ही अन्तर्गत आते हैं। किसी-न-किसी प्रकार का अनौचित्य इन सबमें होता है। शुक्ल जी ने व्यंग्य का विवेचन नहीं किया। वे हास्य और करुणा की सहस्थिति नहीं मानते थे। अब हास्य और करुणा की सहस्थिति स्वीकार्य हो गई है। लेकिन हास्य और करुणा साथ रहने पर करुणा की प्रधानता हो उठती है। यहाँ हास्य के आलम्बन मनुष्य हैं, देवता नहीं। देवताओं पर करुणा द्रवित होने का अवसर मनुष्यों को नहीं मिलता। और व्यंग्य से इसी का आशय ग्रहण करना चाहिए। हास और उपहास उसकी भूमियाँ हैं। व्यंग्य समाज-बोध पर आधारित होकर उत्कृष्ट स्तर पर पहुँचता है। करुणा के योग से उसमें क्रोध, विक्षोभ, आक्रोश आदि उत्पन्न करने की शक्ति आ जाती है। विक्षोभ और कर्म-प्रवृत्ति के मेल से वह 'करुणा-भाव' में ढल जाता है। व्यंग्य स्थितियों में निहित होता है—यह कहने की जरूरत नहीं। मनोविकार या भाव के रूप में व्यंग्य स्थितियों से उत्पन्न होता है। विसंगति तर्क संगत स्थिति का अभाव है। जनसेवक को ईमानदार एवं अपरिग्रही होना चाहिए। लेकिन जनसेवक धनी होता जाए तो यह विसंगति हुई। जिन परिस्थितियों को साथ होना चाहिए, वे न हों तो विसंगति हुई। विसंगति यानी बेमेल स्थिति।

व्यंग्य के साथ एक और शब्द का प्रयोग आजकल बहुत होता है—'विडम्बना'। विडम्बना, दो विपरीत स्थितियों की छद्म या केवल रूपगत समानता को कहते हैं। वह 'नकल' है। वस्तु भिन्न हो लेकिन रूप समान हो तो विडम्बना होगी। अंग्रेजी में 'आइरनी' उस स्थिति को कहते हैं, जब सम्भावित घटना भी अनवसर या स्थिति के कारण असम्भावित घटित करती है। वर्णन-प्रणाली के रूप में विडम्बना वक्र-उक्ति है। हास, उपहास, विसंगति, विडम्बना—ये सब किसी-न-किसी तौर पर सुषमा या औचित्य के अभाव पर आधारित होते हैं। व्यंग्य में इन सबकी समाई है। सामाजिक चेतना के विकास के साथ व्यंग्य में सामाजिक द्वंद्व का समावेश हुआ है। विकसित मानवतावाद के प्रभाव से वह अधिक करुणोन्मुख हुआ है। उसमें अन्य मनोविकारों का संश्लेष हुआ है, जिससे नई व्याप्ति आई है।

मतलब यह कि व्यंग्य अधिकाधिक समावेशी हुआ है। उसमें नये-नये विषयों का आगमन हुआ है। वस्तु में विस्तार हुआ है। इससे उसमें नई जटिलताएँ आई हैं। परसाई का व्यंग्य पहले की तरह कोई हाशिए पर पड़ा हुआ साहित्य-रूप नहीं। व्यंग्य जीवन और जगत् की अधिकाधिक स्थितियों को अपनी वस्तुपरिधि में लपेट सकता है। वह भोजनोपरान्त पढ़ा जानेवाला मन-बहलाव का साधन नहीं है। परसाई ने लिखा :

> व्यंग्य रचनात्मक लेखन होता है, साहित्य होता है।

परसाई का प्रत्येक व्यंग्य-निबन्ध किसी घटना पर संवेदनात्मक प्रतिक्रिया होता है। संवेदना नैतिकता-पुष्ट होती है। परसाई की रचनात्मकता क्या है—कोई संवेदना यंत्र है जो अपने परिवेश की घटनाओं में निहित मानवीय संवेदना को अंकित करने में अनवरत सक्रिय है। आदमी को मशीन की तरह काम करने के लिए बहुत दम चाहिए। 'मैं औसत आदमी से डेवढ़ा काम करता हूँ।'

निबन्धों के लघु आकार से संवेदना की तीव्रता बनी रहती है। शिथिल नहीं होती। परसाई के निबन्धों में अनावश्यक कथन नहीं मिलेगा—न विषय प्रवर्तन में, न भाषा में। कथ्य की आन्तरिक तर्क-सरणि उनके निबन्धों का आकार तय करती है। निबन्धकार का सतर्क-बोध केवल दूसरों के अनावश्यक को छील-छोलकर नहीं फेंकता, अपने पर भी निगाह रखता है। सच पूछिए तो अनावश्यक से बचना जिसे अपरिग्रह कहा जाता है, परसाई की संवेदना और कला का केन्द्रीय आग्रह है। जो अनावश्यक संग्रह की प्रवृत्ति है, वही आचरण में 'ओवर एक्टिंग' है—'ओवर' पर ध्यान दीजिए।

घटनासंकुल वर्तमानता परसाई को बहुत तरह से, बहुत स्थितियों को देखने के लिए निमन्त्रित करती है। जिन्हें रोजमर्रा और सामान्य होने के कारण साहित्य से बाहर रखा जाता है, उन घटनाओं, स्थितियों की मार्मिकता पर उनकी निगाह गई। ये स्थितियाँ ऊपर-ऊपर से इतना असम्बद्ध लगती हैं किन्तु वे वर्तमान मानवीय संवेदना के सूत्र से अनुस्यूत हैं।

परसाई का संवेदनात्मक आग्रह अधिकाधिक स्थितियों के विश्लेषण, परीक्षण के निष्कर्ष का परिणाम होता है।

परसाई के व्यंग्य में अधिकाधिक मनोविकारों का समावेश है। उस व्यंग्य में तेज और दीप्ति करुणा की होती है। व्यंग्य उनके लेखन का रूप है, वस्तु करुणा है। ऐसे भी स्थल हैं, जहाँ व्यंग्य ही प्रधान है, करुणा का स्वर नहीं है। उनमें चुहल और मनोरंजन मात्र है।

परसाई के व्यंग्य-निबन्धों में सबसे महत्त्वपूर्ण पात्र 'मैं' है। यह 'मैं' सिर्फ चिन्तक, लेखक ही नहीं, वह सक्रिय पात्र भी है। वह हवा की तरह परसाई के समूचे रचना-संसार में व्याप्त, हर जगह मौजूद, हाजिर है। उसका चरित्र-चित्रण करना असम्भवप्राय है। वह निहायत अपरिभाषित पात्र है। वह कुछ भी कर सकता है। वह साहसी, कायर, उदार, अनुदार, लोभी, दानी, अवसरवादी, त्यागी, स्वार्थी, प्रेमी, रसिक, गम्भीर, चिन्तक, विदूषक, सच्चा, झूठा, क्रूर, सहृदय—कुछ भी हो सकता है। वह बहुविध स्थितियों का एकत्रीकृत प्रतिनिधि पात्र है। जितनी जटिल, परतोंवाली,

खुली स्थितियाँ, लोग-बाग—उतना ही जटिल खुला—उन सबको अपने में समेटे 'मैं'। वह हरिशंकर परसाई का निर्वैयक्तिक रचना-व्यक्तित्व है। उसे इतना व्यापक और रंग-बिरंगा होना ही था। क्योंकि यह पूरे रचना-संसार में व्याप्त है और परसाई का रचना-संसार वर्तमानता की खबर लेता है—दुनिया रंग-रंगीली बाबा। वह निबन्ध को कहीं से कोई मोड़ दे सकता है, कहीं कोई टिप्पणी कर सकता है। दृष्टान्त, उदाहरण दे सकता है, कोई घटना घटित कर सकता है, किसी के साथ होकर कहीं भी साथ छोड़ सकता है। इससे कोई स्थिति, कोई व्यक्ति ओझल, दूर नहीं। 'प्रत्येक वस्तु अन्य प्रत्येक वस्तु से सम्बद्ध है', का यह 'मैं' प्रतीक पात्र है। वह बहुविध स्थितियों का संयोजक पात्र है। इसके माध्यम से परसाई कभी बाणभट्ट की 'कादम्बरी' की शैली अपनाते हैं, कभी 'दशकुमार चरित' की, कभी चौपाल पर हुक्का गुड़गुड़ाते हुए चौधरी की, कभी मूँगफली खाते हुए घुमक्कड़ दोस्त की।

'मैं' उनके द्वारा चित्रित युग-गाथा का अन्तस्सूत्र है जो उनके अलग-अलग निबन्धों को अन्तस्सम्बद्ध करने का प्रधान माध्यम है। यह 'मैं' एक पात्र है लेकिन ऐसा पात्र, जो समकालीन भारत के सन्दर्भों को उभारता है।

वह प्रत्येक व्यक्ति से उसी की स्थिति में पहुँचकर उसके बाह्यान्तर का एक्स-रे ले लेता है। अन्य भाषा-साहित्यों की बात न करें। हिन्दी में ऐसा अचूक और हर जगह हाजिर-नाजिर खबरनबीस पात्र दूसरा नहीं है।

यह 'मैं' परसाई की लोक-सम्पृक्ति का प्रतीक है। जिसे लोग रचनात्मक निर्वैयक्तिकता कहते हैं, उसका समर्थ रूप है। निर्वैयक्तिकता आत्मविसर्जन से आती है। वह 'एकोऽहं बहुस्याम' का ऐकान्तिक मार्ग है।

यहाँ यह ध्यान रखना बहुत जरूरी है कि यह 'मैं' महान् संयोजक है। स्थितियों को स्थितियों से जोड़कर वास्तविकता को उद्घाटित करने में कुशल। किन स्थितियों को किन स्थितियों से किस मौके पर जोड़ना है, यह इसका कौशल है। परसाई कल्पना बहुत कम करते हैं, वे संयोजन करते हैं। स्थितियों की कल्पना नहीं की जाती। उन्हें अन्य स्थितियों के ऐसे सन्दर्भ से जोड़ दिया जाता है कि वास्तविकता दिखने लगती है। अनेक सच एक खास अनुपात और सन्दर्भ में मिलकर ऐसा सच प्रकट कर देते हैं, जो था तो, लेकिन प्रकट नहीं था। यह प्रकट सच पूरी स्थिति की विसंगति रेखांकित कर देता है।

> उनका सब कुछ पवित्र है। जाति में बाजे बजाकर शादी हुई थी। पत्नी ने सात जन्मों में किसी दूसरे पुरुष को नहीं देखा। उन्होंने अपने लड़के-लड़की की शादी सदा मंडप में की। लड़की के लिए दहेज दिया। लड़के के लिए लिया। एक लड़की खुद पसन्द की और लड़के की पत्नी बना दिया।

> सब कुछ उनका पवित्र है। प्रापर्टी है। फुरसत में रहते हैं। दूसरों की कलंक-चर्चा में समय काटते हैं। जो समय फिर भी बच जाता है, उसमें मूँछ के सफेद बाल उखाड़ते हैं और बर्तन बेचने वाली की राह देखते हैं।
>
> पवित्रता का मुँह दूसरों की अपवित्रता के गन्दे पानी से धुलने पर ही उजला होता है। वे हमेशा दूसरों की अपवित्रता का पानी लोटे में ही लिये रहते हैं। मिलते ही पवित्रता का मुँह धोकर उसे उजला कर लेते हैं। वे पिछले दिनों दो लड़कियों के भागने, तीन स्त्रियों के गर्भपात, चार की गैर-बिरादरी में शादी और दो पतिव्रताओं के प्रणय-प्रसंग बता चुके हैं। (3/48)

इस विवरण में कोई बात कल्पित नहीं है। पत्नी ने सात जन्मों में किसी दूसरे पुरुष का मुख नहीं देखा—यह व्यंग्यकार की कल्पना नहीं, उन पवित्र व्यक्तित्व का विश्वास होगा। 'पवित्र' शब्द अंटोनी की भाषण-शैली में अनेक बार आता है। जब आता है, पवित्र की अपवित्रता को उजागर कर जाता है। 'पवित्र' सुरक्षित, गतानुगतिक है। लड़के की शादी होनी है तो लड़की उसे पसन्द करना चाहिए। लेकिन पसन्द उनकी, शादी लड़के की। इस अनौचित्य को रूढ़ि ने कैसे स्वीकार्य बना रखा है—इस व्यंग्य में 'पवित्र' की अपवित्रता, अनैतिकता और मूर्खता—सब पर प्रहार है। अपवित्रता का पानी लोटे में लिये रहते हैं। 'लोटे का पानी' को समझेंगे तो व्यंग्य में निहित पवित्र की कलुषित तुच्छता के प्रति परसाई की 'थू-थू' भी समझ लेंगे। 'पवित्रता' तो तथाकथित है, खोखली है। अन्तर में क्या है—लड़कियों के भागने, स्त्रियों के गर्भपात, पतिव्रताओं के प्रणय-प्रंसग में रस लेने का सूअरपना। यह 'पवित्र' आदमी नहीं, सूअर है। इस देश का निश्चिन्त, खाता-पीता रूढ़िग्रस्त व्यक्ति अपने को पवित्र समझने का दम्भ करता है। जितना बड़ा पवित्रोन्माद होता है, उतना ही वह नीच होता है।

> अभी उसी दिन दाँत खोदते आए। भोजन के बाद कलंक-चर्चा का चूर्ण फाँकना जरूरी होता है। हाजमा अच्छा होता है। उन्होंने चूर्ण फाँकना शुरू कर दिया—आपने सुना, अमुक साहब की लड़की अमुक लड़के के साथ भाग गई और दोनों ने इलाहाबाद में शादी कर ली? कैसा बुरा जमाना आ गया! (3/48)

दाँत खोदते हुए किसी के पास पहुँचना कितना कुरुचिपूर्ण है! इसके बाद उनके चूर्ण फाँकने का उल्लेख है। मूँछ के सफेद बाल उखाड़कर बर्तन बेचने वाली की राह देखने का उल्लेख है। भोजन हजम करना, नारी शरीर की खोज—यह उनकी शारीरिक क्रिया है। लड़के-लड़कियों, नारियों के विवाह, गर्भपात की चर्चा उनकी मानसिक क्रिया है।

जो बाहर है, वही अन्दर—केवल आहार और मैथुन। आहार और मैथुन, दोनों के लिए शरीर अशक्त हो चला है—मूँछ के बाल सफेद हो चले हैं, भोजन बिना चूर्ण के हजम नहीं होता। आदमी के वेश में दम तोड़ता हुआ एक सूअर है। सूअर से भी नीच इसलिए क्योंकि वह पैदा आदमी के रूप में हुआ है।

'तिन्ह तें खर सूकर स्वान भले' वाली बात है।

निबन्ध में इसके बाद 'मैं' सक्रिय होता है :

> 'पवित्र' ने कहा था—कैसा बुरा जमाना आ गया! 'मैं' स्वगत टिप्पणी करता है—'मैं जानता हूँ कि वे बुरा जमाना आने से दुखी नहीं, सुखी हैं। जितना बुरा जमाना आएगा, वे उतने ही सुखी होंगे—तब वे यह महसूस करके और कहकर गर्व अनुभव करेंगे कि इतने बुरे जमाने में भी हम अच्छे-के-अच्छे हैं।'

इसके बाद 'मैं' उनसे बहस करके उन्हें चिढ़ाता है। यहाँ 'मैं' बौद्धिक दादागीरी करता है :

> मैंने अपनी दुष्ट आदत के मुताबिक कहा—'इसमें परेशान होने की क्या बात है? अपने देश में अच्छी शादियाँ लड़की भगाकर ही हुई हैं। कृष्ण ने रुक्मिणी का हरण किया था और अर्जुन ने कृष्ण की बहन सुभद्रा का। इसमें कृष्ण की रजामन्दी थी। भाई अगर कोऑपरेट करे तो लड़की भगाने में आसानी होती है।'
>
> वे नहीं जानते थे कि मैं पुराण उनके मुँह पर मारूँगा। सँभलकर बोले—'भगवान कृष्ण की बात अलग है।'
>
> मैंने कहा—'हाँ, अलग तो है। भगवान अगर औरत भगाए तो वह बात भजन में आ जाती है।'

यहाँ 'मैं' कबीर के आक्रामक तेवर से पुरातनपंथियों को बहस में ध्वस्त कर रहा है। ये आधुनिक पुरातनपंथी हैं। इसलिए उनमें अनेक नई परतें जम गई हैं। यहाँ किसी-न-किसी रूप में प्रेम की नैतिकता की वकालत की जा रही है।

यह 'मैं' अपनी कमजोरियों, अवसरवादिता, विसंगतियों का मजाक उसी निर्ममता एवं भावुकता-रहित तरह से उड़ाता है, जैसे दूसरों का। साहित्यकारों की 'अमर' होने की इच्छा का मजाक परसाई 'मैं' (अपने) के जरिये उड़ाते हैं।

> मैं इस पुल के सहारे अमर होना चाहता हूँ। कोई नाम इसका अभी तक नहीं रखा गया। 'परसाई-पुल' कैसा रहेगा? उच्चारण में अच्छा! अनुप्रास भी रहेगा। मगर हो कैसे? लोगों को पुल पर से निकलते देखता हूँ और हाय करता हूँ कि कहीं से जान पाते कि यह मेरे नाम का पुल है।
>
> कैसे अपना नाम इस पर चिपकवा लूँ? चाहता हूँ, यहाँ कोई दुर्घटना हो जाए! उसकी खबर अखबारों में जाएगी ही। मैं पत्रकार मित्रों से कहूँगा—यारो! जिन्दगी में एक अहसान माँगता हूँ। बस, यह छाप दो कि दुर्घटना 'परसाई-पुल' पर हुई। सारा शहर इस पुल की तलाश करेगा। अपना नाम चिपक जाएगा। यों मैं मानवतावादी हूँ। सबका भला चाहता हूँ। पर मामूली चोट वाली दुर्घटना माँगता हूँ—तो कोई ज़्यादा नहीं माँगता। (3/115)

ऐसे अवसरों पर परसाई अपने लेखक को 'मैं' से निकालकर बिलकुल अलग कर लेते हैं। अपने को अपने से निकालकर अलग करने की इस प्रक्रिया का उपयोग उनके निबन्धों में बहुत मिलता है। वस्तुतः आजकल का यह बहुप्रयुक्त आचरण है। निन्दा-रस में निन्दक मित्र से मिलते समय 'मैं' ने अपना शरीर अपने मन से अलग करके उसे सौंप दिया। अलगाव का इस्तेमाल अच्छे-बुरे, दोनों तरह के पात्र करते हैं। इस प्रवृत्ति को प्रकट करने के लिए एक निबन्ध में परसाई ने दानव द्वारा अपनी आत्मा तोते में रखनेवाले मिथक का इस्तेमाल किया है।

'मैं' वर्तमानता के संवेदन को व्यक्तिगत अनुभव में परिणत कर देता है। इससे यह अनुभव रचनात्मक बन जाता है—यानी सामाजिक अनुभव और व्यक्तिगत अनुभव में अभेद हो जाता है। अनुभव तटस्थ नहीं होता। तटस्थ अनुभव आजकल सहानुभूति कहलाता है। वह रचनात्मकता के काम की चीज नहीं। परसाई 'सहानुभूति' को प्रायः 'छद्म आचरण' की श्रेणी में रखते हैं। 'सहानुभूति' रचनात्मक आचरण की दृष्टि से भी छद्म है।

यह 'मैं' वाहक है, अन्तर्दृष्टि सम्पन्न है। वह छद्म का अचूक उद्‌घाटक है। वह प्रायः सामने वाले से पैंतरेबाजी करता रहता है। दूसरों के द्वारा छिपाए जानेवाले मनोविकारों को तोड़ने और अपने मन की बात को छुपाने में उस्ताद है। यहाँ मनोविकारों से केवल धूर्त या कुटिल मनोविकारों की बात नहीं की जा रही है। 'मैं' असहाय लोगों की अनकही विवश-स्थिति भी समझ लेता है, तभी उसका मन पहले उनसे गले लगकर रोने का करता है।

'मैं' का उद्‌भव जटिल जीवन स्थितियों के ही कारण हुआ है। वह वर्तमानता की जटिलता के समानान्तर गतिशील रहता है।

वस्तुतः 'मैं' रचनाकार परसाई का मुखौटा है। उसके जरिये रचनाकार को देश-काल में स्वतंत्र विचरण की, और रचनात्मक क्रिया की सुविधा मिल जाती है। इसके जरिये परसाई के निबन्धों में नाट्य-तत्त्व के अधिकाधिक समावेश का भी मौका मिलता है। वह निबन्धों में किसी नाटक के पात्र की तरह भूमिका अदा करता है।

व्यंग्य मूलतः विषमता पर आधारित होता है। इसलिए उसमें नाटकीयता स्वाभाविक है। भारतेन्दु ने व्यंग्य के लिए नाटक को चुना था। जब कथनी और करनी में अन्तर बहुत बढ़ जाए—इतना कि वे दोनों परस्पर विरुद्ध हो जाएँ तो वास्तविकता का उद्घाटन शब्द नहीं, दृश्य ज़्यादा अच्छी तरह करेंगे। पाठकों को बताया न जाए—जो है, उसे दिखा दिया जाए। जब कान से सच सुने जाने की सम्भावना नहीं रहती तब आँख से देखकर ही सच का पता चलता है। परसाई के व्यंग्य-निबन्धों में नाटकीय तत्त्व प्रबल एवं प्रमुख है। उनके व्यंग्य-निबन्धों में अनेक विधाओं का संश्लेष हुआ है, किन्तु जो विधा सबसे अधिक प्रयुक्त हुई है, वह है नाटक।

कोई भी काव्य-रूप नाटकीयता की शर्त पूरी करके यानी दृश्य बनकर ही प्रभावशाली होता है। नाटक के प्रभाव का सबसे बड़ा कारण है, उसका दृश्य होना। यथार्थ को प्रकट कर देने से यथार्थ की विषमता अपने-आप दृश्य हो जाती है। अन्य विधाएँ संकेत करती हैं, वर्णन करती हैं, सम्प्रेषित करती हैं, दृश्य कथ्य को साक्षात् कर देता है। वह शब्द में निहित अर्थ को सामने खड़ा कर देता है। कथ्य और पाठक के बीच, दृश्य और दर्शक के बीच रचनाकार नहीं रहता। 'आँखिन देखी' पर आधारित संवेदना की वास्तविक अभिव्यक्ति 'आँखिन देखी' पर आधारित काव्य-रूप से ही होती है। काव्य-रूप अगर रूप है तो मूलतः वह देखने की वस्तु होगी।

परसाई दृश्यता को शब्दों से चित्र बनाकर प्रस्तुत करते हैं। उनके द्वारा बनाया हुआ प्रेमचन्द की ही शैली में उन्हीं का शब्द-चित्र, देखिए :

> सिर पर किसी मोटे कपड़े की टोपी, कुरता और धोती पहने हैं। कनपटी चिपकी है, गालों की हड्डियाँ उभर आई हैं, पर घनी मूँछें चेहरे को भरा-भरा बतलाती हैं। ('प्रेमचन्द के फटे जूते')

यह स्थिर चित्र है। अपार ऊर्जा को धारण किये हुए प्रेमचन्द का यह चित्र स्थिर है। परसाई के यहाँ दृश्यता ज़्यादातर ओवर एक्टिंग की है। अनावश्यक संग्रह और अनावश्यक चेष्टा परसाई के यहाँ वस्तु और रूप का काम करते हैं। अनावश्यक की हँसी उड़ाने वाली भाषा को बिलकुल अनावश्यक नहीं होना चाहिए। उसे केवल आवश्यक मात्रा और मुद्रा में ही रहना चाहिए। हम आगे देखेंगे कि अनावश्यक

संग्रह और अनावश्यक का त्याग परसाई के व्यंग्य, नैतिकता और सौन्दर्य-बोध के निर्णायक आधार हैं।

परसाई दृश्यता के विविध पक्षों का सहचित्रण करते हैं :

> वे मेरे शहर में एक समारोह का उद्‌घाटन कर रहे थे। बहुत भाव-विभोर होकर बोले—'अहा, जबलपुर! पुण्य भूमि है। यहाँ की मिट्‌टी में इतिहास बिखरा पड़ा है। यहाँ की धूल चन्दन है। मैं उसे मस्तक से लगाता हूँ। उन्होंने जेब से पुड़िया निकाली और कपाल पर लगा ली। साहब, पूरा हॉल मुग्ध हो गया और उन्होंने घंटे भर भाषण खींच दिया।' (3/44)

इस दृश्यता में स्वाँग है। परसाई स्वाँग (ओवर एक्टिंग) को चित्रित करने के लिए चित्र भरते हैं। वह दृश्यता मन पर जो प्रभाव डाल रही है, स्वाँग करनेवाले के मन में क्या है—इस पर भी टिप्पणी करते रहते हैं। लेकिन यह टिप्पणी दृश्यता में घुल-मिल जाती है—जैसे सूत्रधार का कथन या नौटंकी में रंगा की भूमिका!

परसाई ने एक और प्रकार के चित्रांकन में दक्षता प्राप्त की है। वे शब्दों से कर्म-चित्र भी खींचते हैं। कर्म-चित्र यानी किसी व्यक्ति के कर्मों की ऐसी सूची पेश करना जिससे उसका चरित्र एवं व्यक्तित्व साक्षात् हो उठे :

> उन्होंने अपने लड़के-लड़की की शादी सदा मंडप में की। लड़की के लिए दहेज दिया और लड़के के लिए लिया। एक लड़की खुद पसन्द की और लड़के की पत्नी बना दिया। सबकुछ उनका पवित्र है। प्रापर्टी है। फुरसत में रहते हैं। दूसरों की कलंक-चर्चा में समय काटते हैं। जो समय फिर भी बच जाता है, उसमें मूँछ के सफेद बाल उखाड़ते हैं और बर्तन बेचने वाली की राह देखते हैं। ('प्रेम की बिरादरी')

कर्म-चित्र उनका चरित्र-चित्र बन गया है। परसाई प्रधानत: विडम्बना पर व्यंग्य निर्मित करते हैं। व्याज-निन्दा में वे लासानी हैं। स्वातंत्र्योत्तर भारत का छलपूर्ण कपट-आचरण भाषा में इसी रूप से आ सकता था। व्याजोक्ति कथनी और करनी के अन्तर का भाषा पर पड़ने वाला दबाव है। वह आचरण का ही भाषा रूप है। वस्तु का रूप है। परसाई के यहाँ जो नाटकीयता है, उसमें स्वाँग का अंश प्रधान है। छल का उद्‌घाटन करने के पूर्व (या उद्‌घाटन की प्रक्रिया में ही) वह छल का भी रूप गढ़ते हैं। छल के रूप को गढ़ना और उसे प्रकट करना उनकी रचना-प्रक्रिया का सरोकार है। स्वातंत्र्योत्तर भारत में कथनी-करनी का जो अन्तर है, उसे भाषा में

गढ़ना और ऐसा गढ़ना कि यह उद्‌घाटित हो जाए—यही उनकी रचना-प्रक्रिया है। उनके शिल्प-विधान में यह सर्वत्र विद्यमान है।

कपटी की प्रशंसा—प्रशंसा इस तरह से कि प्रकट हो जाए कि प्रशस्य कपटी है—यह विडम्बना की कला है। परसाई प्रशंसा करने में भी अतिशयोक्ति कल्पना या वाग्विलास से काम नहीं लेते। तथ्यों के ही अंश प्रस्तुत कर देते हैं। उनका शिल्प कल्पना नहीं, यथार्थ का ही उपयोग करता है। कौशल नियोजन में है। तथ्यों को परस्पर सटाने में, तथ्यों की ईंटों की चिनाई में है। एक तथ्य के अगल-बगल कौन-से तथ्य रखकर रचना को गढ़ा गया है, यह द्रष्टव्य होता है :

> एक मंत्री मरा। उसकी मृत्यु के शोक में छुट्टी हुई। शोक-सभा हुई। 'शोक-सभा' में 'मैं' ने उसके विषय में 'भावुकतापूर्ण' भाषण दिया। 'इनके रिक्त स्थान की पूर्ति होना बहुत कठिन है। जो अकालग्रस्त मवेशियों की घास तक खा जाए, ऐसा आदमी रोज नहीं पैदा होता।' आगे कहा था—'हमारा कर्तव्य है कि उनसे प्रेरणा लेकर उनके काम को आगे बढ़ाएँ।' यानी अगले अकाल में राहत का पैसा हम लोग खाएँ। राहत विभाग के लोग सचमुच बहुत दुखी थे। कहते थे—'ऐसा 'दरिया-दिल' अब कोई नहीं बचा।' फिर आँसू पोंछकर बोले—'मगर साला हम लोगों को फँसाकर चला गया।'

भाषण में 'रिक्त स्थान की पूर्ति होना', 'उनसे प्रेरणा लेना' आदि ऐसे मुहावरों का इस्तेमाल किया गया जो शोक-सभाओं में प्रायः इस्तेमाल किये जाते हैं। लेकिन अकालग्रस्त मवेशियों की घास तक खा जाने की बात नहीं की जाती। इन कथनीय तथ्यों को रख देने से 'मृत मंत्री' और उसके प्रति 'शोक' का ठीक अर्थ खुल जाता है। परसाई का व्यंग्य शब्दों के ठीक अर्थ उद्‌घाटित करता है। उन सन्दर्भों को एकत्र करता है जिनसे आच्छादित और आगे बढ़ा हुआ वर्तमान अर्थ खुलता है। उनका व्यंग्य विडम्बना को प्रकट करके वास्तविकता को प्रकट करता है। इस प्रकटीकरण में व्यंग्य एक घटना की तरह घटित होकर कृतकार्य होता है।

सामान्यतः शब्दों को रूढ़िगत अर्थ में प्रयुक्त किया जाता है। किन्तु जब हम उनका रूढ़िगत प्रयोग करते हैं, तब उनका अपर्याप्त प्रयोग कर रहे होते हैं। परसाई की रचनाएँ अनेक शब्दों का परिवर्तित एवं पर्याप्त अर्थ बताती हैं, अर्थ विकास की आचरण-प्रक्रिया चित्रित करती है। विसंगति, विडम्बना, व्यंग्य—सब इन्हीं चित्रों में है। स्वातंत्र्योत्तर भारत में अनेक शब्दों के अर्थ-परिवर्तन की इस आचरण-प्रक्रिया को चित्रित करना वर्तमान की नाटकीयता को रचना में उतारना है।

इस दृष्टि से देखें तो परसाई की रचनाएँ स्वातंत्र्योत्तर भारत में अनेक शब्दों द्वारा नया अर्थ ग्रहण करने की प्रक्रिया की फिल्में हैं। उनकी रचनाओं में ये शब्द स्वातंत्र्योत्तर भारत की स्थितियों में तने हैं। इन्हें ऐसे सन्दर्भों तक खींच दिया गया है कि ये भिन्नार्थक, विपरीतार्थक या निरर्थक हो गए हैं। स्थितियों और सन्दर्भों का एक्शन परसाई की रचनाओं में है, अर्थ पाठकों के मन में उदित होता है।

अर्थ परिवर्तन प्राय: भद्रता-बोधक तत्सम शब्दों में हुआ है। क्योंकि अभद्र आचरण-परिवर्तन भद्रों का हुआ है। इस परिवर्तन ने नये प्रतीक पैदा किये हैं।

भारतीय साहित्य में एक अत्यन्त परिचित फूल है 'कमल'। कमल भारतीय संस्कृति के सौन्दर्यबोध का मानो प्रतीक है। तुलसीदास ने राम के मुख, चरण, हाथ, शरीर—सबको कमल कहा है। परसाई का एक निबन्ध है : 'कर कमल हो गए'। निबन्ध का प्रारम्भ इस वाक्य से होता है : 'पिछले महीने से अपने हाथ भी कमल हो गए हैं।' यहाँ कमल हाथ का विश्लेषण नहीं, हाथ का कमल में रूपान्तरण है। परसाई की कला में इस रूपान्तरण का महत्त्व है। हाथ कमल हो गए मानो कोई बात आकस्मिक रूप से घटित हो गई है। आगे बात साफ की गई है :

> मेरे पास तीन कॉलेजों के समारोहों के निमंत्रण-पत्र रखे हैं, जिनमें श्रीमान् या श्रीमती जी से कहा गया है कि उद्‌घाटन इस अकिंचन के कर कमलों से होगा। यह मैं कर भी आया। चरण कमलों से मंच पर चढ़ा, कमल-नयनों से लोगों को देखा, कर कमल से फीता काटा और मुख कमल से भाषण दे डाला। (3/41)

> कुछ और लोगों के हाथ भी कमल हो गए हैं। वे कर कमलों से उद्‌घाटन करने जाते हैं और मुख कमल खोलते हैं तो माइक की तबीयत चाँटा जड़ देने की होती है। अभी वह जब्त किये है, पर एक वक्त ऐसा आएगा जब माइक मुख कमल में घुसकर टेटरी बन्द कर देगा। (3/42)

कमल 'छद्म रूप' का प्रतीक है जो देखने-सुनने में सुन्दर, चिकना, आदर्शवादी किन्तु आचरण में हीन एवं ओछा है। वह अमानवीय व्यवस्था-सत्ता का प्रतीक है जिसे लोग लोभ या डर के मारे सम्मान देते हैं। छद्म व्यवस्था-सत्ता ने छद्म प्रशंसक एवं सम्मानकर्ता भी पैदा कर रखे हैं। लेकिन उनकी करतूतों और ओछे आचरण से जो तीव्र घृणा है, उसे माइक में प्रविष्ट करा दिया गया है। घृणा इतनी तीव्र है कि वह माइक जैसी निर्जीव वस्तु को भी क्षुब्ध कर देती है। जो सजीव कहे जानेवाले प्राणी हैं, वे तो निर्जीव प्रशंसक बन गए हैं। 'कमल' मुख खोलता है तो

इतना सफेद झूठ बोलता है कि वह माइक को बर्दाश्त नहीं। माइक ऐसे झूठ को ध्वनित नहीं कर सकता। छद्म इतना तीव्र उत्तेजक है कि माइक सजीव हो गया है।

चमकदार व्यवस्था-सत्ता से डरने वाले या उसकी छाया में पलने वाले तो चुप हैं लेकिन इस व्यवस्था-सत्ता से जिनका जीवन नर्क बन रहा है, वे नहीं चुप हैं—'कर कमल वाले मुँह खोलते हैं कि लड़के चिल्लाते हैं—भाषण नहीं, नौकरी दो।' वे सँभलकर कहते हैं—'यह देश तुम युवकों का है।' लड़के चिल्लाते हैं—'बकवास बन्द करो।' वे कहते हैं—'इस देश का तुम्हें निर्माण करना है।' लड़के कहते हैं—'चुप रह बे।' ये कमल अब कॉलेजों में जाने से डरने लगे हैं। उद्घाटन करनेवालों का टोटा पड़ने लगा था। जूता मारने को कमल तो चाहिए ही। (3/42)

आप अब भी कमल को न पहचान पाए हों तो और आगे चलिए :

> यह नई किस्म का कमल इस देश में पैदा हुआ, जो तभी खिलता है जब आस-पास पुलिस हो।...बड़ा सुन्दर दृश्य होता है—आगे पुलिस, पीछे पुलिस, बाएँ पुलिस, दाएँ पुलिस और बीच में यह कमल मुसकराता चला जाता है। एक सूखा सरोवर है, जिसमें खाकी लहरें उठ रही हैं। खाकी लहरों के बीच यह कमल खिलता है। (3/43)

दृश्य परिचित और सच है, किन्तु पढ़ने पर विचित्र लगता है। कमल सूखे सरोवर में खिला है, पानी नहीं है लेकिन सरोवर में लहरें उठ रही हैं। लहरें खाकी हैं। बीच में कमल खिला है। उलटबाँसी है—इतने बड़े सच को प्रकट करना उलटबाँसी का ही काम है।

सूखा सरोवर सूखा देश है। जब सरोवर सूखा हो तब यह कमल खिलता है। सरोवर का सारा जल सोखकर विकसित होता है। देश विपन्न होता जाए, जनसेवक नेता सम्पन्न होता जाए—ऐसा कमीना, अमानवीय एवं घृणास्पद है यह कमल। देखने में जितना चिकना, आकर्षक है, वस्तुतः उतना ही विकृत। ऐसी दृष्टि चाहिए जो इस चिकनाई की कमीनगी देख ले। ऐसा सौन्दर्य-बोध चाहिए जो इस विद्रूप को घृणा करे। परसाई के व्यंग्य में ऐसी दृष्टि, ऐसा सौन्दर्य-बोध और ऐसा नैतिक-मूल्य है।

प्रतीक असामान्य होकर दुरूह हो जाते हैं। कबीर अन्तस्साधनात्मक असामान्य अनुभूतियों की अभिव्यक्ति के लिए जो प्रतीक इस्तेमाल करते थे, वे दुरूहता के कारण उलटबाँसी कहलाते हैं। इन उलटबाँसियों में भी सामान्यतः असंगति होती है। पानी में आग लग गई। मछलियाँ पेड़ पर चढ़ गईं। नदी नाव में डूब गई, आदि। असंगति पहले चमत्कार उत्पन्न करती है, किन्तु बोध होने पर अनुभूति में पर्यवसित हो जाती है। कबीर की उलटबाँसी का प्रतीकार्थ गुरु-ज्ञान से खुलता था।

परसाई का प्रतीक बोध से, अपने चारों ओर आँखें खोलकर देखने से खुल जाता है। वे अन्तस्साधना के नहीं, यथार्थ-बोध के अनुभूति-प्रतीक हैं। असंगति का चमत्कार जब अनुभूति में पर्यवसित होता है तो अनुभूति को तीव्र बनाता है। उक्ति की असंगति काव्यार्थ में संगति बन जाती है।

परसाई की उलटबाँसी में असंगति के कारण व्यंग्य है क्योंकि वह अनौचित्य का उद्घाटन करती है :

> बड़ी इमारतों के पेट से बँगले पैदा होते मैंने देखे हैं। एक होस्टल की इमारत शहर में बनी और बँगला पैदा हुआ तो चार-पाँच मील दूर उपनगर में गिरा। बड़ा चमत्कारी प्रसव है। आल्हा-ऊदल की कथा में ऐसा प्रसंग है कि भैंस गढ़ महौबे में ब्याई तो बच्चा फर्रुखाबाद में गिरा। इमारत से बँगला प्रगट होना तो स्वाभाविक है, पर सड़क के पेट से बँगला पैदा होना चमत्कार है—भैंस के पेट से कुत्ता पैदा होने की तरह। (3/324)

इमारतें और सड़कें बनवाने वाले ठेकेदारों और इंजीनियरों के जो बँगले बने, वे सरकारी इमारतें और सड़कें बनवाने में बेईमानी करने से। वे बँगले इमारतों और सड़कों के पेट से निकले।

> जिसने हमें क्रान्ति सिखाई थी और जो कहता है कि मेरी आत्मा में हिमालय घुस गया है, उसे मैंने अभी देखा।
>
> जिसने ज्वाला धधकाने की बात की थी, उसे भी देखा।
>
> जो संत कवियों की 'स्पिरिट' को आत्मसात् किये हैं, उसे भी देखा।
>
> कहाँ देखा?
>
> मुख्यमंत्री के आसपास।...कोट की जेब में दो घुस गए। (3/143)

मुख्य बात 'देखने' की है। रचनाकार देख सकता है और दिखा सकता है। जिसमें हिमालय घुस गया था, वह कोट की जेब में घुस गया। स्वाधीनता-आन्दोलन में संघर्ष करनेवाला स्वार्थी हो गया। जो महान् था, वह ओछा स्वार्थी हो गया।

> ठेकेदारी करते-करते ज्योंही उसका हृदय फेल हुआ, वह विधायक हो गया। (3/293)

हार्ट फेल होने पर लोग मर जाते हैं। परसाई कहते हैं कि ठेकेदार हार्ट फेल होते ही विधायक हो गया। यह उलटबाँसी जितनी ही व्यंग्यपूर्ण मार्मिक है, उतनी ही आसान। हृदयहीन, अमानवीय होते ही वह तरक्की कर गया। देश के इस दौर में हृदय की आवाज मत सुनो, स्वार्थ की सुनो—तरक्की होती जाएगी।

उलटबाँसी भी एक प्रकार का सादृश्य विधान है। कबीर के यहाँ इन्द्रियाँ चंचलता के कारण मछली हैं। सांसारिक सुख जल है किन्तु सांसारिक सुख का नश्वरता-बोध अग्नि है। पानी की आग! वृक्ष पर मछलियों का चढ़ जाना इन्द्रियों का ऊर्ध्वोन्मुख हो जाना है। परसाई के यहाँ वस्तुओं का परिवर्तन आचरण-परिवर्तन के समानान्तर है। अर्थ और आचरण, दोनों का परिवर्तन वे रूपान्तरण से प्रकट करते हैं। यह रूपान्तरण उलटबाँसी का रूप लेता है, किन्तु वह देखे हुए यानी बोध के सादृश्य विधान पर ठहरी होती है। जैसे अहं का भालू मेमना हो जाता है, प्रणामांजलि तमाचा बन जाती है। सामने वाला कुष्ठ-रोगी दिखलाई पड़ता है, आदमी सूअर या केंचुआ हो जाता है। उधर केवट-किशोरी माँ हो जाती है। यह सूची बहुत लम्बी होगी। परसाई के व्यंग्य में नाटकीयता की प्रधानता का सबसे बड़ा प्रमाण यही है कि उनके अधिकांश पात्र प्रायः सरूप धारण किये रहते हैं। वे ओवर एक्टिंग में रत रहते हैं। मौका पाते ही झम्म से मंच पर आ जाते हैं। कुछ लोग तो आठों पहर रंगमंच पर रहते हैं, हर क्षण एक्टर। दिन-रात रामलीला का 'सरूप' धरे रहते हैं। मित्रों-परिचितों तक के सामने अभिनय करते हैं। ये मनुष्य नहीं लगते, नाटक के सजे पात्र लगते हैं। परसाई के व्यंग्य-निबन्ध में अधिकांशतः इन्हीं 'कुछ लोगों' का चित्रण है।

इन लोगों से बचने के लिए भी मुखौटा धारण किया जाता है। ऐसा भी होता है कि दोनों पक्ष सरूप धरे हुए एक-दूसरे से दाँव-पेंच करते हैं। 'निन्दा रस' में 'क' और 'मैं', दोनों 'सरूप' धारण किये हैं। अन्तर केवल यह है कि 'क' 'मैं' को धोखा देने के लिए सरूप धारण किये है और 'मैं' उसके छद्म को समझते हुए उससे बचने के लिए। ऐसे अवसरों पर 'मैं' का स्वगत बहुत नाटकीय होता है। 'स्वगत' में प्रायः 'मैं' विभाजित हो जाता है। उसके विभाजित—बाह्य और आन्तरिक के—व्यक्तित्व का अन्तर नाटकीयता की सृष्टि करता है।

परसाई के व्यंग्य-निबन्धों की भाषा दृश्यता में ढली है। वे अपनी ओर से कम कहते हैं—उनका प्रवक्ता 'मैं' है। ऐसा लगता है, जैसे बाह्यान्तर स्थितियों ने भाषा का रूप धारण कर लिया हो! परसाई की अपनी भाषा-शैली 'मुक्तिबोध : एक संस्मरण' जैसे निबन्ध में प्रकट हुई है। ज़्यादातर वे अपने निबन्ध-प्राणियों की (निबन्ध में आए हुए पात्रों के लिए यह नाम ज़्यादा उचित है) भाषा लिख रहे होते हैं। निबन्धों के संवाद बोलने वालों के चरित्र और उनकी स्थिति विशेष की अभिव्यक्ति करते हैं।

किसी विशिष्ट चरित्र का व्यक्ति किसी विशिष्ट स्थिति में वैसा ही बोलेगा। नाटक के संवाद भी चरित्र और उसकी स्थिति को दृश्य बना देते हैं। दृश्यता किसी भी समकालीन नाटककार की अपेक्षा परसाई के निबन्धों के संवादों में अधिक है। संवाद-दृश्यता की ऐसी शक्ति गद्य में केवल रेणु और अमरकान्त के यहाँ है। 'नीलकंठ' का यह अंश पढ़िए। यह अंश कितने कुशल अभिनय की माँग करता है! हार्दिक अनुभूतियों की नहीं। शोक का स्वाँग करनेवाले छद्म और छद्म-शोक से छद्म-सहानुभूति करनेवाले निबन्ध-प्राणियों का आचरण और संवाद :

'क्यों भाई, सब कुशल तो है?'

'भैया! माताराम नहीं रहीं।'

'राम-राम, भैया! बड़ा बुरा हुआ। क्या बीमारी थी?'

'क्या बताऊँ भैया! कुछ पता नहीं चला। बात करते-करते चल दीं।'

'राम-राम! कैसी अच्छी मौत पाई है माताराम ने! बड़ी पुण्यात्मा रहीं।'

आगे कर्म-चित्र और संवाद-दृश्यता :

'मेरे एक दोस्त के चाचा की मृत्यु हो गई। उनका कोई लड़का नहीं था, सब सम्पत्ति इसी भतीजे को मिलने वाली थी। इसने उनकी अरथी ऐसी प्रसन्नता से बाँधी, जैसे अपनी ही शादी में मंडप तान रहा हो! ऐसे शौक से सिर घुटाया, मानो वर्षों की लालसा पूरी हो रही हो! शाम को वह मेरे साथ घूमने निकला। रास्ते में जो परिचित मिलता, उसी से वह उदास मुँह बनाकर कहता—'भैया, तुमने तो सुन ही लिया होगा। हम पर वज्रपात हो गया।' परिचित आगे बढ़ जाता तो वह फिर प्रसन्न हो जाता।'

एक 'चौड़ी मुस्कान' वाले साहित्यकार द्वारा बोला गया संवाद :

> एक बड़े साहित्यकार से मेरा परिचय कराया गया, तो उन्होंने चौड़ी मुस्कान धारण की और हाथ जोड़ मोटर में बैठते-बैठते बोले—'हिन्दी बड़ी रंक हैं, उसने आपके सामने झोली फैलाई है, उसे मणियों से भर दीजिए।' (3/37)

'सरूप' (मुखौटे) के भीतर जो असली चेहरा है, वह छिपाया जाता है। छिपाने वाले सरूपधारी की ही चेष्टाओं और बोलने से उसका छिपा हुआ सच्चा चेहरा दृश्य हो जाए—यह कला परसाई को आती है। उनकी कला की सबसे बड़ी शक्ति यही है। चेहरा छिपाने वाला चालाक होता है किन्तु छिपाने की चेष्टाओं से ही चेहरा खुल जाता है। अनुभाव से भाव का पता चल जाता है। वह छिपा रहा है अहंकार, प्रकट कर रहा है विनम्रता। किन्तु अनुभाव, चौड़ी मुस्कान, भाषा के अनावश्यक रेटेरिक का क्या करे! वही जो छिपाने के प्रयास में किया जा रहा है, प्रकट कर रहा है।

छिपाने के प्रयास को गौर से देखिए, असलियत प्रकट हो जाएगी। परसाई मुख्यत: छिपाने की अनिवार्यता यानी ओवर एक्टिंग का शब्द-चित्र खींचते हैं। असली रूप प्रकट अपने-आप हो जाता है।

उनकी रचनाओं में उत्कृष्ट नाटक के गुण विद्यमान हैं। उनके व्यंग्य निबन्ध मंचन की माँग करते हैं। इस ओवर एक्टिंग के स्वाँग की भाषा का रूप (शैली) है छद्म वक्तृता (रटेरिक)। छद्म इसलिए क्योंकि वक्तृता छद्म नहीं भी हो सकती है। यद्यपि सच्ची भावना प्राय: वक्तृता से परहेज करती है—विशेषत: परसाई की संवेदना के ढाँचे में। परसाई के यहाँ वक्तृता प्राय: छद्म का ही भाषा रूप है, भाषा-स्वाँग है। भाषा-स्वाँग स्फीति से पहचान में आता है।

> अमेरिकी हित पवित्र है। यों तो जगत् मिथ्या है, पर सत्य है तो अमेरिकी हित है। अमेरिकी हित अपरिभाषित है। ब्रह्म का जिज्ञासु 'नेति-नेति' कहता बढ़ता जाता है। अमेरिकी हित का जिज्ञासु हर बिन्दु पर 'इति-इति' कहता है। (4/170)

छद्म-रेटेरिक भी व्याज-निन्दा है। आन्तरिक शक्ति (ईमानदारी) का अभाव शब्द-स्फीति या बाह्य चेष्टाओं के असंगत आचरण से प्रकट होता है। नवीन शब्द-योजना से परसाई स्थिति की विसंगति एवं विडम्बना प्रकट करने में उस्ताद हैं। शब्द-योजना का काम है स्थिति-योजना। स्थिति-योजना भी वस्तुत: किसी विशिष्ट बाह्यान्तर स्थिति को प्रकट करने या उसे साक्षात् कर देने के लिए की जाती है। ज़्यादातर यह काम सादृश्य-विधान के द्वारा किया जाता है। किन्तु वे केवल शब्द-योजना के द्वारा स्वाँग प्रकट कर सकते हैं।

> एक दिन इंटरव्यू के दौरान पत्रकार ने उससे पूछा—आपकी हॉबी (शौक) क्या है? उसने कहा—मेरी हॉबी मानवतावाद है। हाँ, गांधी जी की हॉबी भी तो मानवतावाद थी। (3/293)

मानवतावाद को हॉबी बना देने से यह अपूर्व चरित्र साक्षात् हुआ है। यह हमारे देश के इस दौर का विशिष्ट चरित्र है। यह वही चरित्र है जो हृदय की गति बन्द होते ही सफल हो गया था। अपने साथ गांधी जी को भी घसीटकर इसने विडम्बना को और दारुण बना दिया है। ठेकेदार साहब जिस मानवतावाद की हॉबी से विधायक और मंत्री हो गए, उस हॉबी (?) के चलते गांधी जी गोली खाकर मरे थे। इतनी अमूल्य मानवीय संवेदना भी ठेकेदार-मंत्री के लिए ओवर एक्टिंग का विषय है। इसी तरह कॉफी हाउस का वह दढ़ियल अतिक्रान्तिकारी (?) युवक जो क्रान्ति का सम्बन्ध अपनी दाढ़ी से समझता है। दाढ़ी हॉबी है और क्रान्ति मानवतावाद है।

परसाई की संवेदना पर विचार करते हुए यह बात कही गई है कि वे स्थितियों की कल्पना नहीं करते, स्थितियों का संयोजन करते हैं। यह बात उनकी कला पर भी लागू होती है। वस्तुतः स्थितियों का संयोजन करने में शब्द-प्रयोग ही उनकी कला है। स्थितियाँ जीवन-जगत् में हैं। रचनाकार उन्हें 'देखता' है। 'देखने' का मतलब वह विशिष्ट तौर पर देखता है। सर्जनात्मक अनुभूति ग्रहण करता है। फिर शब्दों से उनका अनुभूति-रूप गढ़ता है। वह स्थितियाँ कल्पित नहीं करता। वह अपने 'देखे' हुए रूपों को गढ़ता है। स्थितियाँ कल्पित की जाएँ तो लोगों की समझ में कम आएँ।

कला वह अच्छी होती है जो सबसे कम कल्पित करे। शुक्ल जी ने प्रकृति पर लिखते हुए कहा है कि 'उद्यान 'उपवन' होने चाहिए। 'उपवन' यानी 'वन' जैसे।' काट-छाँटकर वनस्पतियों को बहुत कायदे-करीने से सजाने में प्रकृति का स्वाभाविक सौन्दर्य नष्ट हो जाता है, यही बात रचना के बारे में ठीक है। जीवन-जगत् के प्रकृत रूप को कला में अनिवार्यतः ही काटना-छाँटना चाहिए। यथासम्भव उन्हें 'जस-का-तस' ही प्रस्तुत करने में उच्च कला है। इसी को कहते हैं : कला, कला को प्रच्छन्न रखने में है।

परसाई के शब्दों में : कला को भी 'ओवर एक्टिंग' नहीं करनी चाहिए। यह कला के आचरण की बात हो रही है, कला के उद्देश्य की नहीं। साहित्य में जीवन-जगत् का प्रकृत रूप सबसे ज़्यादा महाकाव्य में सुरक्षित होता था, अब उपन्यास में। नाटक में हो सकता है; अभी हिन्दी नाटकों में नहीं दिखलाई पड़ता। परसाई ने अपने निबन्धों में जीवन-जगत् इतना ज़्यादा समा लिया है कि वे निबन्धों में उपन्यास और नाटक का प्रभाव पैदा करते हैं। यह निबन्ध विधा की अभूतपूर्व उपलब्धि है। औपन्यासिक बिखराव एवं नाटकीय द्वंद्व के बिना निबन्धों में इतनी व्याप्ति और करुणोन्मुखता न होती।

सादृश्य-विधान भी मूलतः किसी बाह्य या आन्तरिक स्थिति को दृश्य बनाने का कौशल है। सादृश्य-विधान संवेदना को एक प्रकार से सबसे अधिक बोधगम्य रूप देता है। प्रतीक, बिम्ब, रूपक, उत्प्रेक्षा—सब इसी के अन्तर्गत हैं। जीवन-जगत् में जो है, वह रचनाकार की सृष्टि नहीं। उसे देखकर रचनाकार उसके समानान्तर जो अनुरूप-सृष्टि करता है, वह सादृश्य-विधान है। रचनाकार की क्षमता का निर्णायक प्रमाण उसके द्वारा प्रस्तुत सादृश्य-विधान में मिलता है। लूकाच की यह बात इस प्रसंग में ध्यातव्य है कि जीवन की विविधता और गहराई से सच्चा अनुराग न रखनेवाला व्यक्ति रचनाकार नहीं हो सकता। सादृश्य-विधान से पक्के तौर पर पता चलता है कि कोई घटना या स्थिति रचनाकार को कहाँ-कहाँ ले जाती है, किन सम्बन्ध-सूत्रों

के सहारे किन-किन स्मृतियों को उभारती है। संक्षेप में वह किन घटनाओं और स्थितियों से किस अनुभूति दशा में पहुँचता है। उसकी संवेदना की पहचान उस विधान के आभ्यन्तर प्रभाव से होती है। क्योंकि सादृश्य-विधान उसकी सृष्टि है। 'उपमा कालिदासस्य' वाली बात यूँ ही नहीं है। वह संवेदना को संवेदना-रूप से पहचानने की बात है।

सादृश्य-विधान का काम क्या है? शुक्ल जी ने इसका काम बताया है : 'आभ्यन्तर-प्रभाव-साम्य'। कोई बात हमें कैसी लगी? जैसी लगी, उसी तरह का प्रभाव पैदा करनेवाला एक और विधान। वस्तुतः रचनाकार विधाता यहीं होता है। परसाई का सादृश्य-विधान उनकी रचनात्मकता को समझने के लिए बहुत महत्त्वपूर्ण है। उनकी झनझना देनेवाली संवेदना कभी-कभी चौंका देती है। शुरू में चौंकाती है, सोचने पर निहायत सटीक लगती है। एक निबन्ध है : 'परमात्मा का लोटा'। सूरज परमात्मा का लोटा है :

> मेरे सामने की झोंपड़ी के सामने एक आदमी बैठा हुआ, एकटक डूबते सूर्य को देख रहा था। वह बड़ा सौन्दर्य-प्रेमी मालूम होता है। पर ज्योंही सूर्य डूबा, वह लोटा उठाकर पास के नाले में उतर गया।
>
> इस आदमी के मन में क्या प्रतीक उभरता होगा? वह सूर्य को परमात्मा का लोटा समझता है। सूर्य के लोटे को उठाकर परमात्मा क्षितिज के नाले में उतर जाता है क्योंकि परमात्मा के घर में पाखाना नहीं है। (3/308)

पहले कहीं कहा गया है कि परसाई वास्तविक स्थिति का अविस्मरणीय आग्रह बनाए रखनेवाले रचनाकार हैं। किताबीपन उन्हें बहला नहीं पाता। हमारी जो स्थिति होती है, उसी के अनुरूप हमारी दुनिया होती है। लेकिन लोग अपनी स्थिति और अपनी दुनिया को भूलकर रूढ़ि और रीति की दुनिया में भटक जाते हैं। परसाई नहीं भटकते :

> शाम को डूबते सूरज को देख रहा था। निर्मल मन का कवि होता, तो सोचता कि नीले सरोवर में कमल खिला है। इतना निर्मल मन हम कहाँ से लाएँ? मुझे सूर्य उस पुलिस अफसर के कपाल के टीके की तरह लग रहा था जिसने मेरे एक दोस्त को झूठे फौजदारी मामले में फँसा दिया है। वह बड़ा-सा लाल टीका लगाता है। शायद हनुमान का सिन्दूर है। मैंने उससे कहा था—'साहब, यह टीका क्या झूठ पचाने के लिए लवणभास्कर चूर्ण है?' (3/308)

'निर्मल मन का कवि' का मतलब है : संवेदनाहीन कवि, जो कुछ देख और महसूस नहीं कर सकता। निर्णायक बात यह है कि देखने वाले की चेतना किस घटना या स्थिति से अभिभूत है। दोस्त को पुलिस अफसर झूठे अपराध में फँसा दे, दोस्त कुछ न कर पाए—यह किताबी संत्रास नहीं, जीवन का संत्रास है। देखने वाले दोस्त के लिए लाल टीका चाहे वह हनुमान से ही सम्बद्ध हो, त्रासक बन गया है। उस लाल टीके के त्रास से अभिभूत मन शाम के लाल सूरज को देखकर पुलिस के कपाल के टीके की याद करता है। आवरण जितने ही आडम्बर के साथ होता है, उद्घाटित होने पर उतना ही क्षुब्ध करता है।

परसाई के निबन्धों में सादृश्य-विधान के विविध रूपों की भरमार है। वे प्रतीक, उपमा, बिम्ब, उत्प्रेक्षा में बात कर सकने वाले रचनाकार हैं। ये रूप उनकी सहज भाषा शैली के ही अंग हैं।

उनका व्यंग्यधर्मी सादृश्य-विधान उपहास में कमाल दिखाता है। वहाँ भी हँसी वे ओवर एक्टिंग या स्वाँग की उड़ा रहे होते हैं। उनका सादृश्य-विधान उनकी संवेदना के साँचे में ढला है।

> कोर्स का लेखक वह पक्षी है जिसके पाँवों में घुँघरू बाँध दिये गए हैं। उसे ठुमुककर चलना पड़ता है।
>
> पर जिसकी हड्डी नहीं है, उसकी (केंचुए की) नियति है कि मेढक जैसा फुदकने वाला बॉस उसे निगल जाए।
>
> जैसे खल-सुख होता है, वैसी ही खल-पीड़ा भी होती है। ईर्ष्यादग्ध व्यक्ति दूसरों के उत्कर्ष से जो पीड़ा भोगता है, उसे खल-पीड़ा कह सकते हैं। निन्दक को यह पीड़ा भोगनी पड़ती है। उसकी पीड़ा की कई कोटियाँ होती हैं। निन्दा में अगर उत्साह न दिखाओ तो करनेवालों को जूता-सा लगता है। (3/136)

इससे गहरी खल-पीड़ा है :

> अपनी अक्षमता से पीड़ित वह बेचारा दूसरे की सक्षमता के चाँद को देखकर सारी रात श्वान जैसा भूँकता रहता है। (3/30)

परसाई के सादृश्य-विधान में प्रभावी अंश क्रिया का चित्र होता है। समानता का आधार भी प्राय: वही होता है। ऊपर की उपमाओं में प्रभाव 'ठुमुककर चलने, मेढक जैसा फुदकने, जूता-सा लगने और चाँद को देखकर श्वान जैसा भूँकने पर है।

सादृश्य विधान प्राय: क्रिया-बिम्ब का—करनी-बिम्ब कहना ज़्यादा उचित है, होता है। निन्दक की निन्दा-क्रिया के बारे में लिखा है :

> जैसे लकड़ी चीरने की आरा-मशीन के नीचे मजदूर लकड़ी का लट्ठा खिसकाता जाता है और वह चिरता जाता है, वैसे ही मैंने विरोधियों के नाम एक-एक कर खिसकाए और वह उन्हें काटता गया। (3/29)

पीछे कर्म-चित्र की बात की गई थी। यह अनेक क्रियाओं के चित्र से निर्मित संश्लिष्ट बिम्ब है।

ये उपमाएँ बिलकुल नई हैं। किताब से नहीं, जीवन-जगत् से सीधे और पहली बार उठाकर साहित्य में प्रयुक्त हुई हैं। परसाई ने जितनी संख्या में नई उपमाएँ प्रस्तुत की हैं, शायद ही किसी और ने की हों। सादृश्य-विधान का भाषा के प्रवाह में इतना सहज घुलाव हिन्दी गद्य में अन्यत्र अलभ्य है।

परसाई के यहाँ केवल अधिकार भावना या अनावश्यक-संग्रह पर इतराने की ही हँसी नहीं उड़ाई जाती, अनावश्यक त्याग या अपरिग्रह पर इतराने का भी उपहास किया जाता है। अपने त्याग, बलिदान या कष्ट भोगने का भी स्वाँग (ओवर एक्टिंग) किया जाता है—दर्द का भी चस्का होता है, जैसे अफीम का :

> दो सौ रुपये उन्होंने दु:ख के बैंक में डाल रखे थे और कुढ़न तथा शिकायत के रूप में जो ब्याज मिलता, उससे गुजर करते थे। ऐसे आदमी मुझे हठयोगी लगते हैं—काँटों पर पड़े हैं, और भीड़ देख रही है। (3/162)

'देश का यह दौर' हमारी पीढ़ी का वर्तमान अपनी मानवीयता-अमानवीयता की अपार सक्रियता में कितना रचनात्मक है। सीमित कालखंड को ही रचना का विषय बनाने से परसाई के यहाँ स्थिति-संकुलता एवं सघनता है। उन्हें जीवन की विविधता और गहराई से तीव्र अनुराग है। रचनात्मक पर्यवेक्षण इसी के कारण होता है, नहीं तो इतना देखने-सुनने, संवेदित होने के झंझट में रचनाकार क्यों पड़े? समय स्वर्ण है। उसे किसी लाभप्रद काम में लगाया जाए तो सफलता मिले। जीवन-जगत् की रचनात्मक व्यापकता और गम्भीरता से सम्पृक्त व्यक्ति सौ काम छोड़कर इनसे संवेदित होता है। उपमा, रूपक, बिम्ब इसी से संवेदित होने की प्रक्रिया में उदित होते हैं।

निबन्धों का रूप-2 : नये अर्थ की खोज

परसाई के निबन्धों में जिस प्रकार विविध स्थितियों और मनोविकारों का समावेश है, उसी प्रकार विधाओं का भी। यह कहा जा चुका है कि देश के केवल इस दौर को ही रचनाओं का विषय बनाने के कारण उनके साहित्य में स्थितियाँ सघन तौर पर अन्तस्सम्बन्धित रूप में मौजूद हैं। परसाई की संवेदना घटनाओं, स्थितियों की उपेक्षा बहुत कम करती है। उनके निबन्धों में इस दृष्टि से अख़बारीपन है कि उनमें आसानी से अनेक देशी-विदेशी घटनाओं की अखबारी सुर्खियाँ ढूँढ़ी जा सकती हैं। आप किस या कितनी घटनाओं से कितना संवेदित होते हैं, यह आपकी संवेदन-क्षमता पर निर्भर है।

उनके निबन्ध अन्तस्सम्बन्धित हैं और वे समग्रत: वर्तमान की गाथा कहते हैं।

प्रत्येक निबन्ध अलग-अलग लिखा गया है और मूलत: प्रत्येक निबन्ध स्वतंत्र एवं विशिष्ट है, उन पर इस दृष्टि से भी विचार होना चाहिए।

परसाई निबन्ध कहते हैं। उनके निबन्ध कहानी के बहुत निकट हैं। वे कहानी जैसे लगते हैं। यहाँ कहानी का मतलब रूप की दृष्टि से प्रेमचन्द जैसे लेखकों की कहानी से है। 'कहानी' यानी जो कही जाए—लिखी गई न मालूम पड़े।

उनके अनेक निबन्धों का प्रारम्भ प्रेमचन्द की कहानियों के प्रारम्भ की याद दिलाता है। 'समारोह के मुख्य अतिथि नहीं आए थे। वादा करके जो मुख्य अतिथि ऐन मौके पर न आए, वह आ जानेवाले मुख्य अतिथि से बड़ा होता है...'

> सावन का महीना है। सात दिन बीत गए हैं और आसमान से धरती पर गिरी हुई बूँदों की गिनती की जाए तो पचास-साठ से अधिक नहीं निकल सकतीं। मगर सर्वहारा में प्राण-शक्ति दुर्दम होती है। बाग के लाडले पौधे सूख रहे हैं, पर इन पचास-साठ बूँदों और बादलों की छाया से ही उपेक्षित आवारा घास फूट निकली है। सूखी बदरंग धरती पर जगह-जगह घास के चप्पे आ गए हैं, जैसे बिरागी के फटे वस्त्र पर किसी रस-प्रवीणा भक्तिन ने रंगीन पैबन्द लगा दिये हों! (3/185)

परसाई के निबन्ध अधिकांश समकालीन कहानीकारों की कहानियों से अधिक पठनीय एवं कौतूहलपूर्ण होते हैं—मार्मिक और मनोरंजक भी। इसका बहुत बड़ा कारण उनके निबन्धों का कहानीपन है। निबन्धों में न केवल घटनाएँ और चरित्र होते हैं, उनका परस्पर-प्रभाव भी चित्रित होता है। निबन्धों का प्रारम्भ प्राय: किसी घटना-प्रसंग से होता है।

'मैं' की प्रधानता इन निबन्धों को प्राय: संस्मरणात्मक भी बना देती है। इन निबन्धों में संस्मरण और कहीं-कहीं रेखा-चित्रों की भी विधा अपनाई जाती है। जो कुछ घटता है, उसमें 'मैं' कहीं-न-कहीं कोई हस्तक्षेप अवश्य करता है। 'मुक्तिबोध' संस्मरणात्मक निबन्ध है तो कृष्ण मेनन वाला निबन्ध रेखाचित्रात्मक। परसाई का एक उत्कृष्ट निबन्ध है—'नूरजहाँ : यादें।' यह निबन्ध सिर्फ नूरजहाँ पर नहीं है। वस्तुत: नूरजहाँ के माध्यम से अपने किशोर वय के फिल्मी सितारों की चर्चा है—अपनी याद है। वह स्मृति-लोक की यात्रा है।

रचनाकार परसाई अपनी भावुकता को तटस्थता की शैली में छिपा लेने में उस्ताद हैं। इसकी मिसाल 'मुक्तिबोध : एक संस्मरण' है। जैसे छद्‌म उद्‌घाटित होकर तीव्रतर घृणा, विरक्ति और क्रोध आदि पैदा करता है, उसी प्रकार आत्मलोप, विनम्रता, भावुकता उद्‌घाटित होकर तीव्रतर सम्मान, श्रद्धा एवं आत्मीयता पैदा करते हैं। परसाई का एक निबन्ध 'टेलीफोन' है जो स्कूली बच्चे द्वारा लिखे गए निबन्ध की शैली में है। यह निबन्ध उनकी कला-क्षमता का विश्वसनीय परिचायक है। दुनिया को बच्चे की तरह देख पाने की क्षमता केवल महान् रचनाकारों या संतों में होती है। हिन्दी में यह व्यंग्य-निबन्ध कलात्मकता की दृष्टि से अद्वितीय है। कुछ निबन्ध डायरी शैली में और अनेक निबन्ध पत्र शैली में हैं। 'फिर उसी नर्मदा मैया की जय' रिपोर्ताज की शैली में है। अनेक निबन्धों के अंश काव्यात्मक हैं।

यह तय है कि परसाई के व्यंग्य-निबन्धों में अधिकाधिक साहित्य रूपों का समावेश है। फिर भी ये निबन्ध हैं क्योंकि ये एक विषय पर केन्द्रित हैं, इनमें कथा का प्रवाह महत्त्वपूर्ण नहीं। विविध रूपों में विचार-सूत्र ही हैं। किसी घटना, स्थिति पर सम्बन्ध-सूत्रों के अनुसार मन को दौड़ाकर विचार किया गया है। अन्य साहित्य-रूप साधन हैं। इन रूपों के समावेश से हुआ यह है कि निबन्ध चित्रात्मक अधिक हो गए हैं, उनकी दृश्यता बढ़ गई है। इन चित्रों और दृश्यों में विषम खंडों का संयोजन है इसलिए वे केन्द्रीय विचार के चित्रों को मार्मिक बना देते हैं, उसमें अनुभूति उदित होती है। इसलिए ये सर्जनात्मक है।

इतने अधिक साहित्य-रूपों का समावेश अकारण नहीं। यह भी देख चुके हैं कि व्यंग्य निबन्धों में इतने मनोविकारों का भी समावेश अभूतपूर्व है।

यह कई बार कहा जा चुका है कि इतने अधिक विषयों को अपनी संवेदना-परिधि में किसी निबन्धकार ने न शामिल किया होगा। वस्तुत: यह संवेदना की व्याप्ति और जटिलता है जिसके कारण परसाई के निबन्ध साहित्य में इतने साहित्य-रूपों का समावेश हुआ है। जीवन की विविध स्थितियाँ विविध रूपों की माँग करती हैं। जीवन की विविधता को देखे-समझे बिना जीवन को गहराई से प्यार नहीं किया जा सकता।

परसाई के निबन्धों की पठनीयता से इस सबका सम्बन्ध है। उनमें अरूप चिन्तन नहीं है। बाह्य दृश्य, घटनाएँ और स्थितियाँ हैं—देश के इस दौर की। प्रेमचन्द के साहित्य के पात्रों के बारे में कहा जाता है कि वे परिचित मालूम पड़ते हैं। ऐसे लोग हमने कहीं-न-कहीं देखे हैं। यही बात स्थितियों के बारे में, बाह्य चेष्टाओं और मन:स्थितियों के बारे में भी है। यह विशेषता परसाई के निबन्ध-पात्रों और स्थितियों की भी है। परिचय से विश्वसनीयता का मतलब लेखक द्वारा पाठक का विश्वास प्राप्त करना कि रचना निरर्थक नहीं है। लेकिन पाठक जिससे पहले से ही परिचित हो, उसी से फिर परिचित कराना पिष्ट-पेषण भी हो सकता है। पाठक को यह नीरस उबाऊ भी लग सकता है। रचनाकार परिचित से सिर्फ परिचय नहीं कराता। रचना परिचित में नये अर्थ की खोज कराती है। पाठक रचना की पाठ (या श्रवण या दर्शन) प्रक्रिया में अपने लिए खोज करता है। इसीलिए कभी-कभी पाठक वही अर्थ नहीं खोजता, कुछ और खोज लेता है। कुछ नहीं भी खोज पाता। लेकिन रचना शब्द-संयोजन से परिचित में नया अर्थ पैदा करती है—यह महत्त्वपूर्ण बात है। अनुभूति मनोजगत् का अर्थ है।

नया अर्थ कई प्रकार से पैदा किया जा सकता है। उपमा, रूपक, छन्द, बिम्ब, प्रतीक, स्थितियों का विशेष प्रकार से संयोजन—इन सबसे अर्थ ही पैदा होता है। जब मुख को कमल कहा गया तो मुख की आभा में कमल के वर्ण और उसकी ताजगी का समावेश करके मुख के सौन्दर्य का प्रभाव और कर दिया गया। और जब 'कर कमल हो गए' में कमल को नये सन्दर्भों में प्रस्तुत किया गया तो कमल का नया अर्थ खोजा गया। वह बाहर से सुरूप है, देखने में चिकना, रंगीन है किन्तु छद्म सुन्दरता यानी बाह्य सुन्दरता और आन्तरिक कुरूपता का प्रतीक है। वह जूतों से पिटता है, उपहासास्पद है। पाठक कर कमलों से शिलान्यास, उद्घाटन, स्पर्श आदि सुनते, जानते थे। कमल था, लेकिन इन सन्दर्भों से रचित कमल का यह विद्रूप नहीं था। यह विद्रूप कमल का अभूतपूर्व नया अर्थ है। दरअसल रचना वस्तुस्थिति या घटना को पिष्ट-पेषण एवं एकरसता से उबारती है। 'कर कमल', 'चरण कमल' सुनते-सुनते मुसीबत हो गई थी। कमल की विद्रूपता दिखाकर उसे रूढ़ि से उबार लिया गया। यह न समझा जाए कि व्यंग्य और विद्रूपता की सृष्टि

परसाई ने की है—वह थी, उसे साहित्य में पहली बार प्रस्तुत किया है—प्रस्तुति का संयोजन उनका है। इस संयोजन से कमल का यह विद्रूप अर्थ खोजने का अवसर पाठक को पहली बार मिला।

निबन्ध में कहानी की तरह कथानक का विकास नहीं होता। निबन्ध में विभिन्न सम्बन्ध-सूत्रों के सहारे बोध के संचरण करने से विचार का विकास होता है। कथानक का विकास मूलतः चरित्र और स्थितियों के घात-प्रतिघात से होता है, उसमें विचार का भी योगदान होता है। परसाई के व्यंग्य-निबन्धों में विचार का विकास भी प्रायः चरित्र और स्थितियों के घात-प्रतिघात से होता है। परसाई के व्यंग्य-निबन्धों में अनेक चरित्र प्रायः थोड़ी-थोड़ी दूर तक ही चलते हैं। एक निबन्ध में चरित्रों की अनेक टोलियाँ आ सकती हैं। निबन्धों में घटना-प्रसंग या घटना-प्रसंगों की शृंखला हो सकती है जो केन्द्रीय विषय से सम्बद्ध और विचार-विकास में साधक होती है।

नये अर्थ की खोज और घटनाओं की प्रसंग-शृंखला के उपयोग के साथ-साथ परसाई के निबन्धों की पठनीयता का बहुत बड़ा कारण उनका रचना-विधान है। रचना-विधान अर्थ की खोज की प्रक्रिया है। अर्थ की खोज में पाठक आगे बढ़ता है, विभिन्न मोड़ों और घुमावों से रचना का मार्ग प्रशस्त होता है। विचार का विकास व्याप्ति के साथ होता है। रचना की सार्थकता सिर्फ समाप्ति पर नहीं होती, पाठ या श्रवण प्रक्रिया में आद्यन्त होती रहती है।

इसलिए रचना का ऊर्ध्वमुखी विकास रचना के समतलीय विकास पर निर्भर है। जिसे गति कहते हैं, वह स्थितियों का योग है। सवाल है, रचना में स्थितियों को परस्पर सटाकर एक-दूसरे से कैसे जोड़ा गया है? रचना में एक बिन्दु से अगले बिन्दु के खाली जगह को भरा कैसे गया है? 'गोदान' में गोबर जब शहर से कमाकर लौटा तो झुनिया उससे नाराज थी। झुनिया को बच्चा गोबर के शहर रहते हो चुका था। गोबर झुनिया को मनाने लगा। वह बच्चे के लिए गोटे की चमकदार टोपी लाया था। प्रेमचन्द ने इस मान-मनौवल का चित्रण करते हुए यह भी दिखाया कि गोबर बच्चे को चमकदार टोपी पहनाता था तो बच्चा उसे उतारकर फेंक देता था—प्रेमचन्द ने टिप्पणी की—बच्चा टोपी को पहनने की चीज नहीं, खेलने की चीज समझता था। बच्चे का टोपी उतारकर फेंक देना बहुत सामान्य बात है। गोबर और झुनिया का प्रेम-मिलन इस चित्र से भर उठता है।

रचनाएँ डिटेल्स में ही महान् होकर महान् बनती हैं। आतुरता रचना की सबसे बड़ी शत्रु है। किसी घटना या स्थिति के चित्रण में कुछ ऐसी रेखाएँ उभार दी जाती हैं कि पाठक का मन उनमें रम जाता है। परसाई ऐसी रेखाएँ अनेक तरह से उभारते हैं। व्यंग्यकार होने के कारण वे विसंगति या विडम्बना के चित्र की विशिष्ट रेखाएँ उभारते हैं।

उनका एक प्रसिद्ध निबन्ध है : 'निन्दा-रस'। शीर्षक ही व्यंग्यपूर्ण है—निन्दा का रस। रस काव्यशास्त्र, आयुर्वेद, अध्यात्म, सुरुचिपूर्ण पेय के क्षेत्र का शब्द। और निन्दा अपकर्म। लेकिन निन्दा के साथ रस। शीर्षक व्यंग्यपूर्ण चाहे जितना हो, नया चाहे जितना हो किन्तु सामान्य लोकानुभव से प्रमाणित है। कोई यह नहीं कह सकता कि निन्दा में रस नहीं मिलता या निन्दा-रसिकों की कोई कमी है। इसमें 'रस' को नया सन्दर्भ देकर उसमें नया अर्थ खोज लिया गया है।

परसाई लोक-सामान्य अनुभव-चित्र की ही ऐसी रेखाएँ उभारते हैं कि परिचित जीवन-खंड प्रभावशाली हो उठता है :

> 'क' कई महीने बाद आए थे। सुबह चाय पीकर अखबार देख रहा था कि वे तूफान की तरह कमरे में घुसे, साइक्लोन की तरह मुझे अपनी भुजाओं में जकड़ा। मुझे धृतराष्ट्र की भुजाओं में जकड़े भीम के पुतले की याद आ गई। वह धृतराष्ट्र की ही जकड़ थी...।
>
> ऐसे मौके पर हम अक्सर अपने पुतले को अँकवार में दे देते हैं, हम अलग खड़े देखते रहते हैं। 'क' से क्या मैं गले मिला? क्या मुझे उसने समेटकर कलेजे से लगा लिया? हरगिज नहीं। मैंने अपना पुतला ही उसे दिया।

बड़ी नाटकीय स्थिति है। 'क' महान् निन्दक है। वह पिछली शाम को ही दो-तीन घंटों तक 'मैं' की निन्दा कर चुका है। आज सुबह 'मैं' से प्रेमालिंगन कर रहा है। 'मैं' को पता है कि उसने पिछली शाम ही उसकी दो-तीन घंटों तक निन्दा की है!

> वह दोस्त अभिनय में पूरा है। उसके आँसू भर नहीं आए, बाकी मिलन के हर्षोल्लास के सब चिह्न प्रकट हो गए—वह गहरी आत्मीयता की जकड़, नयनों में वह असीम स्नेह और वह स्नेह-सिक्त वाणी।

ये सारी टिप्पणियाँ और सूचनाएँ 'क' के परिचय-चित्र को भर रही हैं। आगे उसके व्यक्तित्व की एक विशेषता और उस पर भरपूर टिप्पणी :

> बोला—'अभी सुबह गाड़ी से उतरा और एकदम तुमसे मिलने चला आया, जैसे आत्मा का एक खंड दूसरे खंड से मिलने को आतुर रहता है।' आते ही झूठ बोला कमबख्त—कल का आया है, यह मुझे मेरा मित्र बता गया था।

फिर 'क' की इस चारित्रिक विशेषता की और पहचान के लिए एक सोदाहरण प्रसंग का उल्लेख :

> मेरे एक रिश्तेदार ऐसे हैं। वे अगर बम्बई जा रहे हैं और उनसे पूछें तो वे कहेंगे—'कलकत्ता जा रहा हूँ।' ठीक बात उनके मुँह से निकल ही नहीं सकती। 'क' भी बड़ा निर्दोष, सहज-स्वाभाविक मिथ्यावादी है।

'क' भी यानी जैसा चित्र अभी तैयार किया गया है, वह। 'क' बाह्यतः निर्दोष, सहज, स्वाभाविक है—वस्तुतः मिथ्यावादी। इस विसंगत चित्र में उसका उद्घाटन है, परिचय है। ये विशेषण चाहे जितने विसंगत हों, अनावश्यक नहीं हैं। चित्र के डिटेल्स हैं।

फिर 'क' 'मैं' के शत्रुओं की निन्दा करता है। उसके द्वारा निन्दा का क्रिया-चित्र। अच्छा क्रिया-विशेषण क्रिया-चित्र ही होता है :

> मैं अपने विरोधियों का नाम लेता गया और वह उन्हें निन्दा की तलवार से काटता गया। जैसे लकड़ी चीरने की आरा मशीन के नीचे मजदूर लकड़ी का लट्ठा खिसकाता जाता है और वह चिरता जाता है, वैसे ही मैंने विरोधियों के नाम एक-एक कर खिसकाए और वह उन्हें काटता गया।

यह 'क' का सक्रिय इनएक्शन चित्र है। 'क' के विषय में जो वर्णित, चित्रित किया गया, वह उसके बाह्यान्तर का उद्घाटन है। इस उद्घाटन में उसका वास्तविक परिचय है। यह किसी चरित्र का किताबी फार्मूलाबद्ध चित्रण नहीं, जीवन-चित्र है—मनोरंजक, कौतूहलपूर्ण, विसंगतियों से भरा हुआ, लोक-सामान्य अनुभव में बसा हुआ किन्तु साहित्य में अभूतपूर्व निन्दा-रस का पान करनेवाला, कराने वाला 'क'।

पाठक 'क' को इस निबन्ध में पहचान लेता है। इस पहचान में कहीं-न-कहीं वह भी शामिल है। 'क' से 'मैं' के साथ-साथ वह भी मिलता है—मिल सकता है। वह परसाई के साथ-साथ 'क' की चित्र-रचना में शामिल होता है। इसीलिए इस रचना में पाठक को पठनीयता मिलती है। रचना में पाठक अपने-आपको भी ढूँढ़ता है—रचना से आत्मोपलब्धि होती है—इन बातों का मतलब इसी प्रक्रिया से है। अर्थ की खोज में पाठकीय शिरकत से रचना में पठनीयता आती है।

'फिर उसी नर्मदा मैया की जय' की केवट-कन्या के बारे में :

> इधर मेरे शहर में भी सार्वजनिक सम्मान हुआ। पचासों मालाएँ गले में डल रही हैं। जय बोली जा रही है। पर लड़की न प्रसन्न, न भावुक, न उत्तेजित। ऐसे बैठी रही, जैसे झोपड़े में, घर में बैठी है और उसने कोई खास काम नहीं किया है। (3/269)

यह कन्या रूपिणी माँ का चित्र है। यह उसकी पहचान बताता है। उसकी सहज मानवीय संवेदना का परिचय देता है—ओवर एक्टिंग, कैमरे, खुशबू से विपरीत।

नर्मदा भी माँ है लेकिन वह डुबाती भी है। यह माँ जड़ नहीं, संवेदना वाली है। डुबाती नहीं, सिर्फ बचाती है। सहज उतनी ही है—न प्रसन्न, न उत्तेजित, न भावुक! जलधारा-प्रवाह की प्राकृतिक सहजता वाली।

पाठक यहाँ भी आत्मोपलब्धि करता है। जिस हद तक पाठक मानवीय संवेदना को अपना सकता है, उस हद तक।

परसाई अनुभव-सिद्ध सूक्तियों से सजीव चित्र बनाते हैं। सूक्तियों को कुछ लोग साहित्य नहीं मानते। यह ठीक नहीं है। सूक्तियों में लोकानुभव अन्तर्गुम्फित होता है। हम जिन सूक्तियों को सीधा-सपाट समझते हैं, वे अनुभव से टकराने पर अत्यन्त मार्मिक हो उठती हैं। श्रेष्ठ सूक्तियाँ भक्त कवियों ने लिखी हैं। रहीम का एक दोहा लीजिए :

रहिमन वे नर मर चुके, जे कहुँ माँगन जाहिं।
उनते पहिले वे मुए, जिन मुख निकसत नाहिं॥

जब कभी स्वाभिमानी व्यक्ति को याचना करनी पड़ती है तब उसे इस दोहे की मार्मिकता का पता चलता है—अनुभवरहित रहने पर यह नीरस है। इन सूक्तियों गें रीलों की तरह अनुभव-चित्र कसे रहते हैं। आधुनिक हिन्दी गद्य में ऐसी सूक्तियाँ प्रेमचन्द, रामचन्द्र शुक्ल, हजारी प्रसाद द्विवेदी के साहित्य में मिलती हैं। ध्यान से देखने पर ये सूक्तियाँ संवेदना को सघन बनाने की शक्ति का परिचय देती हैं। शुक्ल जी के शब्दों में भाव-समाहार की शक्ति। व्यंग्य विधा में ऐसी गम्भीर सूक्तियाँ तो किसी ने नहीं लिखी होंगी—कबीर और ग़ालिब की बात नहीं करते। ये सूत्र वाक्य आर-पारदर्शी निगाह और व्यापक पर्यवेक्षण के बिना नहीं लिखे जा सकते।

जाहिर है कि परसाई की सूक्तियाँ या सूत्र-वाक्य 'देश के इस दौर' यानी स्वातंत्र्योत्तर भारत के जीवन-पर्यवेक्षण के निचोड़ हैं। व्यंग्य का स्वर उनमें भी है, किन्तु सर्वत्र नहीं। अनेक सूत्र तो नई परिभाषा हैं।

> दम्भ हर हालत में बुरा होता है, पर जब वह विनय के माध्यम से प्रकट हो, तब तो बहुत कटु हो जाता है। (3/36)

> अहं की प्रकृति ही प्रदर्शन है, वह नकटे की तरह आईना देखने को उत्सुक रहता है। (3/37)

बुद्धिजीवी वह होता है जो किसी सत्ता या दाता के हरम की रक्षा करे। (3/237)

परसाई के कुछ सूत्र-वाक्य अत्यन्त साहसपूर्ण साथ ही अत्यन्त सटीक हैं। वे पौराणिक पात्रों के जीवन आचरण की विसंगति अचूक तौर पर देखते हैं और उनका उपयोग वर्तमान जीवन आचरण को दिखाने के लिए करते हैं। राम के द्वारा सीता-परित्याग की घटना की आलोचना अनेक कवियों ने की है। किन्तु उनकी इस लीला-विडम्बना की ओर किसी का ध्यान नहीं गया था। राम को लेकर ऐसा तिलमिला देनेवाला सूत्र-वाक्य परसाई जैसा संवेदनशील व्यंग्यकार ही लिख सकता था :

वे और होते हैं जिनके चरण-स्पर्श से पत्थर भी स्त्री बन जाता है। वे अपनी स्त्री को छोड़ देनेवाले होते हैं। (3/101)

वाल्मीकि, स्वयंभू या भवभूति ने किसी पात्र के द्वारा राम की ऐसी आलोचना कराई होती तो आज हमें वह कैसी लगती? दूसरे की स्त्री पर इतनी दया पत्थर को नारी बनाया और अपनी स्त्री के लिए खुद पत्थर बन गए! परसाई कहते हैं, दूसरे की पत्नी से ज़्यादा सहानुभूति रखनेवाले प्रायः अपनी पत्नी को कष्ट देते हैं। इस कथन की पुष्टि पाठक करें।

ठेकेदारी सभ्यता की यह बड़ी वैज्ञानिक देन है कि सफल आदमी बन्द हुए हृदय को लेकर भी जिन्दा रहता है। (3/293)

परसाई अविवाहित हैं। उनके पहले के फोटो देखने पर लगता है, वे सुन्दर, आकर्षक थे। उनके निबन्धों को पढ़ने से मनोविकारों का व्यायाम होता है। मनुष्य के मन को इतना ताड़ने, भाँपने वाले लेखक कम होंगे। प्रेम पर उन्होंने ज़्यादातर व्यंग्य में ही लिखा है। लेकिन इस व्यंग्य की निगाह कितनी पैनी और गहरी है! वे हमारी, आपकी और शायद अपनी भी—मानव-सुलभ हास्यास्पद स्थितियों को तटस्थता से सूत्रबद्ध कर सकते हैं :

दो अवसरों पर आदमी का चेहरा बहुत विकृत और हास्यास्पद होता है—प्रशंसा स्वीकार करते समय और प्रणय-निवेदन करते समय। (4/314)

आदमी चाहे बूढ़ा हो जाए पर जिस स्त्री को उसने अपनी जवानी में पसन्द किया है, उसे बूढ़ी देखकर उसे दुःख होता है। (4/202)

परसाई जी से कौन निवेदन करे, ऐसी सच्ची बात मजाक में भी नहीं कहनी चाहिए—समझदार की मौत हो जाती है।

परसाई के निबन्धों में विचारों का रूप चित्रात्मक होता है यानी वे विचार जिन स्थितियों को उत्पन्न करते हैं या जिन स्थितियों में वे उत्पन्न होते हैं, उनका चित्रण होता है। इसलिए उनके यहाँ विचार भाव के साथ प्रस्तुत होता है। इसीलिए उनके निबन्ध विचार-प्रधान होते हुए भी सर्जनात्मक साहित्य हैं। निबन्ध सतर्क-बोध के आधार पर बढ़ता है। कुछ निबन्धों में केन्द्रीय विचार को व्यक्त करनेवाली उक्ति की कई बार आवृत्ति की जाती है—लगभग गीत की टेक की तरह, जैसे 'लिटरेचर ने मारा तुम्हें।' लेकिन आवृत्ति के बीच वाले अंश के बाद जब यह पुनः आता है तो विकसित अर्थ का बोधक बनकर। इस आवृत्ति शैली का सर्वोत्तम उदाहरण पत्र-शैली का निबन्ध 'मूल्यों का विघटन' है। इसमें विपरीत विचार-उत्पादक सन्दर्भों में रखकर एक पंक्ति का बिलकुल उल्टा प्रभाव तीव्र ढंग से पैदा किया जाता है। परसाई के निबन्धों का अन्त प्रायः टिप्पणी के साथ होता है। निबन्ध में प्रस्तुत विचार-सूत्रों का निष्कर्ष क्या है, इसका कोई बोधक वाक्य वे अन्त में दे देते हैं। कभी-कभी यह प्रतिक्रिया-टिप्पणी उत्तेजक होती है, कभी चुहलबाजी से भरी हुई। यह तर्कजाल को समेट लेना जैसा होता है।

परसाई के व्यंग्य निबन्ध वार्तालाप की शैली में हैं। वे वार्तालाप ही हैं। उनका निबन्ध साहित्य सम्बोधित है—पाठक-श्रोता की उपस्थिति उसमें बनी रहती है। निबन्ध के बीच-बीच में परसाई अपने को टोकेंगे—लौटो परसाई 'जोक पर लौटो'—अच्छा, जोक पर लौटता हूँ : यह श्रोता-पाठक की उपस्थिति भी है और यह संकेतपूर्ण कथन भी कि व्यंग्य 'जोक' नहीं है—गम्भीर उत्तरदायित्वपूर्ण लेखन है। इसे जोक वे ही समझ रहे हों जो खुद जोकर हैं—परसाई यह व्यंजित कर रहे होते हैं। कभी जब वे कहेंगे, 'विषयान्तर हो गया' तो इसका मतलब विषयान्तर नहीं होगा। अबोध पाठकों की दृष्टि में विषयान्तर हुआ। यह शैली पं. हजारी प्रसाद द्विवेदी के निबन्धों में भी पाई जाती है। आवृत्ति की प्रवृत्ति 'अशोक के फूल' में है। निबन्ध में 'मैं उदास हो जाता हूँ' की आवृत्ति है। हर आवृत्ति नई अर्थ-सम्पदा का द्योतक है।

विषयवस्तु की संकुलता और संवेदना की तीव्रता का ही परिणाम है कि परसाई के निबन्धों में कोई रीतिबद्ध अन्तर्योजना नहीं। वे पूर्व नियोजित नहीं लगते। अनौपचारिक गप्प-शप, बहस या वार्तालाप की तरह—वे कहीं से शुरू होकर कहीं भी खत्म हो सकते हैं। प्रारम्भ प्रायः किसी व्यक्तिगत घटना, अखबार की खबर या विचार से होता है। अगला सूत्र किसी मित्र, रिश्तेदार या व्यक्ति के आगमन से आता है।

किसी घटना या स्थिति पर टिप्पणी भी बहुत दूर तक चल सकती है। यह कहा जा चुका है कि कभी-कभी निबन्धों में अनेक लघु-कथा खंड होते हैं। विभिन्न मोड़ों के बीच का अंश, टिप्पणी, संवाद, करनी-चित्रण, सूक्तियों, सूत्र-वाक्यों से भरा होता है, जिनमें नाटकीयता होती है। अनेक स्थलों पर तो लेखक अपनी सारी लेखकीय मुद्रा त्यागकर सीधे व्यक्तिगत तौर पर पाठकों से बात करने लगता है। जैसे एक स्थान पर वे सलाह देते हैं कि देशवासी अगर दोपहर का भोजन कम मात्रा में करें तो राष्ट्रीय कार्य-शक्ति बढ़ जाए। यह नेक गम्भीर सलाह है। होशंगाबाद की बाढ़ का बयान करते हुए लिखा : 'बाढ़ का दृश्य देखकर व्यंग्यकार व्यंग्य भूल गया।' एक निबन्ध में लिखा है : 'यह वास्तविक भय है जिसके सामने कविता नहीं लिखी जाती, जान बचाई जाती है।'

परसाई के व्यंग्य-निबन्धों की विशेषता पर विचार करते-करते निबन्धकार का व्यक्तित्व उभरने लगता है। एक निश्छल रचनाकार देश के इस दौर के छद्म का उद्घाटन कर रहा है। वह पाठकों से कुछ नहीं छिपाता, सीधे बात करता है—वार्तालाप। यह अपने गुण-दोष जिस तटस्थ भाव से प्रकट करता है, उसी प्रकार देश के लोगों का भी। उसकी भाषा की सबसे बड़ी विशेषता है कि उसकी अपनी कोई निजी भाषा-शैली नहीं। देश के लोग जिन शैलियों का व्यवहार करते हैं, वही उसकी भाषा-शैली है। तुलसीदास की, कबीर की, प्रेमचन्द की कौन-सी भाषा-शैली है। उनके पात्रों की भाषा-शैली उनकी भाषा-शैली है। कहते हैं कि शेक्सपियर की अपनी कोई शैली नहीं—अंग्रेजी भाषा की सारी शैलियाँ उन्हीं की थीं।

भाषा सम्प्रेषण-साधन ही नहीं है, वह समर्थ रचनाकार के हाथ में पड़कर सम्प्रेषणीय का एक रूप भी बन जाती है। शब्द अर्थ से अभिन्न हो जाता है। भाषा का चालू रूप, जिसमें चलतापन होता है, वह लगभग दृश्य जैसा बोधगम्य होता है। भाषा की यह शक्ति अक्सर बोलियों या सामान्यजन के व्यवहार में होती है। परसाई ने भाषा के विविध रूपों को प्रायः जस-का-तस उठा लिया है। एक पुलिस सिपाही से बातचीत के पूर्व 'पान-तमाखू हुआ'। 'माया महाठगिनी हम जानी' गाने वाले साधु से कहते हैं—'महात्मा, तुम तो जानी, पर हम नहीं जानी कि ठगाना हो तो माया से ठगाना चाहिए।'

परसाई की भाषा का जादू सिर्फ सामान्य-जन या अशिक्षित, अर्द्ध-शिक्षित जनों के ही सन्दर्भ में नहीं जगता। वे राजनीतिज्ञों, साहित्यकारों, मंत्रियों, चापलूसों, सेठों, मूल्यान्ध छोकरे-छोकरियों की भी भाषा का उपयोग तमाचे की तरह करते हैं।

परसाई के व्यंग्य-निबन्धों की भाषा उनकी नैतिक संवेदना के आधार से जुड़ी है। इतराने वाले लोगों की भाषा भी ओवर एक्टिंग करती है। परसाई जिस तरह उनके

आचरण की ओवर एक्टिंग का उपयोग उन्हें उद्घाटित करने के लिए करते हैं, उसी प्रकार उनकी भाषा का 'मेक-अप' या मुखौटा भी उतारते हैं। 'मूल्यों का विघटन हो रहा है'—यह उक्ति साहित्यकारों का भाषा-मुखौटा है। था। परसाई इसका प्रयोग इन सन्दर्भों में करते हैं कि मुखौटा, मुखौटा मालूम पड़ने लगे। बस, काम बन गया।

क्नॉट प्लेस का एक दृश्य—पहले रंग-संकेत, फिर भाषा मुखौटा :

> पलटकर देखता हूँ, अपने-अपने पति के साथ वे दोनों मोटरों के बीच में खड़ी हैं। एक के पास छोटा लड़का है। पतियों के हाथ कारों के दरवाजों के हैंडिल पर हैं। वे औरतों की बातों को बिना सुने ऊबी मुसकराहट चेहरों पर लाते हैं और फिर एक-दूसरे से दूर कहीं देखने लगते हैं। अपनी-अपनी बीवी से, एक-दूसरे की बीवी से और एक-दूसरे से नफ़रत कर रहे हैं—मगर मुसकराए जा रहे हैं।

ठेकेदार सभ्यता की समृद्धि में निरर्थकता की बात करनेवाली अनेक रचनाएँ परसाई के इस रंग-संकेत जैसे अंश की व्यंजना को छू भी नहीं सकतीं। अब भाषा :

—कल तो रीगल गए थे फिल्म देखने!

—ओ रीयली? ओ वंडरफुल!! हम इस संडे को पिकनिक पर हो आए!

—ओ रीयली? ओ वंडरफुल! हमें तो अब एक अच्छा कुक मिल गया है।

—ओ रीयली? ओ वंडरफुल!

—ओ रीयली?

—ओ वंडरफुल!

—आंटी को 'टा-टा' करो पप्पू।

—आंटी, टा! टा!

यह अभिव्यक्ति की नहीं, इतराने, प्रभावित करने की भाषा है। यह अनावश्यक है। अंग्रेजी शब्दों का प्रयोग अन्तर्बाह्य अभद्रता का रूप है।

इसका भी सम्बन्ध उपभोक्ता संस्कृति से है। अनावश्यक संग्रह और प्रदर्शन की अहंकार-उक्ति से है जो अशिष्ट, असभ्य, अनैतिक और असुन्दर है।

इसके विपरीत परसाई की केवल अनिवार्य-कथन वाली भाषा है। जैसे राजनेता, मंत्री, टिंगेलाल-पिंगेलाल, ठेकेदार आदि से विपरीत केवट-कन्या, प्रेमचन्द, निराला, कृष्ण मेनन का आचरण। वैसे ही माँ सरस्वती का अंचल मणियों से भर दीजिए! या 'ओ रीयली, वंडरफुल' की भाषा से अलग सरल, सहज, निराडम्बर भाषा जिसे हम 'मुक्तिबोध : एक संस्मरण', 'प्रेमचन्द के फटे जूते' आदि में पाते हैं। व्यंग्य-निबन्धों के बीच-बीच में भी। अनावश्यक रहितता—जो 'अपरिग्रह' से मिलता-जुलता है,

परसाई की मूल नैतिक-संवेदना का आधार है। इसमें आवश्यक ग्रहण भी है। अनावश्यक त्याग भी अनैतिक है। इसे न समझना अनर्थक होगा।

साईं इतना दीजिए, जामे कुटुम समाय।
मैं भी भूखा न रहूँ, संत न भूखा जाय॥

अनावश्यक रहितता सौन्दर्य-बोध का भी आधार है। शरीर, कर्म और भाषा—सबका। शरीर में जितना जो जहाँ चाहिए, वहाँ उतना होना चाहिए। ज़्यादा मांस, ज़्यादा हड्डी, ज़्यादा लम्बी नाक सब सुन्दरता के विरोधी हैं। तोंद, मोटापा, शारीरिक असुन्दरता के कारण हैं। इसी तरह आवश्यक से कम भी असुन्दरता है, विकलांगता है। सौन्दर्य, सुषमा सुसंगति में है। वह अनावश्यकता और न्यूनता का विरोधी है। भाषा में सुन्दरता तभी आती है, जब वह अनावश्यक से बचे। आचरणगत अनावश्यकता स्वाँग है, अनावश्यक अर्थ-संग्रह पूँजीवाद है। वह अहंकार का ही आर्थिक पक्ष है। परसाई का व्यंग्य व्यंग्यपूर्ण स्थितियों की समाप्ति चाहता है। यह उनकी संवेदना का आधार है जो शिल्प में भी प्रतिफलित है।

कथा-साहित्य

परसाई 'नई कहानी' के दौर के कहानीकार हैं। उनकी कहानियाँ उस दौर के कहानीकारों से अलग हैं। परसाई की रचनाओं का मिशन होता है। वे लेखन से व्यक्ति और समाज की विसंगतियों का उद्‌घाटन करते हैं। उद्‌घाटन का आन्तरिक उद्‌देश्य उन विसंगतियों का शमन होता है। इसीलिए परसाई घोषित करते हैं कि मैं शाश्वत साहित्य नहीं लिखना चाहता। मैं ऐसा साहित्य लिखना चाहता हूँ, जो आज लिखूँ और कल मिट जाए। यानी रचना का आधार, विसंगतियाँ समाप्त हो जाएँ।

नई कहानियाँ मुख्यतः स्वातंत्र्योत्तर भारत में उभर रहे नये मध्यवर्ग के जीवन की कहानियाँ हैं। यह अकारण नहीं कि 'नई कहानी' के रचनाकारों और चिन्तकों के लिए मैक्सिम गोर्की से ज़्यादा सन्दर्भवान चेखव थे। 'नई कहानी' के रचनाकार प्रगतिशील रुचि के थे। किन्तु उन्होंने सर्वहारा वर्ग से कौन कहे, निम्नवर्गीय चरित्रों से भी लगभग किनारा कर लिया। निम्नवर्गीय चरित्र अमरकान्त, मार्कंडेय, विद्यासागर नौटियाल के यहाँ, मज़दूर शेखर जोशी और इसरायल के यहाँ मिलेंगे। शैलेश मटियानी को 'नई कहानी' का रचनाकार माना जाता है या नहीं, कहना मुश्किल है। निम्नवर्गीय और शिल्पी पात्र रेणु के यहाँ हैं, किन्तु उनकी सांस्कृतिक सम्पन्नता में उनके जीवन-साधनों की विपन्नता दब गई है। निर्मल वर्मा को 'नई कहानी' का प्रतिनिधि कहानीकार घोषित किया गया। वे अन्तर्वस्तु में प्रेमचन्द नहीं, जैनेन्द्र और अज्ञेय की परम्परा का विकास कर रहे थे। वे मनोजगत् में विचरण करनेवाले एकान्तप्रिय चरित्रों की कथा कह रहे थे।

मोहन राकेश, कमलेश्वर, राजेन्द्र यादव प्रगतिशील रचनाकार हैं। 'परमात्मा का कुत्ता', 'सोने के दाँत', 'जहाँ लक्ष्मी क़ैद है' जैसी कहानियाँ अभावग्रस्त चरित्रों की कहानियाँ हैं, लेकिन इन कहानियों में फ़ोकस अभावग्रस्तता पर नहीं रहता। इनकी तुलना में शानी की कहानियों में अभावग्रस्त मुस्लिम पात्रों का चित्रण ज़्यादा प्रभावी है।

'परसाई रचनावली' में धनंजय वर्मा ने परसाई की कहानियों का विश्लेषण किया है। कहानी पर ऐसे सारगर्भित आलोचनात्मक लेख कम हैं। परसाई की कहानियों पर मैंने कोई और लेख नहीं देखा। मैं अपनी सीमित जानकारी की बात कर रहा हूँ। परसाई की कहानियों की उपेक्षा सम्भवतः उनके व्यंग्य-निबन्धों की अतीव ख्याति एवं लोकप्रियता के कारण हुई—हालाँकि उनके व्यंग्य-निबन्धों पर ज़्यादा आलोचना नहीं लिखी गई है। एक और कारण हो सकता है। 'नई कहानी' की संवेदना मध्यवर्ग केन्द्रित थी। वह मध्यवर्ग, जो आज़ादी के बाद नये रूपों में उभर रहा था। यह संवेदना मूलतः 'नई कविता' की संवेदना से भिन्न नहीं थी। डॉ. नित्यानन्द तिवारी ने एक लेख में 'नई कहानी' और 'नई कविता' की संवेदना-समानता पर (जो वस्तुतः भाव बोधैक्य है) काफ़ी पहले विचार किया था। ('आधुनिक साहित्य और इतिहास बोध')

'नई कविता' कुलीनतावादियों के वर्चस्व से ग्रस्त थी और 'नई कहानी'? 'नई कहानी' के प्रतीक कहानीकार निर्मल वर्मा थे। 'लंदन की रात' नहीं—'परिन्दे' 'नई कहानी' का प्रतिमान थी। 'नई कहानी' की त्रिमूर्ति—राकेश, कमलेश्वर, राजेन्द्र यादव की थी; भीष्म साहनी, अमरकान्त, शेखर जोशी की नहीं। भैरवप्रसाद गुप्त का 'नई कहानी' पर इतना प्रभाव जरूर पड़ा कि भीष्म साहनी, अमरकान्त, शेखर जोशी 'नई कहानी' में मान लिए गए। इसमें परसाई और इसराइल की गुंजाइश तब भी नहीं थी। नामवर जी की पुस्तक 'कहानी : नई कहानी' कहानी-आलोचना की अप्रतिम पुस्तक है। इस पुस्तक के कहानी-विश्लेषण के केन्द्र में 'परिन्दे' है। मूल्य भी उसी के हैं। 'हत्यारे', 'चीफ़ की दावत', 'बदबू', 'गुलरा के बाबा' आदि का उल्लेख है, थोड़ी-बहुत चर्चा भी; किन्तु आलोचक की उपलब्धि कहानीकार निर्मल वर्मा हैं। और 'कविता के नये प्रतिमान' में? आप कहेंगे, मुक्तिबोध! निस्संदेह मुक्तिबोध। किन्तु किसके मुक्तिबोध? न भूलें कि उस समय मुक्तिबोध के घोषित प्रशंसक अशोक वाजपेयी, श्रीकान्त वर्मा, निर्मल वर्मा आदि थे। आज जो मुक्तिबोध की मूर्ति है, वह बाद के पाठकों-आलोचकों की गढ़ी हुई है। अशोक वाजपेयी, श्रीकान्त वर्मा आदि ने तो उन्हें नागार्जुन, केदार, त्रिलोचन से काटकर इनके विरुद्ध खड़ा किया था। 'कविता के नये प्रतिमान' में नागार्जुन, केदारनाथ अग्रवाल, त्रिलोचन पर कितना ध्यान दिया गया है, इस पर विचार करें। यानी विश्लेषण-मूल्यांकन में, कहानी में जो स्थिति भीष्म साहनी, अमरकान्त, शेखर जोशी, इसराइल की है, वही कविता में नागार्जुन, केदारनाथ अग्रवाल और त्रिलोचन की है।

डॉ. नित्यानन्द तिवारी ने लिखा है कि 'नई कविता' और 'नई कहानी' की संवेदना मूलतः एक है। अगर 'नई कविता' और 'नई कहानी' अनेक प्रवृत्तियों की संघटना है तो नामवर जी किन प्रवृत्तियों को महत्त्वपूर्ण मानते हैं—यह विचारणीय है।

उन प्रवृत्तियों का वर्गीय आधार भी है कि नहीं? सांस्कृतिक प्रवृत्तियों का सम्बन्ध राजनीतिक प्रवृत्तियों से है कि नहीं?

'चाँद का मुँह टेढ़ा है' का प्रकाशन श्रीकान्त वर्मा और अशोक वाजपेयी ने किया था। उन्होंने मुक्तिबोध के काव्य-संकलन के प्रकाशन में भी भारी उद्योग किया था। इसके लिए सम्पादक-द्वय की जो भी प्रशंसा की जाए, कम है। इस संकलन की भूमिका शमशेर ने लिखी। वह भूमिका हिन्दी गद्य के उत्कृष्ट नमूनों में से है और मुक्तिबोध साहित्य को समझने का द्वार खोलती है।

शमशेर मुक्तिबोध के बारे में क्या राय रखते थे, भूमिका में लिखा है :

> मुक्तिबोध शुक्रवारी में तिलक की मूर्ति के पास की गली में रहा करते थे। एम्प्रेस मिल में मज़दूरों पर जब गोली चली तो रिपोर्टर की हैसियत से वे घटनास्थल पर मौजूद थे। उन्होंने सिरों का फूटना और ख़ून का बहना अपनी आँखों से देखा। 'अँधेरे में' शीर्षक उनकी सशक्त और मार्मिक कविता उनके नागपुर जीवन के बहुत सारे सन्दर्भ अपने अन्दर समेटे हुए है। मुक्तिबोध का सारा समय साधारण, श्रमशील लोगों के बीच और पत्रकारिता और राजनीतिक-साहित्यिक बहसों में बीतता था।

'अँधेरे में' कविता के कुछ अंश श्रीकान्त वर्मा और अशोक वाजपेयी द्वारा सम्पादित संकलन 'चाँद का मुँह टेढ़ा है' में नहीं है। कविता में आकस्मिक तौर पर पंक्ति आती है : 'प्रश्न थे गम्भीर शायद ख़तरनाक भी।' लेकिन ऊपर प्रश्न हैं ही नहीं। बाद में पता चला कि प्रश्न थे और ये थे :

किन्तु वह फटे हुए वस्त्र क्यों पहने है?
उसका स्वर्ण-वर्ण मुख मैला क्यों?
वक्ष पर इतना बड़ा घाव कैसे हो गया?
उसने कारावास दुःख झेला क्यों?
उसकी इतनी भयानक स्थिति क्यों है?
रोटी उसे कौन पहुँचाता है?
कौन पानी देता है?
फिर भी उसके मुख पर स्मित क्यों है?
प्रचंड शक्तिमान क्यों दिखाई देता है?

'प्रश्नवाही पंक्तियाँ' श्री नेमिचन्द जैन द्वारा सम्पादित 'मुक्तिबोध रचनावली' में पुनः स्थापित हुईं।

निर्मल वर्मा, श्रीकान्त वर्मा, अशोक वाजपेयी आदि मुक्तिबोध के इन प्रश्नों की अनदेखी करते हैं। कुलीनतावादियों के दामन इन प्रश्नों से बेदाग़ हैं। नामवर जी भी 'कविता के नये प्रतिमान' में इन प्रश्नों से बेदाग़ हैं। यह कैसे हुआ? इसका समाधान स्वयं डॉक्टर साहब ही कर सकते हैं। हिन्दी साहित्य में प्रगतिशील प्रगतिविरोधी जो दो खेमे दिखलाई पड़ते हैं, उन्हें 'अँधेरे में' के वाचक प्रश्न से समझा जा सकता है।

मुक्तिबोध अस्तित्ववादी प्रश्नों से भी टकराते थे। मगर इसी कारण उन्हें अस्तित्ववादी समझना भूल है।

हरिशंकर परसाई इन प्रश्नों को नहीं भूलते। धनंजय वर्मा ने परसाई की कहानियों के विषय में मुक्तिबोध के विचारों से पुष्ट मत व्यक्त करते हुए लिखा है :

> जब 'नई कहानी' में नये व्यक्ति के नाम पर मध्यवर्गीय कुंठाओं को परोसा जा रहा था, तब परसाई ने अपनी कहानियों के माध्यम से समकालीन जीवन के केन्द्रीय मनुष्य के अनेकविध बिम्ब पेश किये—जब 'नई कहानी' में बकौल मुक्तिबोध 'आधुनिक मानव की विचित्र मनोदशा को उसके सारे सन्दर्भों से काटकर, उसके सारे बाह्य सामाजिक-पारिवारिक सम्बन्धों से काटकर, उस मनोदशा को अधर में लटकाकर' चित्रित किया जा रहा था और कहानी में एक धुन्ध समा रही थी, भीतरी और बाहरी—दोनों और परिणामस्वरूप वस्तु-सत्यों के संवेदनात्मक चित्रों का प्रायः लोप हो रहा था—तब परसाई ने समकालीन मनुष्य के भरसक विविधता भरे समग्र और सम्पूर्ण बिम्ब पेश किये। (भूमिका, 'परसाई रचनावली', खंड-1)

परसाई ने बहुविध रूप प्रयोग किये हैं। इतने प्रयोग किसी आधुनिक कथाकार ने नहीं किये। 'जातक', 'पंचतंत्र', उन्नीसवीं शताब्दी की इंशाअल्ला खाँ वाली शैली, लोककथा-शैली—सब परसाई के यहाँ हैं। इसी तरह परसाई के पात्रों के रूप भी विविध हैं। ऐसे पात्र, जो जीवन में ही मिलेंगे, किताबों में नहीं। ऐसे उपेक्षित पात्रों के शरण्य लेखक दुर्लभ होते हैं। फ़ैशनेबल साहित्य की दिक़्क़त यह होती है कि उसमें 'काग़ज़ी पैरहन' वाले पात्र ज़्यादा होते हैं, जीवन की माँग करनेवाले फ़रियादी बहुत कम। ऐतिहासिक और अनिवार्य पात्र सर्जनात्मकता की पहचान हैं। इसीलिए परसाई की कहानियाँ पढ़ते ही लगता है कि हम साहित्य की दुनिया से निकलकर जीवन में कूद पड़े हैं। साहित्य में निमंत्रित किये गए लोग हैं, मानो थोड़ी देर तक यहाँ पाठक के पास रहकर फिर वहीं अपने मूल क्षेत्र जीवन में चले जाते हैं।

वे साहित्य-जगत् के प्राणी नहीं लगते। परसाई उन्हें साहित्य-जगत् में लाते हैं। यह भाव-परिधि का विस्तार है। भाव-परिधि का विस्तार 'जो होना चाहिए लेकिन नहीं है' को साहित्य में लाने से घटित होता है। नये पात्रों के साथ नई बाह्य एवं मानसिक स्थितियाँ और नये जीवन-सन्दर्भ आते हैं। नये भाषारूप भी। उन्हें व्यक्त करने की रचनात्मक विधियाँ, शैली और शिल्प भी आते हैं। परसाई के शिल्प-प्रयोग उनके पात्रों, पात्रों के जीवन-सन्दर्भों और उनकी बाह्यान्तर स्थितियों से संरचनात्मक तौर पर जुड़े हैं। प्रश्न है कि उन जीवन-स्थितियों को आप देखते कहाँ से हैं, क्या देख पाते हैं? इसमें विचारधारा से पुष्ट संवेदना का हाथ होता है।

परसाई का साहित्य पढ़ते हुए मुक्तिबोध की याद अक्सर आती है। ऊपर से ये दोनों इतना भिन्न हैं कि उनकी समानता चौंका जाती है। मुक्तिबोध के साथ फ़ैंटेसी जुड़ी है। परसाई भी फ़ैंटेसी का उपयोग करते हैं। उनकी कहानियों में पौराणिक पात्रों की भरमार है—नारद और हनुमान प्रायः आते हैं। पौराणिक पात्रों और समकालीन राजनेताओं के व्यवहार में काफ़ी समानता है। यह समानता परसाई की मिथक-भंजन प्रक्रिया का ही एक आयाम है। इस मिथक-भंजन का ऐतिहासिक आधार है। स्वाधीनता-आन्दोलन के दौरान ये राजनीतिक नेता, मिथक पुरुष लगभग पौराणिक गरिमा से मंडित व्यक्तित्व थे। गांधी जी जेल से बाहर अपने प्रताप से निकल आते थे, नीम के पेड़ में कपास के फूल लगते थे। जवाहरलाल नेहरू तिरंगा झंडा हाथ में लिये जिस रथ पर खड़े दिखलाई पड़ते थे कैलेंडर में, उसमें घोड़ों की जगह सिंह जुते रहते थे। स्वाधीनता-आन्दोलन के अन्य नेता भी जनता के चित्त में देव-प्रतिमाओं के समान जुड़ गए थे।

स्वातंत्र्योत्तर भारत में धीरे-धीरे वे अपने स्थान से उखड़कर खलनायकों की प्रतिमाएँ बन गए। वे चतुर-चालाक, मौक़ापरस्त और हर जगह लुभावनी वस्तुओं पर लार टपकानेवाले बन गए। स्वाधीनता-आन्दोलन के प्रातःस्मरणीय नेता धीरे-धीरे तुलसीदास के 'ऊँच निवास नीच करतूती' वाले देवता बन गए। परसाई ने दोनों को साथ रखकर उन्हें समानधर्मा बना दिया। यह सब आधुनिक तथ्य निरूपिणी तर्कसंगत दृष्टि के बिना असम्भव था।

प्रेमचन्द ने कथा-प्रबन्ध को अलौकिक शक्तियों के हस्तक्षेप से मुक्त करके तर्काश्रित बनाया था। परसाई ने अलौकिक शक्तियों का पुनःप्रवेश तो किया, किन्तु उन्हें अलौकिकता से रहित करके। नारद हैं नारद ही, किन्तु व्यवहार में 'गोदान' के किसी पात्र से भिन्न नहीं हैं। उतने ही लौकिक और सामान्य हैं। पौराणिक पात्रों की अलौकिक शक्तियाँ समकालीन समाज में विषम व्यंग्यपूर्ण स्थितियों को पैदा करनेवाली हैं। ये शक्तियाँ वस्तुतः कुटिल, काँइयाँ, अमानवीय शक्तियों की प्रतीक हैं।

ये अलौकिक कहने भर को हैं। ये या तो यथास्थिति बनाए रखने की साधक हैं या असहाय और हास्यास्पद हैं। इस दृष्टि से ये दैवी पौराणिक शक्तियाँ व्यंग्यपूर्ण स्थितियों को समाप्त करनेवाली युगीन मानवीय शक्तियों के विरुद्ध हैं या तटस्थ हैं।

परसाई के व्यंग्य में करुणा है। करुणा से प्रेरित व्यक्ति दलित-शोषित का रक्षक होता है। पौराणिक देवता और स्वाधीनता-आन्दोलन के नायक करुणावान थे, मानवता के रक्षक थे, त्यागी और बलिदानी थे। अब वे करुणाहीन हैं। ऐसे में समकालीन मनुष्य के लिए देवताओं या नेताओं के पास जाने का विकल्प नहीं रह गया है। विकल्प है जनान्दोलन; और वह है नहीं, बल्कि बुद्धिजीवी उसकी व्यर्थता की घोषणा करते नहीं थकते। वे इतिहास और विचारधारा के अन्त की घोषणा करते हैं, खास कर सोवियत संघ के विघटन के बाद। द्वितीय विश्वयुद्ध के बाद फ्रांसीसी बुद्धिजीवियों पर अस्तित्ववाद का विशेष प्रभाव पड़ा और वह एक वैश्विक विचार-प्रवाह बना। सोवियत संघ के विघटन के बाद उत्तर-आधुनिकता का वैचारिक वेग बढ़ा। ये दोनों क्रान्तियों को असम्भव मानते हैं। उत्तर-आधुनिकता को तो पराजय की विचारधारा कहा भी जाता है। भारत जैसे देश में, जहाँ बेरोज़गारी, दहेज, अशिक्षा, भुखमरी, वर्ण-व्यवस्था है, इतिहास के अन्त का अर्थ है—इन विषम स्थितियों की सनातनता यानी ये सदैव बने रहेंगे। और इन सबके विरुद्ध किसी जनान्दोलन का न होना हमारे भय को ऐतिहासिक बनाता है। इसकी यातना के चित्र प्रस्तुत करना आज हमारे साहित्य की ऐतिहासिक नैतिकता है। अमरकान्त की 'हत्यारे' कहानी इस भय का चित्रण करती है।

हरिशंकर परसाई की 'इंस्पेक्टर मातादीन चाँद पर' और 'भोलाराम का जीव' जैसी कहानियाँ ऐतिहासिक भय का चित्र खींचती हैं। वे हैं व्यंग्य रचनाएँ। किन्तु परसाई ने व्यंग्य की अवधारणा और व्यंग्य का रूप ही बदल दिया है। इन रचनाओं में भय इतना सार्वजनिक और सार्वत्रिक है कि वह भय मालूम नहीं पड़ता। जहाँ हमेशा और हर जगह विस्फोट होते रहते हैं, वहाँ के लोगों के लिए गोली-बारूद, बमवर्षा मामूली बात बन जाती है। 'इंस्पेक्टर मातादीन चाँद पर' जो फ़ैंटेसी है, वह 'चाँद की कथा' नहीं। अपने देश की घटनाएँ मानो चाँद से देखने पर ज़्यादा साफ़ दिखाई देती हैं। जो चीज़ें इतनी आम हैं, और जिनकी भयंकरता आप महसूस नहीं कर पाते, ये फ़ैंटेसी के माध्यम से चाँद पर घटित ज़रूर दिखाई जाती हैं, किन्तु उनकी धार हमारे वर्तमान पर है। वे घटनाएँ जानी-पहचानी हैं। पुलिस थाने पर हनुमान जी का मन्दिर अपने ही यहाँ बनता है, सबूत ऐसे ही इकट्ठा किये जाते हैं, चश्मदीद गवाह इसी तरह के अपराधी बनाए जाते हैं और इंस्पेक्टर मातादीन ने चाँद पर जो स्थिति पैदा कर दी, वह अपने देश की ही है। भय स्तब्धकारी है।

हम उसे भोगते हैं, किन्तु कह नहीं सकते। लिख भी परसाई जैसे लोग ही सकते हैं। आप रोज़ देखते हैं, सड़क पर दुर्घटना हो जाती है। लोग बचकर निकल जाते हैं। कौन जाए? फँसेगा। जो सहायता करने जाएगा, वह धरा जाएगा। मुहल्ले में गुंडई या कोई दुर्घटना होने पर शरीफ़ शुरफा पहला काम जो करते हैं, दरवाज़ा बन्द करके घर में छिप जाते हैं। पुलिस देखते ही लोग आतंकित हो जाते हैं—हमने न कुछ देखा, न सुना। देखा और सुना नहीं कि फँसे। मातादीन चाँद पर मृत आदमी की सहायता के लिए गए व्यक्ति से यही कहते हैं—'लेकिन वहाँ जाना ही क्यों?' चाँद की सरकार ने भारत के प्रधानमंत्री को जो गुप्त पत्र लिखा, उसका अंश :

> आपके मातादीन जी ने हमारी पुलिस को जैसा कर दिया है, उसके नतीजे ये हुए हैं :
>
> कोई आदमी किसी मरते हुए आदमी के पास नहीं जाता। इस डर से कि वह क़त्ल के मामले में फँसा दिया जाएगा। बेटा बीमार बाप की सेवा नहीं करता। वह डरता है—बाप मर गया तो उस पर कहीं हत्या का आरोप न लगा दिया जाए। घर जलते रहते हैं, कोई बुझाने नहीं जाता। डरता है कि कहीं उस पर आग लगाने का जुर्म क़ायम न कर दिया जाए। बच्चे नदी में डूबते रहते हैं और उन्हें कोई नहीं बचाता, इस डर से कि कहीं उस पर बच्चे को डुबोने का आरोप न लगा दिया जाए। सारे मानवीय सम्बन्ध समाप्त हो रहे हैं। (2/142)

सारे मानवीय सम्बन्ध समाप्त हो गए हैं—यह हक़ीक़त चाँद की नहीं, भारत की है। फ़ैंटेसी का शिल्प ग़ैर-यथार्थवादी है, लेकिन उसके उपयोग का उद्देश्य यथार्थ को उजागर करना है। मातादीन को रामराज में बुला लिया जाता है। रामराज स्वाधीनता-आन्दोलन का स्वप्न था। स्वाधीनता मिलने के बाद नाम तो उसका वही रह गया है, वस्तु रावणराज की हो गई है। यह व्यंग्य-कथा रावणराज की यातना और उसके भय का साक्षात्कार है।

'भोलाराम का जीव' यमदूतों की भी पकड़ में नहीं आ रहा है। उसकी मृत्यु की तिथि बीत चुकी है, यमराज के आदेश का पालन करने के लिए उनके दूत पृथ्वी पर भटक रहे हैं, किन्तु उसका जीव नहीं मिल रहा है। देवताओं की समस्याओं का समाधान करने के अभ्यस्त नारद जी बहुत खोजबीन के बाद पता लगा सके कि उसका जीव पेंशन ऑफ़िस की फ़ाइल में चिपटा पड़ा है।

जीव फ़ाइल से क्यों चिपटा है? फ़ाइल ने भोलाराम और उसके परिवार के सदस्यों के साथ क्या कर दिया है? नारद ने भोलाराम की पत्नी से मृत्यु का कारण, किसी बीमारी के बारे में पूछा। पत्नी ने जवाब दिया :

> क्या बताऊँ, ग़रीबी की बीमारी थी। पाँच साल हो गए, पेंशन पर बैठे, पर पेंशन अभी तक नहीं मिली। हर दस-पन्द्रह दिन में एक दरख़्वास्त देते थे, पर वहाँ से या तो जवाब आता ही नहीं और आता तो यही कि तुम्हारी पेंशन के मामले पर विचार हो रहा है। इन पाँच सालों में सब गहने बेचकर हम लोग खा गए। फिर बरतन बिके। अब कुछ नहीं बचा था। फ़ाके होने लगे थे। चिन्ता में घुलते-घुलते और भूखे मरते-मरते उन्होंने दम तोड़ दिया। (1/170)

बुद्धिजीवी, विचारक और आलोचक अस्तित्ववाद की बात करते हैं; अनिश्चय, भय व अलगाव की बात करते हैं। इन मानसिक प्रवृत्तियों की बात यों करते हैं मानो ये सिर्फ़ खाते-पीते लोगों की बातें हैं! मृत्यु निश्चित है, जीवन का अन्तिम उद्‌देश्य और जीवन की सार्थकता अनिश्चित है। मनुष्य अपने-आपसे अलग हो जाता है। जीवन विसंगतिमय, तर्करहित है। किन्तु इन सबका रूप निम्नवर्ग में अलग है और अधिक वास्तविक है। वह उच्चवर्ग के अनिश्चय की तरह केवल निराकार नहीं। पेंशन की फ़ाइल देखनेवाला क्लर्क पेंशन की प्रतीक्षा करनेवाले निम्न या निम्न-मध्यवर्गीय कर्मचारी के लिए करुणानिधान, ग़रीब निवाज राम भी हो सकता है और यमराज भी। नौकरशाही सामान्य नागरिक के लिए बहुत बड़े आतंक की चीज़ है। अनिश्चय कितना भयावह और तीव्र होता है वह 'डिप्टी कलक्टरी' के सकलदीप बाबू जानते हैं या 'लंदन की एक रात' के बेकार नौजवान। भोलाराम के पेंशन भुगतान के न होने से उत्पन्न अनिश्चय ने उसकी जान ले ली। इस कहानी में सिर्फ़ अनिश्चय, अलगाव ही नहीं व्यंजित होता, भय ही नहीं उपजता, क्रोध और घृणा की तीव्रता भी व्यंजित होती है—नौकरशाही और भ्रष्टाचार के प्रति। भोलाराम की मृत्यु रुक सकती थी। माँ-बेटी का क्रन्दन रुक सकता था। भोलाराम की बीमारी ठीक हो सकती थी। सरकार ने पेंशन देने की व्यवस्था कर रखी है—इसके लिए दफ़्तर हैं, कर्मचारी-अधिकारी हैं; किन्तु वे घूस लेते हैं। भोलाराम का कोई अपराध नहीं था। स्थितियों की तर्कहीन त्रासद विडम्बना है। वह अपराध कर पाता तो उसकी मृत्यु इतनी जल्दी न होती। कहानी के नायक का नाम है भोलाराम। भोलाराम स्वातंत्र्योत्तर भारत की त्रासद विडम्बना के भयावह नाटक का नायक है। वह ट्रैजिक उदात्त नायक नहीं है। वह स्थितियों से जूझता नहीं। वह जूझ ही नहीं सकता। वह सिर्फ़ मुर्गे या बकरी की तरह अपनी गर्दन रेतवा सकता है।

'नई कहानी' के वातावरण में परसाई के कथा-पात्र बिलकुल अलग लगते हैं। उस दौर में निम्नवर्गीय चरित्रों का ऐसा मार्मिक चित्रण शायद ही किसी अन्य कथाकार की रचनाओं में मिले। उस दौर की रचनाओं में परसाई अभावग्रस्त पात्रों के चित्रण से करुणा की व्यंजना करते हैं।

परसाई की कहानियों और अन्य विधा-लेखन में भूख का वर्णन बार-बार आता है। एक और कहानी है : 'मनीषी जी'। इसे 'रचनावली' के सम्पादकों ने कहानी के वर्ग में रखा है। वस्तुतः यह रेखाचित्र भी है, संस्मरण भी और कहानी भी। तीनों काव्यरूपों का इस रचना में संश्लेष है।

मनीषी जी भूख लगने पर बाँसुरी बजाते हैं। उनके खाने का ठिकाना नहीं है। दो दिन भूखे पड़े रहते हैं। एक फटी टाट शय्या है, एक मिट्टी का घड़ा, एक टीन का गिलास, एक तवा और डेगची जिनकी समस्त सम्पत्ति है। शरीर पर पहने हुए कपड़ों के सिवा उनके पास एक अँगोछा और एक फटा कम्बल मात्र है।

> एक दिन मैं होटल में बैठा था। ऊपर से बाँसुरी की आवाज़ आई। मैंने होटल मालिक से पूछा—'बाँसुरी कौन बजा रहा है?' उन्होंने कहा—'वही होगा, मनीषी। खाना नहीं मिला होगा, तो बाँसुरी बजा रहा है।' उन्होंने उसे पुकारा और पूछा—'अरे खाना खाया कि नहीं?' भूखे मनीषी के मुख पर मुस्कान आई, जैसी भरे पेटवाले के मुख पर भी दुर्लभ है। वह बोला—'खाया तो था, लेकिन परसों होटल मालिक ने उसे कुछ पैसे देकर कहा—जा, कुछ खा-पी ले और यह गाना-बजाना बन्द कर दे।' (1/38)

भूख के रूप जानना हो तो परसाई का साहित्य पढ़ें। भूख है तो गेहूँ भी है, अनाज की महँगाई भी है। अनाज मिल जाने पर अलौकिक प्रसन्नता का चित्रण भी है।

हमारे समाज के भद्रलोक के बाहर की दुनिया का जितना और जैसा चित्रण परसाई के यहाँ है, वह अन्यत्र दुर्लभ है। उनके साहित्य में ऊटपटाँग चरित्र भरे हैं, जो मनोरंजक हैं, हँसी पैदा करते हैं; किन्तु करुणा की व्यंजना करते हैं। वे वर्गविभक्त समाज के विषमताग्रस्त, असंगत जीवन जीनेवाले पात्र हैं, जो भद्रलोक के साथ-साथ परसाई के समकालीन अधिकांश रचनाकारों द्वारा उपेक्षित हैं।

परसाई की एक कहानी 'रामदास' है। उसके व्यवहार में यातना के सुपरिचित अनुभाव नहीं। वे बदल गए हैं। रामदास के जीवन की स्थितियाँ पागल बना देनेवाली हैं। असंगत जीवन-स्थितियाँ ही प्रायः व्यक्तियों को पागल बनाती हैं। पागलपन वस्तुतः यातना से मुक्ति का साधन है। पूरा नहीं, किन्तु काफ़ी दूर तक। असल यातना-स्थिति है पागल हो जाने और न हो जाने के बीच की स्थिति। रामदास का एक चित्र देखिए :

> रामदास की ज़िन्दगी की इमारत ऐसी है जिसका ईंटा, गारा, चूना बीच में ही समाप्त हो गया है और वह अधबनी ही पड़ी है।
>
> यह रामदास सोचता ही रहता है। न जाने क्या सोचता है? खाते-पीते सोचता है, चलते-चलते सोचता है, बैठे-बैठे सोचता है। बाज़ार की चहल-पहल के बीच भी यह अपने आस-पास से बिलकुल बेख़बर, ज़मीन देखता हुआ विचार में डूबा चला जाता है। इतने धीरे-धीरे चलता है, इतनी सावधानी से क़दम रखता है कि लगता है, इसके पास यह हिसाब भी होगा कि अब तक वह कितने क़दम चल चुका होगा। वह बिना सोचे-विचारे कुछ कहता ही नहीं, कुछ करता ही नहीं। मुझे कभी बाज़ार में मिल जाता है और मैं कहता हूँ—'रामदास, चाय पी लो।' वह माथा ऊँचा करके देखेगा और कहेगा—'अँय?' फिर क्षण भर सोचकर बोलेगा—'अच्छा।' आप पूछिए—'रामदास, कहाँ जा रहे हो?' तो सिर ऊँचा करके कहेगा—'अँय?' इसके बाद क्षण भर सोचकर बोलेगा—'हाँ, याद आया, पोस्ट ऑफ़िस जा रहा हूँ।' (1/33)

रामदास के व्यक्तित्व का दूसरा आयाम है—आत्म-सम्मान। चाय और नमकीन ही उसका भोजन है। सप्ताह में एक-दो बार ही अपने मालिक के यहाँ भोजन करता है। किन्तु किसी और की चाय का निमंत्रण कभी स्वीकार नहीं करता। रामदास के जीवन की यातना क्या है? रामदास की स्त्री है, तीन बच्चे हैं। वे कानपुर में रहते हैं। मकान मिलता नहीं, इसलिए अपने पास उन्हें लाता नहीं। रामदास का बड़ा लड़का नहीं रहा। परसाई ने पूछा—रामदास, अब तो घर जाओगे? रामदास ने उत्तर दिया—अब घर जाने से क्या फायदा? रामदास ग़रीबी के कारण न घर जा सकता है, न बाल-बच्चों को अपने पास रख सकता है। 'रामदास और उसके स्त्री-बच्चों के बीच जैसे ग़रीबी की गहरी नदी बह रही है और वे मिल नहीं सकते।' परसाई रामदास के दुःख को स्वानुभव से समझते-समझाते हैं :

> स्त्री-बच्चों का इतने दिनों का बिछोह क्या होता है, यह स्वानुभव से नहीं जानता। पर मुझे ठीक याद है कि बचपन में जब छुट्टियों में माता-पिता के पास गाँव रहकर शहर आने लगता तो माता-पिता की आँखों से आँसू झरने लगते। मैं साल में तीन बार घर हो आता था। यह (रामदास) चार साल में एक बार भी नहीं गया।...कुछ होते हैं जो दुःख भी सुविधा से मानते हैं,

> जिसका बिछोह भी अजब रंगीनियों से भरा होता है, जिनका दु:ख भी त्योहार हो जाता है। पर जैसा यह गरीब, वैसा ही इस ग़रीब का दु:ख। (1/39)

परसाई समकालीन हिन्दी साहित्य के सबसे बड़े व्यंग्यकार इसलिए हैं कि उन्होंने दु:ख के विविध रूपों को सबसे ज़्यादा देखा है। व्यंग्यकार ने दु:ख के इतने रूपों को देखा; दु:ख और दु:ख में अन्तर किया। उन्होंने वास्तविक प्राय: निम्न एवं निम्न-मध्यवर्गीय (लेकिन उच्चवर्ग के भी) दु:खों से अपने व्यंग्य को करुणा-व्यंजित किया और छद्म या फ़ैशनेबल दु:खों के प्रदर्शनकारियों को करुणा की चोरी करनेवाला कहा, उनकी हँसी उड़ाई और तिरस्कार किया।

परसाई का व्यंग्य स्वातंत्र्योत्तर भारत की ऐतिहासिक नैतिकता या आचरण-संहिता का निर्माण करता है। वे अनैतिकता के भी अनेक रूप चित्रित-व्यंजित करते हैं। इन अनैतिक पात्रों के प्रति परसाई के यहाँ तीव्र घृणा है। प्रेमचन्द या मुक्तिबोध के यहाँ करुणा तो भरपूर है, लेकिन शोषकों और पाखंडियों के प्रति परसाई जैसी घृणा नहीं है। अगर यह बात ठीक है तो यह ध्यान देने योग्य बात है कि जिस तरह व्यंग्य में दु:ख के इतने रूप अन्यत्र नहीं हैं, इसी तरह घृणा और उसके रूप भी अन्यत्र इतने नहीं हैं।

इतराना, ख़ुशामद, छद्म विनम्रता बघारना आदि पर परसाई हँसते हैं और उन पर प्रहार करते हैं। अकर्मण्यता को वे असामाजिक मानते हैं। ज़रा भी हाथ-पैर न हिलाने की अकर्मण्य असामाजिकता को नैतिक जामा पहनानेवाले चरित्र पर उनकी एक कहानी है : 'वह कौन था?' कहानी के अन्त में वाचक अन्योक्ति शैली में कहता है कि ऐसा अकर्मण्य वस्तुत: केंचुआ है जो पलटकर कभी वार नहीं करता।

परसाई के यहाँ घृणा की व्यंजना का एक तरीक़ा है—सफल और पाखंडी व्यक्ति को नैतिकता के उपदेशक की भूमिका में उतारना। वे प्राय: ऐसी घटना-सरणि प्रस्तुत करते हैं कि नाट्यधर्मिता में धिक्कार और घृणा की व्यंजकता शब्द-चित्र की रंग-रेखाओं में व्याप्त हो जाती है। परसाई सामान्य वर्णन में घटनाओं को ज़रा-सा असामान्य मोड़ देकर व्यंजित भाव को असामान्य रूप से तीव्र बना देते हैं। जैसे एक 'पाखंडी साहित्यजीवी, परीक्षाजीवी, पेपरजीवी और कमेटीजीवी' व्यक्ति के बँगले पर परसाई का 'मैं' पहुँचा तो सबसे पहले कुत्ते ने उसे धिक्कारा। उससे क्षमा माँगी :

> थोड़ी देर बाद उन्होंने कहा—ज़रा मेरा पीकदान उठाओ। मैंने पीकदान उठाया। वे पीक थूकने ही वाले थे कि मैंने कहा—रुकिए। आपको थूकने में मेहनत करनी पड़ेगी। ऐसा करिए, अपना पीक मेरे मुँह में डाल दीजिए, मैं आपकी तरफ़ से थूक दूँगा। उन्होंने पीक मेरे मुँह में भर दिया और मैंने उसे पीकदान में थूक दिया। (1/46)

गर्मी बहुत पड़ रही है और वह साहित्य-सेवी फ्रिज में लगे हुए अपने बिस्तर में दो घंटे सोते हैं। आप इसे कौन-सी शैली कहेंगे—फ़ैंटेसी, जादुई यथार्थवाद या अतिशयोक्ति? हिन्दी साहित्य का पारम्परिक विद्यार्थी कह सकता है कि ऐसे प्रयोग तो आदिकाल और रीतिकाल में भी हुए हैं, 'ऊँची गद्दी राजा बैठा बादल सात हाथ रह जाए' या 'चढ़ी हिंडोरे-सी रहे चली छ-सातक हाथ'। लेकिन आदिकालीन या रीतिकालीन उक्तियाँ मनोभावों को तीव्र नहीं बनाती थीं; क्योंकि एक तो वे कोई विशिष्ट बिम्ब नहीं उभारती थीं और दूसरे, वे यथार्थ की ऐतिहासिक नैतिकता से रहित थीं। परसाई का कमेटीजीवी, पेपरजीवी आदि सफल पाखंडी आज प्राय: सर्वत्र दृष्टिगोचर होनेवाला यथार्थ व्यक्तित्व है।

परम्परा हमें गर्व करना सिखाती है तो घृणा करना भी। हम अपने इतिहास की कई बातों पर गर्व करते हैं तो कई बातों पर घृणा भी। परसाई इस विषय में कितने साहसी और निर्मम हो सकते हैं, इसका एक ही प्रमाण काफ़ी होगा। मर्यादा पुरुषोत्तम राम ने अपनी पत्नी सीता का परित्याग कर दिया था। परसाई राम द्वारा अहल्या-उद्धार की घटना का उल्लेख करते हुए कहते हैं कि दूसरों की पत्नियों के प्रति बहुत सहानुभूति रखनेवाले प्राय: अपनी पत्नी का परित्याग करते हैं। सीता-परित्याग की घटना पर वाल्मीकि, कालिदास और भवभूति ने अतीव मार्मिक पंक्तियाँ लिखी हैं। वाल्मीकि और कालिदास के यहाँ व्यंजित आक्रोश भी सुविदित है, किन्तु ऐसा क्षोभ आधुनिक बोध से सम्पन्न और पौराणिक पात्रों के व्यक्तित्व से उनकी मिथकीय गरिमा उतार लेनेवाला लेखक ही व्यक्त कर सकता है।

परसाई की कहानियों में घटनाएँ प्राय: निम्न और निम्न-मध्यवर्ग से परिपूर्ण सार्वजनिक स्थान पर घटती हैं—जैसे नुक्कड़, ढाबा, रेस्तराँ, सड़क, पान की दुकान, नाई की दुकान, गली-मुहल्ले, पुलिस थाना, परचून की दुकान या नेता का भाषण-स्थल आदि। ऐसे स्थलों का वर्णन ठेठ प्रेमचन्दीय होता है। 'मनीषी जी' की कहानी इस प्रकार शुरू होती है :

> शहर के मध्य भाग में स्थित एक चाय का होटल है, जो होटल से अधिक क्लब है। बाहर से बहुत भद्दे दिखने वाले इस होटल में तीस-चालीस सदस्य रोज नियमित चाय पीते हैं। यहाँ असामान्य व्यक्ति ही मैंने देखे हैं। सीमान्तों पर स्थित मनुष्यों का यहाँ जमघट होता है, यानी वे—जिनके मुख से निरन्तर ज्ञान झरता है, और वे—जिनके मुख से गालियों की अजस्र वर्षा होती है, वे—जो बीड़ी तक नहीं छूते और वे—जो गाँजे की चिलम फूँके बिना घर से बाहर नहीं निकलते, वे—जो अखंड संयमी हैं

> और वे—जो वेश्या के यहाँ जाकर पड़े रहते हैं, वे—जो गऊ से सीधे हैं और वे—जो सियार-से धूर्त हैं। पंडित, ज्ञानी, नेता, लेखक, कवि, शराबी, जुआड़ी, वेश्यागामी, गुंडे—सब यहाँ आते हैं और अँधेरे कमरे के भारी-भरकम टेबिल के आसपास टूटी कुर्सियों पर बैठकर उपनिषद् की व्याख्या से लेकर 'बर्थ कंट्रोल' के विषयों पर चर्चा होती है।

अब इन मनीषी जी का नाक-नक़्शा और ख़ाका देखिए। ऐसा शब्द-चित्र कि मनीषी जी मानो आकर सामने खड़े हो गए हों : घुटनों तक खादी की धोती, खादी की मिरजई, पाँवों में फटी चप्पलें—ऐसी कि पाँवों की रक्षा कम करें, इज़्ज़त की ज़्यादा। आँखों पर चश्मा, काले धागे से जेब में लटकी घड़ी, बाएँ हाथ में छड़ी, कन्धों पर खद्दर-वसना—कांग्रेसी भक्तिन की साड़ी की तरह बेलबूटेदार किनारी का चद्दर।

> स्वस्थ तगड़ा शरीर, रंग ख़ूब गोरा, बड़ा सिर जिस पर लम्बे-लम्बे घुँघराले चिकने केश, उन्नत मस्तक, प्रशस्त ललाट, नुकीली नाक, बड़ी-बड़ी पानीदार आँखें जिनमें एक क्षण में दार्शनिक-सी चिन्ता और दूसरे क्षण मूढ़-सी शून्यता, चौड़ा चेहरा जिस पर पहाड़ी झरने-सी निर्मल हँसी तथा बड़प्पन और सद्भावना की झलक। (1/31)

स्थानीयता के ऐसे चित्र और पात्रों के ऐसे पोर्ट्रेट कहानी को नाट्यधर्मी बनाने में भरपूर भूमिका निभाते हैं। परसाई की कहानियों की नाट्यधर्मिता अभी नहीं पहचानी गई है। उनकी कहानी 'इंस्पेक्टर मातादीन चाँद पर' फ़ैंटेसी है। लेकिन ऐसी फ़ैंटेसी, जो यथार्थ को हमारे सामने पूर्वाधिक रूप से खड़ी कर देती है। परसाई पात्रों की चेष्टाओं, संवादों और गतिविधियों का ऐसा रूप खड़ा करते हैं कि वह श्रेष्ठ नाट्य-स्क्रिप्ट मालूम पड़ती है। इंस्पेक्टर मातादीन चाँद की यात्रा पर हवाई अड्डे पर हैं और चन्द्रलोक की यात्रा करनेवाले हैं :

> मातादीन की यात्रा का एक दिन आ गया। एक अन्तरिक्षयान अड्डे पर उतरा। मातादीन सबसे विदा लेकर यान की तरफ़ बढ़े। वे धीरे-धीरे कहते जा रहे थे : 'प्रविसि नगर कीजै सब काजा, हृदय राखि कौसलपुर राजा'।
>
> यान के पास पहुँचकर मातादीन ने मुंशी अब्दुल गफ़ूर को पुकारा—'मुंशी!'
>
> गफ़ूर ने एड़ी मिलाकर सेल्यूट फटकारा—बोला, 'जी पेक्टसा!'

'एफ.आई.आर. रख दी है?'

'जी, पेक्टसा!'

'और रोजनामचे का नमूना?'

'जी, पेक्टसा!' (2/135)

रचना छोटी-छोटी चीज़ों पर ध्यान देकर चित्रण करने से बनती है। 'जहाँ न जाए रवि, वहाँ जाए कवि' का मतलब कि जिन वस्तुओं-व्यक्तियों-पात्रों पर कोई ध्यान नहीं देता, उन पर रचनाकार ध्यान देता है। व्यक्तियों पर ही नहीं, उनके क्रियाकलापों पर भी। यह अकारण नहीं कि कुलीनतावादी कवि और कथाकार निम्न या निम्न-मध्यवर्गीय पात्रों पर नहीं लिखते। वे घीसू, माधव, मैकू, चतुरी, बिल्लेसुर, रजुआ पर नहीं लिखते। परसाई लिखते हैं। उन्होंने हिन्दी को अनेक अविस्मरणीय फाकेमस्त पात्र दिये हैं। परसाई सच्चे ग़ैर-रोमांटिक रचनाकार हैं। वस्तुस्थिति का आग्रह परसाई की रचनाओं में बराबर बना रहता है। उनकी कालजयी प्रतिभा का रहस्य ही यथार्थग्राही भावबोध है। यह भावबोध स्वातंत्र्योत्तर भारत के पाखंडी वाग्जाल को सुनता है, विषमता पर आधारित वैभव को देखता है, अभावग्रस्त जनों के स्वप्नों को कुचला जाना महसूस करता है और उनकी यातना से शोषकों के विलास का मिलान करके क्षुब्ध होता है। क्षुब्ध होकर वह उनके प्रतिष्ठान पर प्रहार करता है। परसाई सफल लोगों की धज्जियाँ उड़ाते हैं, किन्तु सामान्य और वंचित जन के साथ रहते हैं। इसी कारण रचना में वे उपेक्षित या मामूली की अनदेखी नहीं करते। मामूली चीज़ों की उपेक्षा न करने से सूक्ष्म पर्यवेक्षण की क्षमता आती है और कथ्य भरपूर होकर अधिक दृश्य एवं बिम्बधर्मी बन जाता है। गांधी पर आटिकिन्स ने जो फ़िल्म बनाई थी, उसका एक दृश्य हमारी बात को समझने के लिए बहुत उपयुक्त है। कोई महत्त्वपूर्ण राजनीतिक मीटिंग चल रही है, कोई अहम् राजनीतिक निर्णय लिया जानेवाला है। एकाएक गांधी जी यह कहकर उठ पड़ते हैं कि 'बकरी की टूटी टाँग की मरहम-पट्टी करनी है।' नेहरू जी अचकचाकर व्यंग्य से कहते हैं : 'बकरी की टाँग, वाह!' लेकिन गांधी मीटिंग छोड़कर बकरी की टाँग पर मरहम-पट्टी करते हैं। यह डिटेल्स पर ध्यान देना है। यह न हो तो रचना अदृश्य, अमूर्त और निराकार रहती है। कला में (कथ्य) क्या रूप (कैसे) प्रकट होता है, जिसे चित्रण की स्वाभाविकता या सहजता कहा जाता है, वह मामूली चीज़ों के उचित संकलन से ही आता है। 'भोलाराम का जीव' में ऑफ़िस में परेशान चित्रगुप्त का वर्णन देखिए :

> सामने बैठे चित्रगुप्त बार-बार चश्मा पोंछ, बार-बार थूक से पन्ने पलट रजिस्टर पर रजिस्टर देख रहे थे। गलती पकड़ में ही नहीं आ रही थी। आख़िर उन्होंने खीजकर रजिस्टर इतने ज़ोर से बन्द किया कि मक्खी चपेट में आ गई। (1/168)

संरचना पर आधुनिक आलोचना का इतना ध्यान बहुत काम की बात है। संरचना पर ध्यान देने से इन छोटे-छोटे विवरणों व डिटेल्स का महत्त्व समझ में आता है। संरचना में कोई घटक महत्त्वहीन नहीं होता। रचना का छोटे से छोटा शब्द, वाक्य भी समग्र प्रभाव या प्रभावान्विति में हिस्सेदार होता है। प्रभाव की समग्रता समूची रचना के रेशे-रेशे से निचुड़ती है। उस समग्र प्रभाव का आघात स्थिति-संयोजन पर निर्भर है। भोलाराम का जीव कैसे मिला?

> थोड़ी देर बाद चपरासी भोलाराम की सौ-डेढ़ सौ दरख़ास्तों से भरी फ़ाइल लेकर आया। उसमें पेंशन के काग़ज़ात भी थे। साहब ने फ़ाइल पर नाम देखा और निश्चित करने के लिए पूछा—'क्या नाम बताया साधु जी आपने?'
>
> नारद समझे कि साहब कुछ ऊँचा सुनता है, इसलिए ज़ोर से बोले—'भोलाराम।' सहसा फ़ाइल में से आवाज आई—'कौन पुकार रहा है मुझे? पोस्टमैन है? क्या पेंशन का ऑर्डर आ गया?' (1/72)

'सहसा' बिलकुल सहसा नहीं है। भोलाराम का जीव पेंशन की उम्मीद से बँधा है। पेंशन की उम्मीद ऐसी है कि भोलाराम के प्राण शरीर से निकलकर पेंशन की फ़ाइल में चिपके हैं। एकाग्र, इस उम्मीद में कि दरख़ास्त का जवाब लेकर, पेंशन का मनीऑर्डर लेकर पोस्टमैन आएगा। नारद के मुँह से अपना नाम ज़ोर से पुकारते हुए सुनकर उसे लगता है, पोस्टमैन उसे आवाज़ दे रहा है। पूछता है—'कौन पुकार रहा है मुझे? पोस्टमैन है? क्या पेंशन का ऑर्डर आ गया?'

होरी की सबसे बड़ी इच्छा गऊ की थी। उसका अन्त गोदान से होता है। गऊ नहीं मिली, गऊदान करना पड़ा। वह भी मृत्यु के समय। कर्मकांड में ऐसी रुलानेवाली घृणा शायद ही किसी अन्य साहित्यकार ने पैदा की हो। शोक में घृणा का यह मिलन दुर्लभ है। 'भोलाराम का जीव' में शोक और घृणा का मेल व्यंग्य के माध्यम से होता है। परसाई के व्यंग्य में मृत्यु का सन्दर्भ काफ़ी आता है। मृत्यु से अधिक गम्भीर कोई जीवन क्षण नहीं होता, वह भी कितना विडम्बनापूर्ण हो गया है! मृत्यु-सन्दर्भ व्यंग्य को तीव्र करता है।

'मर के भी चैन न पाया तो किधर जाएँगे?'

भारतीय कथा-साहित्य की शायद ही कोई शैली हो, जिसका उपयोग परसाई ने न किया हो। कबीर, तुलसी और ग़ालिब—उनके बहुप्रयुक्त प्रिय कवि हैं। रामकथा के अनेक पात्रों और ख़ुद कबीरदास व ग़ालिब पर उन्होंने कई व्यंग्य-रचनाएँ प्रस्तुत की हैं। नारद और भगवान विविध रूपों में उनके व्यंग्य निबन्धों और कहानियों में आते हैं। पौराणिक पात्रों के बहुउपयोग की इस प्रवृत्ति के ऐतिहासिक या रचनात्मक कारण पर हम विचार कर चुके हैं। यहाँ उन्हें कहानियों पर घटित करना अप्रासंगिक न होगा।

स्वातंत्र्योत्तर भारत को ऐतिहासिक दृष्टि से स्वाधीनता-आन्दोलन के युग का, विकास का अगला क़दम होना चाहिए था। जो स्वप्न स्वाधीनता-आन्दोलन के नेताओं ने देखा था, उसको वास्तविकता में परिणत करने का युग होना चाहिए था। लेकिन ऐसा हुआ नहीं। नेहरू-युग में तो किसी-न-किसी रूप में स्वाधीनता-आन्दोलन का आदर्श बना रहा और किसी-न-किसी मात्रा में उसका कार्यान्वयन भी हुआ, किन्तु नेहरू के बाद का भारत तो मानो स्वाधीनता-आन्दोलन के आकर्षण की पैरोडी बन गया है। नेता, सेवा, अहिंसा, आन्दोलन, नैतिकता, देशभक्ति, सदाशयता जैसे शब्द व्यंग्य और उपहास के अर्थ देने लगे। हमारे आदर्श व्यक्ति या नेता अपने आचरण के कारण स्वातंत्र्योत्तर भारत के सर्वग्रासी और व्यापक भ्रष्टाचार के पात्र बन गए। परसाई का साहित्य इस व्यंग्य और करुणा का दस्तावेज़ है। और ये पौराणिक पात्र क्या हैं? वस्तुतः ये पुराणों में वर्णित वे पूज्य देवता हैं जो स्वातंत्र्योत्तर भारत के भूतपूर्व पूज्य और बाद में भ्रष्टाचारी नेताओं के प्रतिनिधि और प्रतीक पात्र बन गए हैं। यह परिदृश्य अपने-आपमें विचलित कर देनेवाला अविश्वसनीय सच है। पौराणिक पात्र और पौराणिक घटनाओं की पैरोडी परसाई के यहाँ कबीरदास की उलटबाँसी के समान पाठक की पारम्परिक धारणाओं को धक्का देती है और धक्का देकर उन्हें यथार्थ की सच्ची तसवीर दिखाती है। परसाई की एक कहानी है : 'लंका-विजय के बाद'। कहानी का प्रारम्भ ठेठ पौराणिक परम्परा में होता है। इसमें कथा कहने-सुनने का पारम्परिक इतिहास बताया जाता है। भाषा और शैली पर ध्यान दीजिए :

> तब भरद्वाज बोले—'हे ऋषिवर, आपने मुझे परम पुनीत राम-कथा सुनाई, जिसे सुनकर मैं कृतार्थ हुआ। परन्तु भगवन्, लंका-विजय के बाद वानरों के चरित्र के विषय में आपने कुछ नहीं कहा। अयोध्या लौटकर वानरों ने कैसे कार्य किये, सो अब समझाकर कहिए।'

> याज्ञवल्क्य प्रसन्न होकर बोले—'हे मुनि, मैं तुम्हारी सत्य-निष्ठा देखकर परम प्रसन्न हुआ। तुममें पात्रता देखकर अब मैं तुम्हें वह दुर्लभ प्रसंग सुनाता हूँ, सो ध्यान से सुनो।' (1/354)

कथा-सूत्र इस तरह शुरू होता है :

> इतना कहकर याज्ञवल्क्य ने नेत्र बन्द कर लिये और ध्यानमग्न हो गए। भरद्वाज उनके उस ज्ञानोदीप्त मुख को देखते रहे। उस सहज, शान्त और सौम्य मुख पर आवेग और क्षोभ के चिह्न प्रकट होने लगे और ललाट पर रेखाएँ उभर आईं। फिर नेत्र खोलकर याज्ञवल्क्य ने कहना प्रारम्भ किया।

यह स्वाधीनता-आन्दोलन के आदर्शघाती वातावरण का प्रभाव है कि पौराणिक शैली और पौराणिक पात्र याज्ञवल्क्य, भरद्वाज व्यंग्य और उपहास के पात्र हो गए हैं। लंका-विजय के बाद का वर्णन वाल्मीकि, भवभूति और तुलसीदास ने भी किया है, लेकिन किसी ने राम-भक्त वानरों को भ्रष्टाचारी के रूप में नहीं चित्रित किया। यह स्वाधीनता-आन्दोलन के त्यागी, बलिदानी नेताओं का स्वातंत्र्योत्तर यानी आज़ादी पा लेने के बाद का आचरण है कि आदर्श, त्याग, बलिदान की भाषा स्वतः व्यंग्य और उपहास की भाषा बन जाती है। परसाई की यह व्यंग्य-शैली अन्य कई क्षेत्रों में भी काम करती है, जिसकी चर्चा हम आगे करेंगे।

> भरत ने महाराज रामचन्द्र से शिकायत की—'भैया, आपके इन वानरों ने बड़ा उत्पात मचा रखा है। ये वानर लंका-विजय के मद से उन्मत्त हो गए हैं। नागरिक विरोध करते हैं तो ये कहते हैं, हमने तुम्हारी स्वतंत्रता के लिए संग्राम किया था। और अपने शरीर के घाव दिखाने लगते हैं।'

संस्कारी पाठक को 'अँधेरे में' की पंक्तियाँ याद आएँगी :

> *दुःखों के दाग़ों को*
> *तमग़ों सा पहना।*

कहानी में राम का कोई प्रभाव वानरों पर नहीं पड़ता। राम भरत के साथ वानरों को समझाते हैं :

> वानरो, अपनी करनी का बखान बार-बार करके मुझे लज्जित मत करो। अब इस देश का विकास करना है, इसकी उन्नति करनी है। शासन का कार्य तुम्हें नहीं, योग्य व्यक्तियों को सौंपा जाएगा।

बन्दर नाराज़ हो जाते हैं और कहते हैं—'हम श्रम नहीं कर सकते। हम केवल आपकी जय बोलने का श्रम कर सकते हैं। हमारे शरीर के घाव गिने जाएँ।'

परसाई, जैसाकि पहले कहा गया है, व्यंग्य के माध्यम से तीव्र घृणा की भी अभिव्यक्ति करते हैं। पाठकों ने देख लिया होगा कि यह कहानी ऐसी फ़ैंटेसी है जो वानरों के माध्यम से सत्ता-लोलुप, भूतपूर्व स्वतंत्रता सैनिकों की आधुनिक कहानी कहती है। इस कार्य में उनकी निर्लज्जता का चित्र परसाई इस प्रकार आँकते हैं :

> दूसरे दिन से नंग-धड़ंग वानर राजमार्गों पर नाचते हुए घाव गिनाने जाने लगे। अयोध्या के सभ्य नागरिक उनके नग्न नृत्य देख लज्जा से मुँह फेरने लगे। भरद्वाज ने कहा—'मुनिवर, वानर तो असंख्य थे और राजा के पद संख्या में सीमित थे। शेष वानरों ने क्या किया?' याज्ञवल्क्य बोले—'हे मुनि, शेष वानर अनेक प्रकार के पाखंड रचकर प्रजा से धन हड़पने लगे। जब रामचन्द्र ने जगत जननी सीता का परित्याग किया, तब कुछ वानरों ने सीता-सहायता कोष खोल दिया और अयोध्या के उदार श्रद्धालु नागरिकों से चन्दा लेकर खा गए।' (1/357)

मुक्तिबोध की कविता 'अँधेरे में' के बारे में कहा जाता है कि वह फ़ैंटेसी जैसी ग़ैर-यथार्थवादी शैली में यथार्थ का चित्रण करती है। इस कहानी की संवेदना और शिल्प पर विचार किया जाना चाहिए कि क्या किसी और शिल्प में यह कहानी स्वातंत्र्योत्तर भारत की इस निर्लज्ज और घृणास्पद स्थिति का ऐसा यथार्थ चित्रण कर सकती थी? यहाँ पौराणिक गाथा की शैली और फ़ैंटेसी अनिवार्य है। जिस तरह से रचना के लिए कथा अनिवार्य होती है, उसी तरह उस कथ्य को ठीक-ठीक व्यक्त करने के लिए शिल्प की अनिवार्यता भी ज़रूरी है। यह परसाई की लेखकीय प्रौढ़ता है कि उन्होंने पौराणिक गाथा के शिल्प में स्वातंत्र्योत्तर भारत की ऐतिहासिक विसंगति का ऐसा प्रभावशाली चित्रण किया है। इस कहानी को पढ़ने से स्वातंत्र्योत्तर भारत की युगीन विसंगति स्वत: पाठक पर अचूक तौर पर प्रकट होती है। इस सन्दर्भ में 'इंस्पेक्टर मातादीन चाँद पर' का नाम भी लिया जा सकता है, जिसका विस्तार से उल्लेख किया जा चुका है।

'पंचतंत्र' की शैली में लिखी हुई एक कहानी है : 'भेड़ें और भेड़िये'। यह महत्त्वपूर्ण राजनीतिक कहानी है। इसमें दलगत राजनीति नहीं बल्कि स्वातंत्र्योत्तर भारत में चलनेवाली शोषक वर्ग की ऐसी राजनीति का चित्रण है जो लोकतंत्र और चुनाव का उपयोग अपने वर्गहित में करती है। भेड़ें सामान्य निरीह लेकिन बहुसंख्यक जनता की प्रतीक हैं, और भेड़िये सत्ता-लोलुप रक्तपायी मुट्ठीभर शोषक-समुदाय के प्रतीक हैं।

यदि लोकतंत्र में चुनाव ठीक से हों तो सत्ता सामान्य निम्न या निम्न-मध्यवर्गीय जनता के हाथ में आएगी और वह सचमुच जनकल्याणकारी कार्य करेगी। स्वाधीनता-आन्दोलन के दिनों में स्वतंत्र भारत का ऐसा ही स्वप्न देखा गया था। लेकिन ऐसा हुआ नहीं। छल-फ़रेब से चुनाव की प्रक्रिया का रूप तो बरक़रार रहा, लेकिन उसकी अन्तर्वस्तु बिलकुल विकृत कर दी गई। चुनाव होते हैं, जनता भाग लेती है और भ्रष्टाचारी शोषक जनप्रतिनिधि के रूप में चुने जाते हैं। हमारी विधायिका ऐसे लोगों से भरी-पड़ी है। 'भेड़ें और भेड़िये' इसी परिदृश्य का चित्र खींचती है। फ़ैंटेसी में लिखी गई प्रतीकात्मक कहानी के रूप में 'भेड़ें और भेड़िये' के बीच में एक बुड्ढा सियार आता है। यह सियार उन दलालों का प्रतीक है जो भेदबुद्धि से लालच में भेड़ियों की सेवा में रहकर उनका साधन बनते हैं, ख़ुशामद करते हैं :

> हर भेड़िये के आसपास दो-चार सियार रहते ही हैं। जब भेड़िया अपना शिकार खा लेता है, तब वे सियार हड्डियों में लगे मांस को कुतर खाते हैं और हड्डियाँ चूसते रहते हैं। ये भेड़िये के आसपास दुम हिलाते फिरते हैं, उसकी सेवा करते हैं और मौक़े-बेमौक़े हुआँ-हुआँ कर उसकी जय बोलते हैं। (1/102)

चुनाव के समय बुड्ढे सियार ने भेड़िये का रूप बदल दिया। उसके मस्तक पर तिलक लगाया, गले में कंठी पहनाई और उसे शाकाहारी बना दिया—मुँह में घास के तिनके खोंस के। उस बहुरुपिये भेड़िये के साथ कुछ रँगे सियार भी तैनात कर दिये और कहा :

> ये बड़े काम के हैं। आपका सारा प्रचार तो ये ही करेंगे। इन्हीं के बल पर आप चुनाव लड़ेंगे। यह पीलावाला बड़ा विद्वान है। विचारक है। कवि भी है, लेखक भी। यह नीला सियार नेता और पत्रकार है। और यह हरा धर्मगुरु है। (उप.)

पाठक को यहाँ मुक्तिबोध की कविता 'अँधेरे में' में चित्रित जुलूस का बिम्ब याद आएगा, जिसमें आततायी नाभिनालबद्ध बुद्धिजीवी वर्ग है। परसाई के यहाँ विद्वान, विचारक, कवि-लेखक, नेता-पत्रकार और साम्प्रदायिक (धर्मगुरु)—सब भेड़ियों के साथ हैं और निरीह भेड़ों के विरुद्ध हैं। परसाई ने किसी एक धर्म, मज़हब या राजनीतिक पार्टी का नाम नहीं लिया है। भेद किया है केवल शोषक और शोषितों में, भेड़ियों और भेड़ों में। ये विद्वान, नेता, कवि, लेखक, पत्रकार बहुसंख्यक जनता

को फुसला-बहलाकर नाना प्रकार के वाक्छल से, जनविरोधी प्रचार-तंत्र से भेड़ियों का विधायिका में बहुमत तैयार करते हैं। कहानी का अन्तिम अंश है : पंचायत में भेड़ों के हितों की रक्षा के लिए भेड़िये प्रतिनिधि बनकर आए और भेड़ियों ने भेड़ों की भलाई के लिए पहला क़ानून यह बनाया :

> हर भेड़िये को सबेरे नाश्ते के लिए भेड़ का एक मुलायम बच्चा दिया जाएगा, दोपहर के भोजन में एक पूरी भेड़ तथा शाम को स्वास्थ्य के ख़याल से कम खाना चाहिए, इसलिए आधी भेड़ दी जाए। (1/105)

'पंचतंत्र' की शैली में लिखी गई ऐसी राजनीतिक कहानी हमने अन्यत्र नहीं पढ़ी। आज जो राजनीति में होता है, उसका यथातथ्य चित्रण परसाई ने वर्षों पूर्व किया था। हमारा विचार है कि भारत की राजनीतिक और सामाजिक स्थिति के विविध रूपों को समझने के लिए समाजशास्त्रियों की किताबों को पढ़ने से उतनी जानकारी नहीं मिलती, जितनी कि परसाई की रचनाओं को पढ़ने से। परसाई केवल व्यंग्य के क्षेत्र में ही प्रेमचन्द के उत्तराधिकारी नहीं हैं, भारतीय जीवन के यथार्थ का चित्रण करने में भी वे प्रेमचन्द की परम्परा में अग्रगण्य लेखक हैं।

परसाई ने लघुकथाएँ भी लिखी हैं। कहानी को अंग्रेज़ी में 'Short Story' (छोटी कहानी) कहा जाता है। लघुकथा, छोटी कहानी की भी छोटी कहानी है। परसाई की लघुकथाएँ चुटकुले नहीं हैं। उनमें रूप की लघुता यथार्थ की धार को पैना बनाती है। अच्छी लघुकथा की विशेषता यह होती है कि वह अपनी लघुता में ही सिद्ध रचना होती है। अगर आप उसको पिचकाकर या पीटकर लम्बी-चौड़ी बनाएँगे तो वह अपनी लघुरूपता के साथ-साथ प्रभाव की धार भी खो देगी। इसलिए लघुकथा को संक्षिप्त कथा नहीं समझना चाहिए। ऐसी स्थिति में कहने की आवश्यकता नहीं है कि लघुकथा का रूप भी रचनात्मक अनिवार्यता है। परसाई ने अनेक विषयों पर लघुकथाएँ लिखी हैं। छह पंक्तियों की अथवा लगभग पचास शब्दों की कथा है—'कबीर की बकरी'। लिखा है :

> कबीरपंथियों ने मुझे यह घटना सुनाई। (यह कथामुख वस्तुतः रचनात्मक छल है। काल्पनिक कथा-स्रोत है।) कबीरदास बकरी पालते थे। पास में मन्दिर था। बकरी वहाँ घुस जाती और बगीचे के पत्ते खा जाती। एक दिन पुजारी ने शिकायत की—'कबीरदास, तुम्हारी बकरी मन्दिर में घुस जाती है।' कबीर ने जवाब दिया, 'पंडित जी, जानवर है, चली जाती होगी मन्दिर में। मैं तो नहीं गया?' (2/318)

आप देखें, इसमें कबीर का कर्मकांड विरोधी रूप और उनका परम व्यंग्यकार रूप निखर उठता है। कबीरदास के कथन पर विश्वास करें तो व्यंजित है कि मन्दिर में जाना जानवरों का काम है। मैं धार्मिक मनुष्य हूँ, मैं मन्दिर में क्यों जाऊँगा?

एक लघुकथा है : 'दंड'।

> किसी कलाकार ने कोई अपराध किया, राजा उसे बड़ी-से-बड़ी सज़ा देते हैं। यहाँ तक कि फाँसी की सज़ा देते हैं तो भी मंत्री की निगाह में यह दंड कम है। आख़िर में राजा ने खीजकर कहा—'फाँसी से बड़ी सज़ा क्या होगी, तुम्हीं बताओ?' मंत्री ने कहा—'इसे कहीं बिठाकर इसके सामने दूसरे कलाकार की प्रशंसा करनी चाहिए।' (2/336)

कलाकारों में परस्पर ईर्ष्या और स्पर्धा और मिथ्या अहंकार की आत्ममुग्धता की ऐसी व्यंजना अन्यत्र दुर्लभ है। इन लघुकथाओं में वार्तालाप का रस है। परसाई कवि-सम्मेलन में कविता पढ़ने की तरह इन लघुकथाओं को वाचिक रूप में सुनाते थे और लोग उसका रस लेते थे। परसाई की अन्य रचनाओं के समान ये लघुकथाएँ भी सहज और स्वत:स्फूर्त लगती हैं—फ़ैशन के तहत या सम्पादकों के अनुरोध पर लिखी हुई रचनाएँ नहीं।

परसाई वामपंथी विचारधारा के रचनाकार हैं और प्राय: रचना का ख़ाका मन में बना लेते हैं। उनका लेखन सोद्देश्य है। वे उद्देश्यपरक कहानियाँ लिखते हैं। कान्तासम्मित उपदेश देते हैं। इसीलिए वे पंचतंत्र, वैताल पचीसी, पौराणिक गाथा और प्रेमचन्द की शैली अपनाते हैं। फिर भी उनकी रचनाएँ सपाट नहीं हैं, उपदेशात्मकता की नीरसता तो बिलकुल नहीं हैं। यहाँ इन सबके बावजूद वे समकालीन ही नहीं, कहानी के सर्वाधिक लोकप्रिय रचनाकारों में से हैं। इसका कारण यह है कि वे रचना में डिटेल्स का वर्णन-चित्रण करने में माहिर हैं। भारतीय काव्यशास्त्र में परम्परा से अनुभाव-चित्रण पर ज़ोर दिया जाता है। रचना में अनुभाव से पात्र के भाव का पता चलता है। अनुभाव, पात्र के भाव यानी आन्तरिक मनोविकार का बाह्य आचरण में रूपानुवाद है। परसाई की एक कहानी है : 'वह क्या था?' पात्र का चरित्र-चित्रण पूर्व निश्चित है। वह परम निष्क्रिय, मक्खी तक न उड़ाने वाला, परम अक्षुब्ध और अवसरवादी चरित्र है। लेकिन उसकी निष्क्रियता और उसकी आन्तरिक विश्रांति का अनुभाव देखिए :

> वह बहुत हल्के पाँव रखकर धीरे-धीरे सीढ़ियाँ चढ़ते-उतरते। इस तरह कि सीढ़ियों पर दबाव न पड़े, उन्हें धक्का न लगे। लगता, जैसे अपने ही घर में चोरी करने घुस रहे हों! वह सीढ़ी से माफ़ी-सी माँगते—माफ़ करना,

> मुझे तुम्हारे ऊपर पाँव रखना पड़ रहा है।...सीढ़ी के पास तीन-चार साइकिलें रखी होतीं। वे कोई साइकिल हटाकर रास्ता नहीं बनाते। वे नमस्ते करते। आहिस्ता से एक हाथ आधा उठाते। जब उनका हाथ नीचे गिर जाता तब मुझे 'ते' सुनाई पड़ता। उनके सामने जलती मशाल ले जाओ तो बुझ जाए।

आलसी, निष्क्रिय चरित्रों का वर्णन-चित्रण पहले भी बहुत हुआ है। लेकिन साहित्य में उनका ऐसा अनुभाव चित्रण नहीं हुआ है। लोककथाओं में ऐसे प्रभावशाली चित्र मिलें तो मिलें। परसाई ने इस व्यक्ति के बारे में लिखा :

> सोच रहा हूँ, कैसा आदमी था। कभी प्रतिरोध नहीं, कभी अस्वीकार नहीं किया। कोई विरोध नहीं। उसे कुछ भी असहनीय नहीं लगा। (1/27)

किसी अन्य सन्दर्भ में ऐसा व्यक्ति आदर्श संत, जैन साधु, बौद्ध भिक्षु, परमहंस या गांधीवादी हो सकता था। लेकिन यह परसाई की विचारधारा और विचारधारा से अधिक अनुभाव-चित्रण है कि ऐसा व्यक्ति केंचुआ है। आचार्य रामचन्द्र शुक्ल की याद आती है, जो घृणा, क्रोध जैसे मनोविकारों को भी सामाजिक मानते थे। और यह स्वातंत्र्योत्तर भारत के समाज की ऐतिहासिक स्थिति है, जिसमें संतई के नाम पर कपट किया जाता है कि ऐसा सब कुछ सहनेवाला पात्र इतना असहनीय है। जहाँ तक परसाई की घृणा का प्रश्न है, वे लिखते हैं :

> वे आज सुबह मर गए। मरने के पहले उन्हें ज़रा देर होश आया। उन्होंने आँखें खोलकर चारों तरफ़ देखा और धीरे से बोले—'सभी मरते हैं जी।'

जिस पात्र की मृत्यु भी उपहास का साधन बने, उसके प्रति कितनी घृणा है! ऐसे क्लोज़अप और सविस्तार चित्रण परसाई की रचनाओं को सजीव बनाते हैं। आगे चलकर हम देखेंगे कि यह उद्देश्यपरकता परसाई की कहानी-कला में एक खास तरह की कमी भी लाती है। परसाई की सोद्देश्य कहानियाँ कान्तासम्मित उपदेश तो दे जाती हैं, अनुभाव-चित्र पात्रों और घटनाओं को सजीव भी बना जाते हैं, लेकिन उनके यहाँ शायद ही ऐसी कोई कहानी मिले जिसके पात्रों में, उनके चरित्र में या दृष्टिकोण में कोई परिवर्तन आता हो। वे विशिष्ट मनोविकारों के पुंज हैं, जो अपनी चेष्टाओं में प्रकट होकर स्वातंत्र्योत्तर भारत की विभिन्न जटिलताओं को सामने लाते हैं।

परसाई की रचनाओं में विभिन्न विधाओं का सम्मिश्रण बहुत हुआ है। उनकी रचनाओं को विभिन्न काव्यरूपों में विभाजित करना आसान काम नहीं है। कहानियों में निबन्ध, निबन्ध में कहानियाँ, नाटक, कविता—सब परस्पर मिले-जुले रहते हैं। कई निबन्धों को पढ़ते हुए यह पता लगाना मुश्किल होता है कि वह कहानी है या निबन्ध है या रेखाचित्र। फिर भी हम उन रचनाओं को कहानी समझते हैं, जिनमें आद्यंत एक या अधिक पात्रों से सम्बन्धित घटनाएँ और स्थितियाँ मिलती हैं।

कहने को परसाई ने दो उपन्यास भी लिखे हैं। 'रानी नागफनी की कहानी' को लघु उपन्यास कहा गया है, फ़ंतासी भी। 'तट की खोज' को उपन्यास नहीं, एक दीर्घकथा कहा गया है। 'रानी नागफनी की कहानी' इंशा अल्ला ख़ाँ द्वारा रचित 'रानी केतकी की कहानी' की पैरोडी है। कहानी मध्यकालीन प्रबन्धात्मक शैली में शुरू की गई है। पात्रों के नाम 'पंचतंत्र' की शैली में यानी गुण के अनुसार रखे गए हैं। 'रानी केतकी की कहानी' के नायक का नाम उदयभान है तो इस रचना के नायक का नाम अस्तभान। उसके मित्र का नाम मुफतलाल है। नायिका का नाम कुमारी नागफनी और उसकी सहेली का नाम करेलामुखी। इसलिए पढ़ना शुरू करते ही पाठक को पता लग जाता है कि यह उपन्यास पैरोडी है और हल्के-फुल्के ढंग से लिखा गया है। मेरी समझ में वस्तुतः यह उपन्यास नहीं है। रचना के रूप को देखते हुए आप चाहें तो इसे उपन्यास कह सकते हैं, क्योंकि यह कथा लगभग अट्ठासी पृष्ठों की है। लेकिन एक तो इसका विभाजन शीर्षकों में हुआ है, जो मूलतः मध्यकानीन प्रबन्ध-कथाओं की शैली है—यद्यपि हाल ही में शीर्षकों में विभाजित उपन्यास भी प्रकाशित हुए हैं, जैसे पंकज बिष्ट का 'लेकिन दरवाज़ा'। मेरी समझ में 'रानी नागफनी की कहानी' को उपन्यास की जगह एक व्यंग्य-कथा कहना उचित होगा, क्योंकि इस कथा में परसाई की कोई दृष्टि या विचारधारा स्पष्ट रूप से नहीं उभरती। थोड़ा-बहुत उभरती भी है तो उसका कोई विधेयात्मक पक्ष नहीं है। अधिक-से-अधिक यह कह सकते हैं कि यह रचना आधुनिक काल में मौजूद रीतिकालीनता का उपहास करती है। अस्तभान सिंह और रानी नागफनी जिस प्रकार अपनी प्रेम-घटनाएँ बयान करते हैं और वियोग और विरह-कथा का नाटकीय अभिनय करते हैं, वह सदी के प्रारम्भ में पारसी रंगमंच और नौटंकी के संवादों की याद दिला देता है। इस रचना के बारे में इतना ज़रूर कहा जा सकता है कि परसाई की हर रचना के समान इसमें भी हमारे समकालीन जीवन में व्याप्त दरबारीपन, भ्रष्टाचार, धनिकपुत्रों की लीलाओं, शिक्षा-जगत के दोषों और उनमें व्याप्त भ्रष्टाचार, सामन्ती जीवन की पाखंड-लीलाओं, साथ ही नौकरशाही की क्रूरता और हास्यास्पदता—इन सबका ऐसा चित्रण किया गया है कि यह पैरोडी कथा भी हमारे समय का चित्रण करती है।

लेकिन यह समाज को देखने-पहचानने की दृष्टि भी देती है—यह कहना मुश्किल है। हमारे विचार से 'रानी नागफनी की कहानी' परसाई की सबसे कमज़ोर रचना है।

'तट की खोज' शीला और मनोहर की आत्मकथा की शैली में लिखित औपन्यासिक ढाँचे की एक लम्बी कहानी है। यह रचना केवल बत्तीस पृष्ठों की है। इसलिए इसे उपन्यास कहने में संकोच होता है, यद्यपि इसका ढाँचा ठेठ औपन्यासिक ही है। परसाई नारी-चेतना के प्रखर रचनाकार हैं।

परसाई ने 'तट की खोज' में लिखा :

> जिसकी अविवाहित पुत्री घर में हो, उसे कुछ इस दृष्टि से देखा जाता है मानो उसने कोई घोर पाप किया हो!

यह व्यंग्य है। इसमें दहेज-प्रथा पर, नारी-कुत्सा पर प्रहार है। अविवाहित पुत्री के पिता के प्रति संस्कारी पाठक के मन में जो भावना पैदा हो रही है, वह दया और सहानुभूति नहीं, करुणा है। दया और सहानुभूति में आश्रय और आलम्बन का अन्तर रहता है, उसमें वह आत्मीयता नहीं होती। दया करनेवाला पीड़ा की तीव्रता को अपना नहीं लेता। और सहानुभूति तो सहानुभूति है, समानुभूति नहीं। करुणा करनेवाला दूसरे की पीड़ा को अपनी पीड़ा बना लेता है और दूसरे का दु:ख दूर करके अपनी ही पीड़ा से मुक्ति पाता है। करुणा सत्त्व की क्षमता है। परसाई ने 'तट की खोज' में अविवाहित लड़की के पिता की स्थिति के बारे में लिखा :

> पिता कहता है कि 'वह अभी पढ़ रही है।' ऊपर से सुन्दर लगने वाला यह वाक्य जिस कलेजे से निकलता है, उसमें दमाड़ लगी रहती है। (2/93)

हास्य और व्यंग्य का अन्तर सन्दर्भ में से पैदा होता है। सन्दर्भ से हास्य व्यंग्य में परिणत हो जाता है। घीसू-माधव की चेष्टाएँ हँसी पैदा करती हैं, लेकिन यह सन्दर्भ है कि वे व्यंग्य का उत्कृष्ट उदाहरण हैं। वे समझदार पाठक के मन में सामन्ती व्यवस्था के प्रति रोष, क्षोभ पैदा करती हैं। घीसू-माधव आलसी हैं, क्योंकि श्रम से वे कुछ अर्जित नहीं कर पाते। वर्ग एवं वर्ण विभक्त समाज ने उन्हें ऐसा अलग-थलग कर रखा है। यही हालत 'ज़िन्दगी और जोंक' के रजुआ जैसे पात्रों की है। हास्य और व्यंग्य थोड़ी दूर तक समान रहकर अलग होते हैं।

अब परसाई के नारी विषयक साहित्य में करुणा का अन्तस्साक्ष्य :

> अविवाहित कन्या शीला की वर-देखाई होनेवाली है। वरपक्ष के लोग शीला को देखने भोजन पर निमंत्रित किये गए। 'कुल मामला ऐसा था, जैसे मदारी बन्दर को नाना प्रकार के हाव-भाव सिखाए,

> ताकि दर्शकों को प्रसन्न कर सके। जब वे लोग भोजन करने बैठे तो पिताजी ने यह बताते हुए कि यह पकवान मेरे ही बनाए हुए हैं, मेरी पाक-विद्या की प्रशंसा की...। कोने में रखा हुआ सितार ऐसी जगह रख दिया गया कि जहाँ उनकी दृष्टि उस पर सहज पड़ जावे और उन्हें यह विदित हो जावे कि मैं गान-विद्या में भी निपुण हूँ।
>
> यह सब चलता रहा। स्वभाव से ही शान्त पिताजी बालक की तरह चंचल और वाचाल हो गए। उनकी यह हालत देखकर मेरा मन उनके प्रति करुणा से भर गया।' (2/95)

परसाई आधुनिक (आधुनिकतावादी नहीं, उत्तर-आधुनिकतावादी तो सौन्दर्यबोध का नाम भी नहीं लेते) सौन्दर्यबोध के ऐसे रचनाकार हैं जो सौन्दर्यबोध के प्रतिमान गढ़ते हैं। इस विषय में उनका प्रतिमान व्यक्तित्व एक केवट-कन्या है। वह बाढ़ में लोगों की जीवन-रक्षा सहज भाव से करती है, मानो उसने कुछ किया ही नहीं। फ़ोटो, कैमरा, प्रेस, माल्यार्पण में उसकी कोई रुचि नहीं। उसके विषय में परसाई की पंक्तियाँ :

> मुझे लगता है, इसमें वही भावना है, जो मेरी माँ में मुझे बचाते वक़्त थी—मातृत्व की भावना। छोटी केवट उस वक़्त माँ हो गई होगी और सोचा होगा—बच्चों को बचाना है। साथ ही मानवी करुणा। इस भीतरी भावना ने बाहरी शारीरिक सामर्थ्य से मिलकर उसके हाथों से डोंगी चलवाई होगी। वह केवल शारीरिक साहस नहीं है—गहरा है, भीतरी है। (3/269)

आचार्य शुक्ल ने करुणा को लोकरक्षा का बीजभाव माना था। उदाहरण राम का दिया था। यहाँ सिद्धान्त करुणा के बीजभाव का ही है। उदाहरण दलित-कन्या है। कौन कहता है कि हिन्दी साहित्य ने विकास नहीं किया है! हिन्दी के विकास को रोक रखा है—देरिदा के नक़लची पूजकों और मूल्यांध लफ़्फ़ाज़ों ने।

परसाई की एक कहानी है : 'भूख के स्वर'। 1953 में लिखी हुई कहानी का नायक नींद में रोने की आवाज़ सुनता है :

> मैं एकाएक उठ पड़ा। क्योंकि बग़ल वाले मकान से दो-तीन बच्चों के रोने की आवाज़ आ रही थी। रोने की आवाज़ों में बड़ी विभिन्नताएँ होती हैं। इन बच्चों के सम्मिलित रोने का शब्द भी सामान्य से कुछ भिन्न था। एक बार मुहल्ले में कुत्ते के तीन पिल्ले न जाने कहाँ से आ गए थे। बाद में मालूम हुआ कि उनकी माँ किसी 'लोकवाहक' से दबकर परलोक चली गई थी। छोटे-छोटे मासूम पिल्ले थे।

> दिन भर से उन्हें खाने को नहीं मिला था और वे भूख से तड़पते हुए एक-दूसरे से चिपटे पड़े थे—'कुकुर-कुकुर' के साथ 'टीं-टीं' सरीखी आवाज़ मिलाकर रो रहे थे। (2/29)

फ्रांस के विश्वविख्यात कवि बादलेयर ने गधों के भेदों का चित्रण किया है। रोने की आवाज़ों में विभाजन मैंने साहित्य में कहीं नहीं पढ़ा-सुना है; निराला की यह पंक्ति ज़रूर पढ़ी है : 'रोता है बच्चा निष्कारण।' माँ ज़रूर समझ लेती है शिशु के रोने से कि वह क्या चाहता है। दूध के लिए रोना, गोद में लेने के लिए रोना, बेमतलब का रोना, झूठ-मूठ रोना—माँ सब समझती है। रोना शिशु की ज़रूरत भी है और उसकी भाषा भी। यह सब माँ का व्यावहारिक सहज ज्ञान है। पशु-शिशुओं की माँ को भी शायद मानव माँ से ज़्यादा ज्ञान इन सबका होता है। किन्तु साहित्य में इसका चित्रण परसाई के यहाँ मुझे मिला। इसी चित्रण से परसाई बड़े रचनाकार नहीं हो जाते, किन्तु हमें उस रचनाकार की करुणा की गहराई और व्याप्ति का अनुमान तो करना चाहिए, जो आदमी के बच्चों और कुत्ते के बच्चों की भूख से रोने की आवाज़ को माँ की तरह पहचानता है।

> वह आवाज़ जो मैं सवेरे सुन रहा था, उन भूखे-तड़पते-पिल्लों सरीखी थी। भूख का एक स्वर होता है—चाहे वह कुत्ते की भूख हो, चाहे आदमी की भूख हो। भूख का स्वर पहचानने में आप कभी ग़लती नहीं कर सकते। (2/29)

इन बच्चों के बाप का नाम रघुनाथ है। महीने भर से उसकी नौकरी छूटी है। इसी समय रघुनाथ आया। आते ही उसकी आँखों में आँसू झरने लगे।...स्त्री वैसे ही करुणा की सजीव प्रतिमा है।...परन्तु पुरुष का रोना, कहीं हज़ार गुना विवशता। करुणा रहती है इनमें। ऐसा लगता है कि पौरुष टूक-टूक होकर, पिघल-पिघलकर बह रहा है। विश्व की शक्ति विधवा होकर मानो विलाप कर रही है।

> पुरुष रोता नहीं है। जब वह रोता है, रोम-रोम से रोता है। उसकी व्यथा पत्थर में दरार कर सकती है। (उप.)

मुझे 1986 ई. में आयोजित विवेचना गोष्ठी में प्रो. नागेश्वर लाल के शब्द याद आ रहे हैं। उन्होंने परसाई के सन्दर्भ में भवभूति का उल्लेख किया था। परसाई-निन्दकों को 'उसकी व्यथा पत्थर में दरार कर सकती है' के साथ 'अपि ग्रावा रोदति दलति वज्रस्य हृदयम्' याद करना चाहिए। भवभूति के विषय राम थे। परसाई का विषय भूखी सन्तानों का असहाय बाप रघुनाथ है।

परसाई के व्यंग्य में करुणा के मुद्दे को बढ़ाते हुए और कई प्रसंग और कई उदाहरण दिये जा सकते हैं। लेकिन ज़रूरी है करुणा की व्याख्या करना। फ़िलहाल उसे टालते हुए हम परसाई के साहित्य में नारी-चेतना पर बात करते हैं।

इस चेतना के लिए ज़रूरी है कि आपको नारी-जीवन के विविध रूपों और जीवन-स्थितियों की जानकारी हो। नारी के विविध-सम्बन्धी रूप होते हैं, फिर आर्थिक स्थिति के अनुसार वे जीवन-यापन करती हैं। नारी-विमर्श एवं नारी-चेतना निहायत ज़रूरी और काम्य है, किन्तु इस दिशा के विचारकों और कार्यकर्ताओं, कार्यकर्मियों को भी नारी-जीवन की जानकारी कम होती है। ये वैचारिक लहरें ज़्यादातर महानगरों-नगरों में हैं और उनका व्यवहार कभी-कभी फ़ैशन के रूप में भी दिखलाई पड़ता है। इसके विपरीत, ग़रीब और देहाती औरतों का आन्दोलन ज़्यादा वास्तविक और ज़मीनी होता है। यह किताबी तो बिलकुल नहीं होता। परसाई की कहानियों और निबन्धों में वर्ग-चेतना सर्वत्र दिखलाई पड़ती है। व्यंग्य निबन्धों की बात छोड़ दीजिए, उनकी कहानियों में निम्न, निम्न-मध्यवर्गीय चरित्र और उनकी स्थितियाँ किसी भी समकालीन लेखक से ज़्यादा, कहीं ज़्यादा हैं। व्यंग्य और करुणा की अन्त:सम्बन्धता का सूत्र भी यही है। व्यंग्य में करुणा उत्पन्न करनेवाले अन्य समर्थ कथाकार अमरकान्त हैं। निम्न एवं निम्न-मध्यवर्ग के आकांक्षी लोगों के—ख़ास तौर पर उच्चवर्ग के व्यक्तियों की तरह के—बर्ताव हास्यास्पद हो जाते हैं। वे अपने स्थिति-कारागार से मुक्ति पाने के लिए हाथ-पाँव मारते हैं। स्थिति में परिवर्तन नहीं होता, उनका आचरण केवल नक़ल तक सीमित रह जाता है। इसीलिए हास्यास्पदता अन्ततः करुणा-गर्भित व्यंग्य में पर्यवसित होती है। जैसी घीसू-माधव की भिखारी के प्रति उदारता या रजुआ का 'गन्ही महत्मा की जय' बोलना। परसाई की एक कहानी है : 'एक लड़की, पाँच दीवाने'—हिन्दी की अप्रतिम वस्तुपरक गैर-रोमांटिक कहानी और इसीलिए शिल्प का बेजोड़ प्रयोग (कहानी-आलोचकों की निगाह से अछूता)। लड़की, उसकी बहन और उसके माँ-बाप को लेखक कितनी अन्तरंगता से जानता है! स्वार्थी सिर्फ़ मध्यवर्ग या उच्चवर्ग ही नहीं होता। निम्नवर्ग, निम्न-मध्यवर्ग उदारता के चक्कर में पड़ जाए तो भूखा मर जाए। स्वार्थ तो ग़रीब आदमी के जीवित रहने की अनिवार्य शर्त है। उसका स्वार्थ भी इतना छोटा और अपदार्थ होता है कि खाते-पीते असंस्कारी पाठक उसके व्यवहार पर आश्चर्य करते हैं, नाक-भौं सिकोड़ते हैं या हँसते हैं, जैसे घीसू-माधव द्वारा आलू खाने की दाँव-पेंच पर या भरपेट पूरी-तरकारी खाने की महत्त्वाकांक्षा पर। उच्चवर्ग का व्यवहार भी निम्नवर्ग की दृष्टि में आश्चर्य और हास्य पैदा करता है। लोक-साहित्य, विशेषत: रूपकों में उच्चवर्ग के व्यवहार का काफ़ी मनोरंजक ढंग से मज़ाक़ उड़ाया जाता है।

लड़की छरहरी है। सुन्दरी है। और ग़रीब की लड़की है।

> मोहल्ला ऐसा है कि लोग बारह-तेरह साल की बच्ची को घूर-घूरकर जवान बना देते हैं। वह समझने लगती है कि कहाँ घूरा जा रहा है। वह उन अंगों पर ध्यान देने लगती है...। घूरने से शरीर बढ़ता है। (1/70)

मंटो ने अगर अपनी यौन-चेतना में वर्ग-बोध का ध्यान रखा होता तो वे ऐसा चित्रण कर सकते थे। 'घूरने से शरीर बढ़ता है'—प्रेमचन्द नहीं लिखते। राजेन्द्र यादव ज़्यादातर शारीरिक तलघर में ही रमते हैं। अब परसाई का नारी मनोविज्ञान देखिए—रीतिकालीनता और आधुनिकता का संयोग :

> अगर आँखों का असर भीतर पड़ रहा है तो स्त्री लॉकेट हाथ में लेकर उसे हिलाने लगती है। लॉकेट न हो तो साड़ी के पल्ले को अँगुली पर लपेटने लगती है। थोड़ी कठिनाई उसके साथ होती है, जो स्वेटर बुन रही है। पर ध्यान से देखो तो वह भी दो-चार खाने ग़लत बुन देती है और उन्हें उकेलकर फिर बुनने लगती है। बाक़ी चलतू साफ़ ही कह देती है—आज तो आपसे ही आइसक्रीम खाएँगे। चलिए। (1/70)

ऐसे प्रेमियों का ऐसा जमघट पाठकों को हिन्दी कथा-साहित्य में अन्यत्र नहीं मिलेगा। ये प्रेमी क्रीम-पाउडर वाले चिकने-चुपड़े नहीं हैं।

दीवाना नं.-1 : आर्थिक कठिनाई में रहता है, दाढ़ी बढ़ा रखी है, सिर्फ़ देखता है। लड़की छज्जे पर हवा खाने आती है तो वह देखने लगता है, दीन हो जाता है। लड़की का भाई नीचे के नल से बाल्टियाँ भरकर ऊपर ले जाता है तो वह बाल्टियाँ उठाकर दरवाज़े तक रख आता है। लड़की कहती है—बड़ी तकलीफ़ की तुमने भैया। दीवाना 'भैया' सम्बोधन से डरता है। यह लड़की को दुकान से देखता है। बदले में दुकानदार इससे पार्सल छुड़ाने का काम करवाता है।

दीवाना नं.-2 : रुपये उधार देता है। लड़की जब सब्जीवाले से पाव भर आलू ख़रीदने नीचे उतरती है, तब वह लड़की को अपने पैसे से एक किलो आलू ख़रीदवा देता है।

परसाई विवरण देते समय बीच में टिप्पणी करते जाते हैं कि लड़की भोली थी, मगर दीवाने उसे पटाने की प्रक्रिया में काँइयाँ बनाते जा रहे हैं। वह सब समझने लगी है।

दीवाना नं.-3 : हलवाई है। निहायत गंदी चड्डी और मैल से काली बनियाइन पहनकर भट्ठी के सामने बैठता है। दाढ़ी खिचड़ी है, दाँत पीले हैं। नाक को नाक नहीं, आलू-बड़ा कहा जा सकता है। जलेबी, आलू-बड़े, भजिया बनाता है।

लड़की को जलेबी दिखाकर पीले दाँतों से हँसता है। उम्र पच्चास के पार। बताता है, तीस के ऊपर नहीं। लड़की छज्जे पर आती है। हलवाई पीले दाँत निकालकर, थुथने फैलाकर साँड़ की तरह दूर से सूँघता है कि तैयार हुई कि नहीं।

अन्तिम वाक्य बिलकुल मंटो जैसा मांसाहारी है, मानवीकरण का उलटा साँड़ीकरण का उदाहरण है। अधेड़ पीले दाँतोंवाले, चड्डी पहने जलेबी छाननेवाले की प्रेम-चेष्टाएँ समझेंगे रचनाकार, तब ऐसे मौलिक रूपक गढ़ सकेंगे।

दीवाना नं.-4 : पैसेवाला है। मुँह पर चेचक के दाग़ हैं। बन-ठनकर शाम को आता है, ट्यूबलाइट में चेचक के दाग़ छिप जाते हैं। लेकिन अफ़सोस, उस समय लड़की ख़ाली नहीं होती।

परसाई की रचनाओं को पढ़ते समय—ख़ास तौर पर जड़ विचारधाराबद्ध आलोचकों को बीच में आनेवाले प्रासंगिक विवरणों, डिटेल्स पर ध्यान देना चाहिए। परसाई की रचनाओं का महत्त्व आदि, मध्य, अन्त के जोड़-तोड़ से ही समझ में नहीं आता। बीच का प्रसंग-विधान, सूक्ति-कथन जैसे अंश बहुत मार्मिक और उद्घाटक होते हैं। नं.-4 पैसेवाले दीवाने और लड़की की सम्बन्ध-स्थितियों का चित्रण देखिए :

> नं.-4 पैसेवाला दीवाना चेन सावधानी से कुरते के बाहर रखता है।... पर तब लड़की चूल्हा फूँकती रहती है।...वह सोने की चेन से बाँधकर उसे खींचना चाहता है। ज़ोर-ज़ोर से शेख़ियाँ बघारता है, ठहाका लगाता है...वह सुन ले कि कोई मस्ताना उसके लिए बेताब है। पर लड़की तब भीतर चूल्हा फूँक रही होती है।...ज़ोर से कहता है—अरे हज़ारों रुपये फूँक दिये गए हैं। यहाँ तो पैसे को मिट्टी समझते हैं...।
>
> पर लड़की इसकी यह दैवी उदारता सुन नहीं पाती, क्योंकि रोटी बनाती होती है। (1/74)

सोने की चेनवाले दीवाने के लिए लड़की को फँसाना एक शगल है। लड़की का चूल्हा फूँकना, रोटी बनाना अनिवार्य दिनचर्या है। एक अनिवार्य दैनन्दिन काम सोने की चेनवाले को अनायास तिरस्कृत कर देता है।

दीवाना नं.-5 : सौ फ़ीसदी दीवाना है। गम्भीर, समर्पित, अकेला। लेकिन वह तुनकमिज़ाज और अस्थिर चित्त था। दीवानों ने लड़की को अपने व्यवहार से सयाना और काँइयाँ बना ही दिया था। ये उसका इस्तेमाल करना चाहते थे। लड़की ने इन दीवानों का इस्तेमाल किया। अपने और अपने घर की आर्थिक मदद के लिए। अन्त में उसने अपनी मौसी के घरवालों की सहायता से अपनी मर्ज़ी से प्रेम-विवाह किया। दहेज-मुक्त विवाह।

हिन्दी में ऐसी प्रेम-कहानी और कोई नहीं। क्या यह सिर्फ़ चुहल-भरी हास्य-विनोद की कहानी है?

नहीं, यह आदर्शोन्मुख या आदर्शगर्भा यथार्थपरक कहानी है। प्रेम को जिस प्रकार छिछोरे छोकरे, अधेड़ बरतते हैं, लड़की को फँसाने की कोशिश करते हैं—उसका सजीव, यथार्थ चित्रण है और उनकी चेष्टाओं और लड़की की स्थिति के घात-प्रतिघात से कहानी का विकास होता है। बीच-बीच में रोमहर्षक विवरण हैं। यहाँ पाठकीय संवेदन सतर्क न रहे तो उन स्थलों की मार्मिकता अनदेखी रह सकती है। कारण यह कि परसाई केवल रचते हैं। वे कहते भी हैं, किन्तु सर्वत्र नहीं। आप पढ़ें कि चेनवाला दीवाना शेखी बघार रहा है और लड़की चूल्हा फूँक रही है, या दीवाना पाव भर आलू की जगह उसे एक किलो आलू खरीदवा देता है। और आप केवल मनोरंजित हों, करुणार्द्र न हों तो आप उन्हीं लोगों में से हैं जो घीसू-माधव के आलू पाने के दाँव-पेंच के चित्रण पर हँसते भर हैं।

लेखक परसाई को शिक्षक का रोल पसन्द है। यह लेखक यथार्थ की विसंगति से छटपटाता है, विषमता को दूर करने के लिए लिखता है, सक्रिय राजनीति में भाग लेता है, समाज-सुधार भी करता है। परसाई अनेक साहित्य-विधाओं का उपयोग करते थे, सामाजिक संगठन में काम भी करते थे—विषमता को अभिव्यक्त और उसे पाटने के लिए।

लेकिन क्या इससे रचनात्मकता क्षतिग्रस्त हुई? 'एक लड़की, पाँच दीवाने' में लड़की को काँइयाँ और चतुर तो दीवानों ने ही बनाया था। उसने काँइयाँपन से काम लिया और एक बहुत बड़ी सफलता प्राप्त की। असहाय, ग़रीब लड़की होते हुए भी अपनी मनचाही अच्छी शादी कर ली, जो काम बड़े-बड़े लोग नहीं कर पाते। कहानी की इस आदर्श स्थिति से कहानी आदर्शवादी नहीं हो जाती। प्रेमचन्द और मुक्तिबोध आदर्शवादी रचनाकार नहीं थे, उनकी रचनाओं में आदर्श एक प्रभावशाली घटक है। जब कथा के ताने-बाने में विषम यथार्थ रचनात्मक तौर पर रचा-बसा हो और उससे उबरने की मनोवांछित स्थिति की माँग ख़ुद रचना करे तो आदर्श स्थिति आरोपित नहीं लगती। 'एक लड़की, पाँच दीवाने' के रचना-विधान में लड़की के प्रेम-विवाह का स्पेस है। परसाई अपने पात्रों को पीड़ा देकर आधुनिक या उत्तर-आधुनिक कथाकार बननेवाले लेखक नहीं हैं। यों भी लड़कियाँ हमेशा असफल नहीं होतीं। रचनाकार का शिक्षक होना स्वाभाविक है। जो विषमता का पर्यवेक्षण-विश्लेषण करने की क्षमता रखता है, वह विषमता से निकलने का रास्ता भी (यदि रास्ता है) बताए तो यह अस्वाभाविक और गैर-रचनात्मक कैसे हुआ? कहानी में एक सार्थक वाक्य की आवृत्ति होती है कि दीवाने भोली-भाली लड़की को काँइयाँ बना रहे हैं। लड़की के काँइयाँपन का विकास वस्तुतः इस कहानी को अन्तर्गठित बनाता है।

'एक लड़की, पाँच दीवाने' हिन्दी की ऐसी अनुपम कहानी है, जिस पर कथा-आलोचकों का ध्यान न जाना समझ में नहीं आता।

परसाई समाजवादी लेखक हैं, नारीवादी नहीं। समकालीन हिन्दी रचनाकारों में उनकी जैसी नारी जीवन की समझ कम लोगों में होगी। वे बहुत आगे बढ़कर नारी-समस्या का समाधान सुझाते हैं। इस विषय में 'तट की खोज' महत्त्वपूर्ण कथाकृति है। जानकारों का कहना है कि 'तट की खोज' आत्मकथात्मक है। इस विषय पर बहुत बात करने की ज़रूरत है। परसाई अविवाहित रहे, कई वर्षों तक शराब में धुत्त होते रहे, लेकिन पारिवारिक ज़िम्मेदारियों को संयम से निभाते रहे। जो लोग उन्हें व्यक्तिगत रूप से जानते थे, वे इस विषय में बहुत कुछ कह सकते हैं, इन पंक्तियों का लेखक भी कुछ कह सकता है लेकिन यहाँ इस प्रसंग को छोड़कर 'तट की खोज' के बारे में नारी-चित्त के चित्रण और समस्याओं के समाधान की बात की जाए।

प्रेम-कहानियों में प्रायः नायक को त्याग, विषाद से महिमामंडित किया जाता रहा है। 'तट की खोज' में विवाह से इनकार शीला करती है—कुछ-कुछ 'स्कंदगुप्त' की देवसेना की तरह। इस लघु कथाकृति में विवाह की समस्या के बहाने नारी-मन के अनेक मार्मिक रूपों को प्रस्तुत किया गया है। शीला अपनी तेजस्विता में 'सेवासदन' की सुमन की सहेली मालूम पड़ती है। सुमन के पिता जेल चले जाते हैं। शीला के पिता की मृत्यु हो जाती है। सुमन की शादी अधेड़ गजाधर से हो जाती है, शीला की शादी नहीं होती।

परसाई ने कोई लम्बी कथा रचना नहीं की है। उनकी रचनाओं की महाकाव्यात्मकता उनकी रचनाओं को एक साथ रखकर देखने पर प्रकट होती है। परसाई विषम जीवन-स्थितियों पर ऐसे मार्मिक वक्तव्य/टिप्पणी देते हैं या कोई अन्य पात्र यह काम करता है कि प्रसंग बीच-बीच में ही परम अभिव्यक्ति का स्वाद देता है—स्वाद विषमता का, विष का, करुणा का। 'तट की खोज' पूरी रचना के रूप में तो सार्थक है ही, मेरे विचार से ज़्यादा सार्थक—वह बीच-बीच में प्रसंगों की मार्मिकता पर टिप्पणी या उन प्रसंगों के चित्रण प्रभावों में है। परसाई की वास्तविक रचना-क्षमता स्थिति की मार्मिकता की नई अभिव्यक्ति में है। अभिव्यक्ति की इस नई या अभूतपूर्व अभिव्यक्ति में सिर्फ़ रूप की क्षमता नहीं है। रूप की अभूतपूर्व क्षमता उस विकसित, व्यापकतर संवेदन-तीव्रता में है। विकसित जानकारी पीड़ा की तीव्रता को बढ़ाकर उसे आत्मीय बनाती है यानी पीड़ा को करुणा में पर्यवसित करती है, ऐसे कि हम दूसरे के दुःख में तल्लीन (तत् + लीन) हो जाते हैं। करुणा हमें सत्त्वस्थ कर देती है, हम स्वार्थ-मुक्त हो जाते हैं। यह वह रसदशा है, जिसे भवभूति और आचार्य शुक्ल ने संकेतित किया है।

शीला के पिता की दहेज-यातना का चित्रण ऐसा ही है :

> मैं उनकी पीड़ा जानती थी कि वे सदैव अँधेरे में ही उठकर काँपते स्वर में 'हरे राम, हरे राम' क्यों भजते हैं। उस स्वर में घायल पशु की कराह जैसी कातरता होती है। वे मुझसे बोलना धीरे-धीरे कम करते जाते। घंटों बरामदे में बैठे शून्य आँखों से आकाश को देखते रहते। वे लोगों से मिलने-जुलने में बहुत हिचकते थे। एक प्रकार की विकृत मान्यता के शिकार वे हो रहे थे। जिसकी अविवाहित पुत्री घर में हो, उसे कुछ इस दृष्टि से देखा जाता है, मानो उसने कोई घोर पाप किया हो! (2/95)

घायल पशु की कराह जैसी कातरता में काँपते स्वर में 'हरे राम, हरे राम' की ध्वनि पिता की है, जिसे पुत्री सुन रही है। पुत्री में पिता की पीड़ा असीम गुणित हो गई है। पुत्री की यह असीम गुणित पीड़ा परसाई के पाठकों के हृदय में एक बार फिर असीम गुणित होती है। यह करुणा की अनुभूति है।

अब इस करुणा का क्रोध देखिए, यह क्रोध लोकरक्षा की कोटि में आएगा :

> विमला से मेरी एक दिन इस बात पर चर्चा हो रही थी। मैंने कहा—'हमें बिना पैसे कोई लेने को तैयार नहीं है, तो हमें विवाह करने से इनकार कर देना चाहिए। अगर हमारी पीढ़ी इस प्रकार विद्रोह कर दे तो लोगों की अक़्ल ठिकाने आ जाए।'
>
> विमला ने कहा—'ऐसा करने से तो जाति ही समाप्त हो जाएगी।'
>
> मैंने कहा—'प्रकृति को अगर मनुष्य जाति चलानी होगी तो वह उसका कोई और साधन खोज लेगी। वनस्पति-जगत में जैसे वह वायु या अन्य साधनों से उत्पादन-क्रिया सम्पन्न कराती है, वैसा ही कुछ यहाँ करा देगी। यदि मनुष्य जाति अपने को अस्तित्व के अयोग्य सिद्ध कर चुकी होगी तो चिन्ता क्या?' (2/96)

'तट की खोज' 1958 की लिखी है। तब हिन्दी में नारीवाद नहीं था।

पूरा उपन्यास पढ़िए (मुझे 'तट की खोज' लघु उपन्यास लगता है, लम्बी कहानी नहीं) तो शीला की असहायता के बीच उसका दृढ़ व्यक्तित्व धीरे-धीरे उभरकर प्रभावित करता है। उसका हृदय बहुत संवेदनशील है, जो स्थितियों का पूरा प्रभाव ग्रहण करता है। उसका स्वाभिमान आरोपित या अतिरिक्त नहीं है। दीवानों ने लड़की को काँइयाँ बना दिया था, शीला को स्थितियों ने स्वाभिमानी और दृढ़।

यह भी लगता है कि पुरुष जाति की हार्दिकता एवं क्षमता के प्रति उसके मन में अमिट गाँठ पड़ गई हो। मनोहर के प्रति भी उसका सन्देह बना रहता है। इसके पहले हमने परसाई की करुणा-प्रवणता की बात की है, इस रचना में करुणा के प्रति सन्देह और उसकी प्रभावशीलता पर सन्देह व्यक्त किया गया है। शीला हिन्दी साहित्य की अनुपम तेजस्वी नारी पात्र है। 'गोदान' में मेहता जिस प्रकार के तर्क-वितर्क द्वारा मालती से विवाह करने में हिचकिचाते हैं, उसी तरह शीला मनोहर से विवाह के उपरान्त करुणा की भूमि सूख जाएगी, तब क्या होगा? यह अन्ना-कारेनिना का, विवाहिता-प्रेमिका का स्वाभिमान है कि यह प्रेम की समाप्ति पर ख़ुद को समाप्त कर लेती है। शीला यह नौबत ही नहीं आने देती।

> विरोध के बावजूद मुझे अपना लेने में आज जिस गौरव का अनुभव हो रहा है, विवाह के बाद उसकी गुंजाइश ही नहीं रह जाती। तब क्या मन में गिरावट नहीं आती? तब जीवन में कितनी घुटन आ जाती! उस आत्म-पीड़न की कल्पना भी मुझे असह्य हो गई। (2/125)

शीला दूसरी लहर में जाकर 'तट की खोज' में है। मनोहर से विवाह न करके उसने कितनी समझदारी का परिचय दिया। पहले प्रेम की असफलता से वह थोड़ा असन्तुलित हुई, लेकिन सँभलकर उसने बहुत कुछ सीखा। वह न पागल हुई, न उसने आत्महत्या की। नये सिरे से जीवन में प्रवृत्त हुई। शीला जीवन और विवाह के प्रति आदर्श प्रस्तुत करनेवाली परसाई की नारी पात्र है।

समाजवादी विचारकों ने 'स्वतंत्रता' को व्यापक सामाजिक सन्दर्भ में देखा है। स्वतंत्रता निरपेक्ष होकर कितनी अहितकर हो सकती है, इसका प्रमाण आज की अपसंस्कृति है। साम्राज्यवादी चिन्तन आज स्वयं जिस प्रकार स्वतंत्रता, प्रजातंत्र, शान्ति, सुधार, उदारता आदि मानवीय अवधारणाओं को विकृत कर रहा है, उसे नारी चेतना के सन्दर्भ में भी देखना चाहिए। नारी-शरीर नर-शरीर से भिन्न है। वह भिन्नता असमानता का आधार नहीं बनना चाहिए। वे वस्तुतः एक-दूसरे के पूरक हैं। प्रजनन एवं मातृत्व मानव समाज को अविच्छिन्न बनाते हैं। यह शोषक-व्यवस्था है, जिसने नारी को पराधीन बना रखा है। सामन्ती व्यवस्था विषकन्या, रखैल, वेश्यावृत्ति, दासी, बहुविवाह, अनमेल विवाह, दहेज, विभिन्न धार्मिक कर्मकांडों, ग़ुलामों की ख़रीद-फ़रोख़्त आदि के जरिये यह अन्याय करती थी। आज नारी-शरीर का सर्वाधिक दुरुपयोग एवं शोषण नारी को केवल शारीरिक आकर्षण का विषय बनाकर किया जा रहा है। देह व्यापार के अभूतपूर्व नये तरीक़े पूँजीवादी दलालों ने ढूँढ़ लिये हैं—सौन्दर्य प्रतियोगिताएँ, देह-प्रदर्शन, फ़ैशन शो, नाइट क्लब्स अपना

माल बेचने के लिए विज्ञापनों में नारी-शरीर का शर्मनाक दुरुपयोग किया जाता है। यह कोई नहीं बताता कि आज भूतपूर्व विश्व सुन्दरियाँ क्या कर रही हैं। ताज पहनने के कुछ दिनों बाद उन्हें अपना जीवन किस प्रकार चलाने पर मजबूर होना पड़ता है। परसाई ने पूँजीवाद की माया विज्ञापनी मानसिकता और अपसंस्कृति का हिन्दी में सर्वाधिक विरोध किया है।

> सुन्दरी का कोई भरोसा नहीं। कोई सुन्दरी अगर मेरी तरफ़ मुग्ध होकर देखती है तो मैं समझ जाता हूँ कि मैं उस कम्पनी के जूते पहने हूँ, जिसकी तरफ़ से यह मुग्ध होने की ड्यूटी कर रही है।...सुन्दरी आँखों में देखे तो ज़रूरी नहीं कि वह आँख मिला रही है। वह शायद नेशनल ऑप्टिशियंस के चशमे से आँख मिला रही है। प्रेम व सौन्दर्य का सारा स्टॉक कम्पनियों ने ख़रीद लिया है। अब ये उन्हीं के मार्फ़त मिल सकते हैं। (3/220)

विज्ञापनबाज़ी सिर्फ़ पूँजीवादी-साम्राज्यवादी अर्थतंत्र का अनिवार्य कल-पुर्जा ही नहीं, मानसिकता भी है। आत्ममुग्धता असंस्कृत सुन्दरियों में प्राय: अपने शरीर की मुग्धता का रूप ले लेती है जो अन्तत: उनके प्रति अरुचि एवं वितृष्णा पैदा करती है। परसाई ने प्रसिद्ध लेखिकाओं—अमृता प्रीतम और कमलादास—की आत्मकथाओं पर साहसपूर्वक टिप्पणी की है। यह नारी के प्रति उनकी सम्मान-भावना ही है कि परसाई ने इनकी आत्मकथाओं पर ऐसी तल्ख टिप्पणी की है :

> दोनों लिबरेटेड (मुक्त) स्त्रियाँ हैं। कम-से-कम इनके तेवर तो ऐसे ही हैं। पता नहीं, ये किन-किन चीज़ों से मुक्त हो गई हैं। मुक्ति की भी ज़ंजीरें होती हैं...इन आत्मकथाओं को पढ़कर लगा कि इन मुक्त नारियों ने, बौद्धिक नारियों ने अपने को उन ज़ंजीरों से और ज़्यादा कसकर बाँध लिया है जो नारी को ग़ुलाम बनाती हैं—यानी मांस और अति भावुकता।
>
> ये आत्मकथाएँ लेखिकाओं की आत्मकथाएँ नहीं हैं, शुद्ध मादाओं की आत्मकथाएँ हैं।
>
> अगर कोई वैज्ञानिक अपनी पूरी आत्मकथा में यही लिखे कि वहाँ मैंने पुलाव खाया। फिर वहाँ गया तो बढ़िया मुर्ग़ा खाया, फिर उधर का बढ़िया आम खाया। उस जगह की मलाई बहुत अच्छी है तो क्या यह वैज्ञानिक की आत्मकथा हुई? यह तो एक चटोरे की जीवनी हुई। (4/77)

बुद्धिजीवी लेखिकाओं को आत्ममुग्धता में कुछ भी लिखे जाने से आगाह करते हुए परसाई लिखते हैं :

> उम्र ढल जाए। इस उम्र में न घरवाले को दूसरी मिले, न अपने को दूसरा। बच्चों को ऐसे दीक्षित कर लिया हो कि सेक्स को आइसक्रीम समझते हों। परिवार और समाज की ज़रूरत नहीं रह गई हो। उनसे या तो बाहर निकल गई हो या ऊपर उठ गई हो। तब लेखिका सोचती है, बहादुर बन जाओ। वर्जनाओं को ख़त्म करो। ऐसा अपने बारे में लिखो कि लोग चौंकें, सनसनी फैले, विवाद हो। (3/220)

गद्य-लेखन के अन्य रूप

परसाई ने 'वसुधा' के सम्पादक के रूप में सम्पादकीय लिखे हैं। वे सम्पादकीय समाज और साहित्य के विविध विषयों पर उनके विचार प्रकट करते हैं। सम्पादकीयों को पढ़कर एक बात ध्यान में आती है कि ये अधिकांशत: विषय हैं, जिन पर परसाई व्यंग्य-निबन्ध या कहानियाँ लिखते हैं। ऐसा भी होता है कि वे एक ही विषय पर सम्पादकीय भी लिखते हैं और व्यंग्य-निबन्ध भी। यह अलग से कहने की ज़रूरत नहीं है कि परसाई के व्यंग्य-निबन्धों और कहानियों में विचार-तत्त्व सबसे ज़्यादा होता है। अनेक सम्पादकीय हिन्दी भाषा और हिन्दी साहित्य से सम्बद्ध हैं। इनमें प्रकाशकों और लेखकों के सम्बन्ध, साहित्य की गुटबन्दी आदि पर व्यंग्य किया गया है। परसाई का विचार है कि हिन्दी के शत्रु वे हैं, जो हिन्दी और हिन्दू को समानार्थक मानते हैं। वे भी दुश्मन हैं, जो यह समझते हैं कि भाषा जनता की ज़बान से नहीं, बल्कि शब्दकोशों से निर्मित होती है। परसाई के अनुसार :

> हिन्दीवालों को एक काम बहुत अच्छा आता है—तुलसी, सूर, मीरा की रट लगाना। लेकिन इस पूँजी पर आगे व्यापार नहीं हो सकता। संतों ने प्रेम से हिन्दी को सारे भारत में पहुँचाया था। अगर हम वैसा नहीं कर सकते तो उनका नाम लेने के कहाँ हक़दार हुए। (6/147)

इसके साथ-ही-साथ परसाई हिन्दी-विरोध के लिए राजगोपालाचारी और उनके साथ अपने प्रिय नेता जवाहरलाल नेहरू की भी आलोचना करते हैं। उनका विचार है कि पं. नेहरू ने दिनकर की पुस्तक 'संस्कृति के चार अध्याय' की भूमिका लिखी है, लेकिन उसे पलटकर देखने की फ़ुर्सत उन्हें शायद न मिली हो। हिन्दी की सामर्थ्य प्रतिदिन वेग से बढ़ रही है, इसे हमारे नेता नहीं समझते हैं।

एक सम्पादकीय 'साहित्य और राज्य संरक्षण' पर है। 3, 4, 5 मई, 1957 को इलाहाबाद की प्रसिद्ध साहित्यिक संस्था 'परिमल' की ओर से इस विषय पर एक अखिल भारतीय सम्मेलन हुआ था। इसमें राज्याश्रय, राज्य संरक्षण और साहित्य पर

व्यापक चर्चा हुई थी। उस समय यह प्रश्न बहुत विकट था। परसाई ने इस विषय पर निष्पक्षता से विचार किया है। वे स्पष्ट कहते हैं कि हमारे अनेक रचनाकार ऐसे हैं, जिन्होंने उच्च पद पाने के बाद जो साहित्य लिखा है, उसमें वह स्पष्ट अभिव्यक्ति, वह बखिया-उधेड़ जीवनालोचन नहीं है, जो फ़ाकामस्ती के वक़्त की रचनाओं में थी। उन्होंने स्पष्ट लिखा है :

> किसी समय के कुछ आग-लगाव प्रगतिवादी अब सरकार के फ़ायर ब्रिगेड में काम कर रहे हैं। (6/166)

इसके साथ-ही-साथ परसाई अभावग्रस्तता की मार समझते हुए यह विचार भी प्रकट करते हैं : ख़ुद को और बाल-बच्चों को भूखा मरता देख कोई समझौता करे तो कुछ हद तक क्षमा है। उच्च कोटि के गम्भीर साहित्याचार्य की भाँति विचार करते हुए परसाई कहते हैं :

> लेखन से अर्थ की प्राप्ति होती है। केवल इसीलिए लेखन व्यापार नहीं हो जाता। कपड़े के व्यापारी पर सत्य के अन्वेषण की कोई ज़िम्मेदारी नहीं है, मनुष्य के उज्ज्वल भविष्य के लिए उसे चिन्ता नहीं। कपड़ा बेचने के लिए उसे आन्तरिक प्रेरणा नहीं मिलती। कपड़ा बेचना यश नहीं दिलाता। कपड़ा बेचना उसकी आत्माभिव्यक्ति नहीं है। (उप.)

इसके साथ ही परसाई सम्पादकीय में समारोह के आयोजकों को उन लोगों के विद्रोही तेवर से सावधान भी करते हैं। जो भीतर से बेईमानी करके बाहर ईमानदार दिखलाई पड़ते हैं, जो चुपचाप सत्ता के सामने घुटने टेकते हैं और बाहर गर्दन ऐंठकर चलते हैं, परसाई के अनुसार :

> ऐसे लोगों के लाभ के लिए संगोष्ठी का उपयोग न होने पाए। (6/147)

1956 ई. में साहित्य अकादेमी द्वारा सन् 1953 की भारतीय कविताओं का संग्रह प्रकाशित हुआ। इसमें हिन्दी कविताओं का संकलन श्री रामधारी सिंह 'दिनकर' ने किया। परसाई ने अपने सम्पादकीय में उनके संकलन की कटु आलोचना की। परसाई के अनुसार, इस संकलन में बिहार के कवियों की संख्या अधिक है और नई पीढ़ी के काव्य-साधकों की उपेक्षा है। उन्होंने लिखा :

> हिन्दी की सजग सृजनशील प्राणवान, नवीन पीढ़ी के प्रति किया गया यह अन्याय बहुत-बहुत निन्दनीय है। ऐसे कृत्य से दुनिया के सामने हमारी भाषा और साहित्य के मुँह पर लांछन लगता है। (6/170)

1957 में साहित्य अकादेमी ने अंग्रेज़ी में एक पुस्तक प्रकाशित की : 'कंटेम्पोरेरी हिन्दी लिटरेचर'। इसमें अज्ञेय ने आधुनिक हिन्दी साहित्य पर एक मूल्यांकनपरक लेख लिखा है। इस लेख में हिन्दी कविता पर अन्य विधाओं की अपेक्षा अधिक बल दिया गया है। लेख सच्चिदानन्द हीरानन्द वात्स्यायन के नाम से लिखा गया है, और अज्ञेय को भारतेन्दु और निराला के समान महत्त्वपूर्ण बताया गया है। रामचन्द्र शुक्ल का नाम भी नहीं है। इसी तरह से नन्ददुलारे वाजपेयी, रामविलास शर्मा और शिवदान सिंह चौहान का भी नाम नहीं है। 'प्रतीक' पत्रिका, 'परिमल' संस्था और अज्ञेय की बड़ी प्रशंसा की गई है। यशपाल और नागार्जुन को परपीड़क लेखक बताया गया है। प्रगतिवाद को मृत घोषित कर दिया गया है। इस लेखक को लेकर हिन्दी साहित्य में तूफ़ान मच गया। यहाँ तक कि स्वयं अकादेमी को इस लेख के औचित्य पर विचार करने के लिए पं. हजारी प्रसाद द्विवेदी के पास भेजा गया। द्विवेदी जी ने उसमें कोई परिवर्तन नहीं सुझाया, केवल लेखक के नाम के साथ एक तारांकित पाद-टिप्पणी जोड़ दी कि सच्चिदानन्द हीरानन्द वात्स्यायन का ही लेखकीय उपनाम 'अज्ञेय' है। द्विवेदी जी जैसा मृदु व्यक्तित्व इससे ज़्यादा और कुछ नहीं कर सकता था। अज्ञेय और द्विवेदी जी में व्यक्तिगत सम्बन्ध बहुत मधुर थे। डॉ. नामवर सिंह ने इस लेख पर विचार करते हुए लिखा कि अभी तक हम लोग समझते थे कि अज्ञेय अपने को नायक बनाकर उपन्यास लिख सकते हैं; अब पता चला कि वे अपने को नायक बनाकर निबन्ध भी लिख सकते हैं। लेकिन यह निबन्ध केवल अज्ञेय व्यक्ति की स्थापना नहीं थी, यह आधुनिक हिन्दी साहित्य की प्रगतिवाद-विरोधी व्यक्तिवादी धारा की स्थापना थी। परसाई ने लिखा :

> अज्ञेय ने अभी दो सप्तक सम्पादित किये हैं, जिनमें हिन्दी के चौदह नये प्रतिनिधि कवि उन्होंने लिये हैं। और इस लेख में पहले सप्तक के केवल दो कवि रह गए हैं—अज्ञेय और गिरिजाकुमार माथुर प्रथम 'तार सप्तक' के शक्तिमान कवि गजानन माधव मुक्तिबोध की भी अज्ञेय ने निर्लज्जतापूर्वक अवहेलना कर दी। (6/175)

परसाई ने निष्कर्षत: लिखा :

> अज्ञेय का यह लेख हिन्दी साहित्य के सम्बन्ध में केवल भ्रम फैलाएगा। चिन्ता इसलिए अधिक बढ़ जाती है कि यह अंग्रेज़ी पुस्तक अहिन्दी-भाषियों के लिए है। साहित्य अकादेमी जैसी ज़िम्मेदार संस्था को इतनी महत्त्वपूर्ण पुस्तक के सम्बन्ध में सावधानी बरतनी थी। (6/177)

एक मनोरंजक सम्पादकीय, जो किसी स्वतंत्र व्यंग्य-निबन्ध की टक्कर का है : 'बेपढ़ी समीक्षा', इसका अन्त पं. हजारी प्रसाद द्विवेदी के एक विचार से किया गया :

> पं. हजारी प्रसाद द्विवेदी ने कहीं लिखा है कि हिन्दी में जो पढ़ता है, वह आलोचना नहीं लिखता और जो आलोचना लिखता है, वह पढ़ता नहीं। हमारा ख़याल है कि हिन्दी का सब काम बड़ा वैज्ञानिक है, डिवीजन ऑफ़ लेबर हो गया है। (6/191)

सम्पादकीयों के अतिरिक्त परसाई ने 'वसुधा' में अन्य साहित्य सम्बन्धी चर्चाएँ की हैं। साहित्यिक समस्याओं पर कुछ महत्त्वपूर्ण भाषण दिये हैं। 'वसुधा' में एक रोमांचक प्रयोग किया गया है—पुराने पत्र-पत्रिकाओं की रपटों को उद्धृत करके उनके सहारे विचार किया गया है। जुलाई, 1956 की 'वसुधा' में परसाई का एक लेख है : 'साहित्यकार का साहस'। 'विशाल भारत' के प्रथम अंक : जनवरी, 1928 में पं. सुन्दरलाल ने लिखा था कि लोकमान्य के कारावास के विरोध में एक सभा की गई थी। मुख्य वक्ता स्वयं पं. सुन्दरलाल थे। सभापति पं. बालकृष्ण भट्ट जी ने कहा :

> का तिलक-तिलक करत हौ? अपने देश के लिए गए हैं, फिर आय जइहैं। हमको दु:ख उन लोगन का है जो फिर कभी आयकर न मिलिहैं, जो बिन खिले ही मुरझाए गए। हमको दु:ख ख़ुदीराम बोस का है। (6/195)

पं. सुन्दरलाल ने डर से उनका पल्ला खींचा कि वे बोलना बन्द कर दें, लेकिन भट्ट भी कहाँ मानने वाले थे, उन्होंने कहा : 'हिए में तो लगी आग कही काहे ना।' (उप.) इस भाषण की रपट जब शिक्षा विभाग के डायरेक्टर के पास पहुँची तो उन्होंने भट्ट जी को आगाह करने के लिए बुलाया। लेकिन भट्ट जी : 'राम-राम, राम-राम, हमका अस नौकरी न चाही' (उप.) कहकर निकल आए। नौकरी छोड़ दी। भट्ट जी के जीवन के अन्तिम छह वर्ष ज़बर्दस्त आर्थिक कष्ट से बीते। परसाई ने 'वसुधा' के निबन्ध में पं. सुन्दरलाल को पूरी तरह उद्धृत किया है और साहित्यकारों की त्यागमयी परम्परा का उल्लेख किया है। निबन्ध की भाषा वक्तृत्ववाली है। उसमें रेटरिक है, लेकिन यह वह रेटरिक है, जो साहित्य में स्वाधीनता-आन्दोलन के दबाव से आई थी। और सच पूछिए तो यही संवेदना और समझ परसाई के व्यंग्य का भी प्रेरणास्त्रोत है। इसी निबन्ध में परसाई का व्यंग्यकार भी मौजूद है। लिखते हैं :

> हमने अनेक साहित्य समारोह देखे हैं, जिनमें 'पुच्छ विषाणहीन' राजपुरुष पधारे हैं। तब उनके आसपास उज्ज्वल दंतावलि को दिखाते हुए अनेक

> साहित्यकार ऐसे घूमते हैं कि लगता है, उन्हें पछतावा होता है—'हाय रे! आज अगर हमारी पूँछ होती तो हिलाने के काम आती।' रावण के दस सिरों में उन्हें एक ही लाभ दिखता है—दस बार सिजदा करने का सुभीता उसे था। (6/197)

'परसाई रचनावली', खंड-6 में संकलित परसाई का मूल्यांकनपरक निबन्ध छपा है : 'नामदेव ढसाल की कविता और अश्लीलता का प्रश्न'। यह निबन्ध दो कारणों से महत्त्वपूर्ण है। एक तो इसमें अश्लीलता पर विचार मिलते हैं। परसाई नामदेव ढसाल की कविता की तथाकथित अश्लीलता और उनकी दलित स्थिति को परस्पर सम्बद्ध करते हैं। परसाई लिखते हैं :

> मैंने नामदेव ढसाल की कविताओं को कई बार पढ़ा है। नामदेव ढसाल दलित कवि हैं। वे कविताएँ घोर त्रास और क्रोध की कविताएँ हैं, जिन्हें वही कवि लिख सकता है, जिसने भूख की पीड़ा को भोगा है। (6/210)

इसी विचार क्रम में परसाई नामदेव ढसाल की इन कविताओं का जो मूल्यांकन करते हैं, वैसा साहसपूर्ण मूल्यांकन हिन्दी में मैंने केवल डॉ. रामविलास शर्मा में पाया है, जो प्रेमचन्द, रामचन्द्र शुक्ल, निराला और किशोरीदास वाजपेयी को विश्व-स्तर का रचनाकार मानते हैं। ख़ैर, परसाई ने लिखा है :

> जेम्स हेन्सन नामक नार्वेजियन लेखक के उपन्यास 'हंगर' पर नोबेल पुरस्कार मिला है, उसमें भूख का वास्तविक और मार्मिक चित्रण है। लेकिन हेन्सन की रचना में नामदेव ढसाल जैसा क्रोध नहीं है। कारण यह है कि हेन्सन में वर्ग-चेतना नहीं है और वर्ग-घृणा भी नहीं है। ढसाल में वर्ग-चेतना है। ढसाल भूख की पीड़ा का वर्णन करता है। वह हेन्सन की तरह भूख को अपनी नियति मानकर उसके सामने लाचार होकर मिमियाता नहीं।

अश्लीलता के विषय में परसाई कहते हैं :

> भाषा विषय, अनुभूति और संस्कार और परिवेश के अनुसार होती है। दलित कवि भी, यदि वह सच्चा है, उसकी गहरी अनुभूति है, उसे वास्तविक क्रोध है तो वह इसी भाषा का प्रयोग करेगा। नामदेव ढसाल की कविता में आई गालियाँ अश्लील क़तई नहीं हैं। यह नया सौन्दर्यशास्त्र है। दलित वर्ग की छटपटाहट, पीड़ा और क्रोध को व्यक्त करने में नपुंसक अभिजात भाषा सक्षम नहीं है। (6/211)

परसाई इस निबन्ध में कृष्णा सोबती की कहानी 'यारों के यार', राही मासूम रज़ा के उपन्यास 'आधा गाँव' और गाँव की बोली जानेवाली भाषा का उदाहरण देते हैं।

परसाई दलित चेतनावादी चिन्तक और लेखक नहीं थे। वे डॉ. धर्मवीर से सर्वत्र सहमत नहीं होते। वे सवर्णों की दलित-विरोधी हरकतों को घृणास्पद समझते थे, वे वर्ण-व्यवस्था के घोर विरोधी थे, लेकिन उनमें वह दलित-उन्माद नहीं था कि सवर्ण-विरोधी होते। वे यह भी समझते थे कि ख़ुद दलित नेता दलितों को वोट-बैंक समझकर राजनीति करते हैं। 'दलितों के मसीहा' (खंड 5) नामक निबन्ध में उन्होंने बाबू जगजीवन राम पर ऐसी ही टिप्पणी की है।

दलितों पर होनेवाले जुल्म के विरोध में, उनकी तीव्र प्रतिक्रियाएँ उनके व्यंग्य-निबन्धों में बिखरी पड़ी हैं। 'हरिजनों का ब्राह्मण भोजन', 'ऊँची जातियों का आरक्षण', 'हरिजन को पीटने का यज्ञ' निबन्धों में दलित-स्थिति पर परसाई की तीव्र टिप्पणी एवं प्रतिक्रिया होती है।

दो समाचार अख़बारों में छपे : इन्दौर के पास एक करोड़ की लागत से एक यज्ञ हुआ। उसी के आसपास एक हरिजन दूल्हा घोड़े पर सवार होकर निकला तो सवर्णों ने उसे और बारातियों को पीटा।

इन घटनाओं पर परसाई की टिप्पणी :

> मैंने जब पढ़ा कि यज्ञ और हरिजन दूल्हे की पिटाई एक साथ हुई तो मुझे लगा कि अगर भगवान होता और न्यायी होता तो वह यज्ञ कुंड में यज्ञ करनेवालों को ही डाल देता। यज्ञ करनेवाले ही स्वाहा हो जाते, यह सबसे ऊँचा नरमेध यज्ञ होता। (4/192)

परसाई के मन में दलितों के साथ होने वाले अन्याय के प्रति किसी भी दलित की अपेक्षा कम घृणा नहीं है। लेकिन वे दलित-प्रश्न को अन्य प्रश्नों से अलग करके सिर्फ़ वही नहीं देखते। वे दलित समस्या को देश की अन्य समस्याओं से जोड़कर देखते थे।

दलित-स्थिति पर परसाई ने सबसे बेबाक टिप्पणी की है। उन्होंने 'वसुधा' में लिखे गए निबन्ध 'नामदेव ढसाल की कविता और अश्लीलता का प्रश्न' में इस विषय पर विचार करते हुए लिखा :

> ढसाल जैसे तमाम कवि दलित वर्ण के हैं, अछूत हैं, हरिजन हैं। लोकतंत्र और समता के इस ज़माने में वे रूढ़ियों के अत्याचारों की स्मृतियों और आज भी उन पर हो रहे अत्याचार की वास्तविक चोटों से बौखला कर, क्रोधित होकर सच्ची और त्रासद गहरी अनुभूति और अभिव्यक्ति क्षमता

> लेकर उठ खड़े हुए हैं और इस अन्यायी व्यवस्था में शब्दों की चिंगारी से आग लगा देना चाहते हैं। (6/211)

परसाई का एक निबन्ध है : 'व्यंग्य : क्यों, किसलिए और कैसे'। परसाई की कलम से व्यंग्य के बारे में लिखा हुआ कुछ पढ़ना सहज ही महत्त्वपूर्ण है। परसाई कहते हैं कि आदमी हँस तभी सकता है, जब उसके मन में मैल न हो। सामान्य बात करते-करते परसाई कब बड़ी करुण और मार्मिक बात कह जाएँ, कहना मुश्किल है। लिखा कि जब मनुष्य को चैन की अनुभूति होती है, तब वह हँसता है। फिर लिखा कि बिना चैन की हँसी खिन्न हँसी होती है, जैसी पंडित नेहरू की अन्तिम वर्षों में हो गई थी। नेहरू के अन्तिम वर्षों में चीनी आक्रमण हुआ था :

> वे जीवन भर भारत के दक्षिणपंथियों से, ब्रिटिश साम्राज्यवादियों से चीन के लिए लड़ते रहे और अन्तिम दिनों में चीनी आक्रमण के बाद नेहरू ने उसे बेशर्म मुल्क कहा। (6/248)

परसाई कहते हैं, व्यंग्य-लेखन एक गम्भीर कर्म है। सच्चा व्यंग्य जीवन की समीक्षा होता है। हास्य मनुष्य को सोचने के लिए बाध्य नहीं करता, व्यंग्य करता है। व्यंग्य मानव-सहानुभूति से पैदा होता है। इस सहानुभूति के कारण ही व्यंग्य सामाजिक जीवन और वैयक्तिक जीवन की कमज़ोरियों को उद्‌घाटित करता है। परसाई के अनुसार, अच्छे व्यंग्य में करुणा की धारा होती है। परसाई उदाहरणस्वरूप चेखव की कहानी 'क्लर्क की मौत' (परसाई उसे 'बाबू की मौत' कहते हैं) की व्याख्या करते हैं। हिन्दी में मैंने इस कालजयी कहानी की ऐसी व्याख्या नहीं पढ़ी है। परसाई व्याख्या के अन्तिम अंश में लिखते हैं :

> कैसा करुण प्रसंग है! कहानी में चेखव ने इस कठोर नौकरशाही पर चोट की है, जिसमें साहब अहंकार के कारण बाबू से पूछता तक नहीं कि तू माफ़ी क्यों माँग रहा है। सिर्फ़ इतना पूछ लेता तो बाबू की जान नहीं जाती। (6/250)

परसाई ने साहित्यिक और श्रमिक संगठनों, शिक्षक संगठनों को सम्बोधित करते हुए भाषण दिये हैं। इनमें से कई लिखित थे। उन्हें 'रचनावली' के खंड-6 में संकलित कर दिया गया है। 'अखिल भारतीय तार यांत्रिक कर्मचारी संघ' के जबलपुर अधिवेशन में स्वागत भाषण करते हुए परसाई ने जो विचार प्रकट किये हैं, उसका साहस एक सर्जक रचनाकार ही कर सकता था।

हमारे यहाँ श्रमिक संगठन मज़दूरों के आर्थिक हितों की लड़ाई लड़ते हैं। मज़दूरों के आर्थिक हितों की लड़ाई लड़ना श्रमिक संगठनों का मुख्य कार्य होना चाहिए, इससे किसी को क्या एतराज़ हो सकता है। लेकिन मज़दूरों का केवल पैसे के लिए संघर्ष करना और यह भूल जाना कि मज़दूर आन्दोलन एक बेहतर मानवीय सामाजिक तंत्र की स्थापना के लिए है, यह आत्मघाती है। सिर्फ़ पैसे की लड़ाई लड़ना तो अर्थवाद है। परसाई के शब्दों में :

> इस अर्थवाद के, पैसावाद के बहुत बुरे नतीजे हमारे सामने हैं। कर्मचारी केवल अपने अधिकार जानता है, अपना कर्तव्य नहीं जानता। वह समाज के प्रति अपना दायित्व न समझता है, न निभाता है; जबकि वह सारे लाभ इसी समाज से चाहता है, जिसमें पैसा भी शामिल है। श्रमिकों ने जैसे अपनी एक अलग दुनिया बना ली है। बाकी दुनिया में क्या हो रहा है, इससे उन्हें मतलब नहीं है। (6/36)

परसाई शायद हिन्दी के सर्वाधिक सक्रिय साम्प्रदायिकता विरोधी लेखक हैं। यह परसाई का ही मौलिक चिन्तन है कि वे मज़दूरों के अर्थवाद का सम्बन्ध साम्प्रदायिकता से जोड़ते हैं। मज़दूर बस्ती में साम्प्रदायिक दंगा क्यों नहीं रोका जा सकता? मज़दूर साम्प्रदायिक दंगों के मौक़े पर निकम्मे और असहाय क्यों हो जाते हैं? जमशेदपुर जैसे श्रमिक बहुल नगर में साम्प्रदायिक दंगे होते हैं और श्रमिक उसमें कोई हस्तक्षेप नहीं करते। उसका कारण मज़दूरों का केवल पैसावाद है। साम्प्रदायिकता और भारत के श्रमिक आन्दोलन पर ऐसा मौलिक विचार शायद ही किसी राजनीतिक नेता ने प्रकट किया हो। इसी प्रकार की बात परसाई शिक्षक आन्दोलन के विषय में भी करते हैं। शिक्षक भी अर्थवाद से ग्रस्त हैं। वे सामाजिक-आर्थिक-राजनीतिक समस्याओं पर विचार नहीं करते। इनका सम्पर्क देश की जनता से नहीं होता। इनकी समझ में सिर्फ़ ब्राह्मण, वैश्य और कायस्थ, अवर्ण-सवर्ण गुटों का शीतयुद्ध ही आता है। इतिहास पढ़ाते हैं, पर ख़ुद वैज्ञानिक दृष्टि नहीं रखते। परसाई ने साम्प्रदायिक समस्या पर गम्भीर विचार किया है। उसकी 'प्रकृति, कारण और निदान' पर विचार किया है। उनका विचार है कि भारत की सामान्य जनता साम्प्रदायिक नहीं है। हमें मध्यकालीन इतिहास ग़लत ढंग से पढ़ाया जाता है। मध्यकाल में इस्लामी शासकों ने हिन्दुओं पर जो ज़्यादती की, उसका कारण राजनीतिक था, आर्थिक था, साम्प्रदायिक नहीं। हमारे समय में साम्प्रदायिक दंगे या तो आर्थिक कारण से कराए जाते हैं या जनता में राजनीतिक चेतना को फैलने से रोकने के लिए। परसाई ने राजनीतिक मूल्यों पर बहुत लिखा है। वे साम्राज्यवाद और फ़ासिस्टवाद विरोधी लेखक हैं;

लेकिन उनका साम्राज्यवाद, फ़ासीवाद विरोध किसी दुराग्रह के कारण या किताबीपन के कारण नहीं है। वे हिन्दी के दुर्लभ तर्कप्रेरित और ग़ैर कट्टर लेखक-चिन्तक हैं। इसीलिए उन्होंने कई बार अपने विज्ञापित मतवाद के विरुद्ध प्रगतिशील संगठनों और अपने प्रिय नेताओं का भी विरोध किया है और उन पर व्यंग्य-प्रहार किया है। वे राजनीतिक समस्याओं पर लिखते हुए भी सांस्कृतिक दृष्टि से विचार करते हैं। यहाँ एक उदाहरण देना प्रासंगिक होगा। परसाई का राजनीतिक निबन्ध है : 'भारत-रूस सम्बन्धों का विकास'। यह निबन्ध सांस्कृतिक सन्दर्भों से भरपूर है। एक स्थान पर वे लिखते हैं :

> भारतीय संस्कृति में विश्व मानवतावाद है : 'आत्मवत् सर्वभूतेषु'। पं. हजारी प्रसाद द्विवेदी ने कहा है—मंगलकामना वेदों में है, कालिदास में है और यहाँ तक कि अपढ़ ग्रामीण महिलाओं में है। अपढ़ स्त्री द्वार पर चौक बनाती है। उससे पूछो कि यह किसलिए, तो कहती है—इससे मंगल होता है। वह मिट्टी की दीवार पर गेरू से आकार बनाती है। उससे पूछो कि यह क्यों बनाती हो तो कहती है—मंगल होता है। विश्व मानव की एकता, जनमंगल, न्याय, परोपकार, दया, मानव-गरिमा, मनुष्यों की समानता, अध्यात्म, लोकहित—ये भारतीय संस्कृति की विशेषताएँ हैं। (6/379)

मैं नहीं जानता कि किसी अन्य लेखक ने दो देशों के राजनीतिक सम्बन्धों पर विचार करते हुए रवीन्द्रनाथ और हजारी प्रसाद द्विवेदी को इस तरह उद्धृत किया हो। परसाई राजनीतिक, आर्थिक विषयों पर अपनी बात निर्ममता और निर्भीकता से रखते हैं (एकाध बार, जिसका दंड भी उन्हें भोगना पड़ा है।) लेकिन एक संस्कृतिकर्मी की तरह, एक ज़िम्मेदार नागरिक संस्कृतिकर्मी की तरह। भारतीय संस्कृति और भारतीय परम्परा के प्रति उनमें गहरी आस्था है—अपने ज्येष्ठ रचनाकार मुक्तिबोध की तरह।

'परसाई रचनावली' के छठे खंड के अन्त में 'पूछिए परसाई से' नामक एक भाग है। 'देशबन्धु' में परसाई पाठकों के प्रश्नों का उत्तर देते थे। 'पूछिए परसाई से' इस स्तम्भ का नाम था। इस तरह के प्रश्नोत्तर प्रायः फ़िल्मी या हास्य-विनोद की पत्रिकाओं में होते हैं और उनमें हल्के-फुल्के प्रश्नों का हल्के-फुल्के ढंग से चुटकुलेबाज़ी के तौर पर उत्तर दिया जाता है। 'पूछिए परसाई से' स्तम्भ में कुछ प्रश्न इसी प्रकार के हैं, जैसे एक पाठक ने पूछा : 'नारी को अबला मानकर व्यवहार करें या तबला?' परसाई का उत्तर था :

> नारी को अबला या तबला समझें?!! यह प्रश्न तो आप अपनी पूज्य माता या बहन जी से पूछिए। पर आपके प्रश्न से आप मुझे ढोल मालूम पड़ते हैं। (6/490)

इसी तरह एक प्रश्नकर्ता ने लिखा : 'आपके ऊटपटाँग उत्तरों से हम बोर हो गए हैं। हमें क्या करना चाहिए?' परसाई ने उत्तर दिया :

> मेरी हालत भी आपकी तरह ख़राब है। मैं भी ऊटपटाँग सवालों का जवाब देते-देते बोर हो गया हूँ। अभी तक का सबसे ऊटपटाँग सवाल आपने किया है। (6/460)

लेकिन अधिकांश प्रश्नोत्तर गम्भीर और शिक्षाप्रद हैं। एक प्रश्न के उत्तर में परसाई ने इस कॉलम के बारे में ख़ुद लिखा है :

> मैं नाम छपवाने के लिए तो यह कॉलम लिखता नहीं। मेरा नाम और फ़ोटो बहुत छपते हैं। इतने सवालों में से कुछ सवाल अच्छे होते हैं, जिनमें सामाजिक-राजनीतिक प्रश्न उठाए जाते हैं। इनका जवाब मैं बहुत ध्यान से देता हूँ। इन जवाबों से लोक-शिक्षण होता है, जो कोई राजनीतिक पार्टी नहीं कर रही है। मोटी-मोटी किताबें पढ़ना कठिन है। मैं अगर आठ-दस वाक्यों में बुनियादी बात समझा सकता हूँ और एक प्रगतिशील दृष्टि दे सकता हूँ, तो मैं समझता हूँ कि यह कॉलम सार्थक है। (6/486)

परसाई अपने लेखकीय कर्तव्य का निर्वाह कर रहे थे 'देशबन्धु' में यह कॉलम लिखकर। परसाई कुछ दिनों तक शिक्षक भी थे। वे लेखन और व्यंग्य लेखन को शिक्षक का काम भी मानते थे। इस कॉलम को पढ़ने से पता चलता है कि परसाई को कितने विषयों की जानकारी थी और वे व्यक्तियों, उनकी समस्याओं, देश-विदेश की सामाजिक-राजनीतिक समस्याओं पर कितनी गम्भीरता से सोचते थे और कितनी स्पष्टता से उसे समझा सकते थे। उनके उत्तर वस्तुतः गम्भीर विचारों की अभिव्यक्ति थे। इससे उनके व्यापक किन्तु निर्मम दृष्टिकोण का पता चलता है। विचारवान व्यक्ति के लिए निर्ममता ज़रूरी है। जगदलपुर से दीपक पंड्या ने पूछा : 'क्या प्रेमचन्द रवीन्द्रनाथ टैगोर के बाद नोबेल पुरस्कार के सही हक़दार थे?' उत्तर में परसाई ने बताया : 'रवीन्द्रनाथ ठाकुर भारत के महानतम कवियों में थे। पर वे प्रेमचन्द की तरह यथार्थवादी और चेतना-सम्पन्न नहीं थे। प्रेमचन्द महान कथाकार थे, लेकिन 'गोदान' पर उन्हें नोबेल पुरस्कार नहीं मिल सकता था।'

परसाई ने आश्चर्यजनक और मेरी समझ में विवादास्पद निर्ममता से कहा कि विश्व साहित्य के परिप्रेक्ष्य में 'गोदान' बहुत ऊँचा नहीं जाता। नोबेल पुरस्कार पूँजीवादी राजनीति से प्रभावित होता है। इसलिए भी प्रेमचन्द को यह पुरस्कार नहीं मिल सकता। परसाई का कहना है कि शरत्चन्द्र को 'चरित्रहीन' और 'श्रीकान्त' पर नोबेल पुरस्कार मिल सकता था। विश्व-साहित्य के परिप्रेक्ष्यवाली बात परसाई व्यंग्य में कह रहे थे।

अनेक प्रश्न अन्तरराष्ट्रीय राजनीति से सम्बन्धित हैं। एक वामपंथी चिन्तक के रूप में परसाई उन समस्याओं पर प्रकाश डालते हैं। आरक्षण जैसे विषय पर परसाई का विचार है कि सवर्णों ने कई शताब्दी शूद्रों पर जो अत्याचार किये, उन्हें अछूत रखा, अपढ़ रखा, उन्हें कुत्ते और सूअर माना—इस पाप का प्रायश्चित्त कौन करेगा? परसाई का कहना है कि आरक्षण वस्तुतः न वोट पाने के लिए है, न सवर्णों को उखाड़ने के लिए। आरक्षण द्वारा हमारा संविधान हमारी ही भूल से पिछड़ गए लोगों को थोड़ी सुविधा, सुरक्षा और अवसर देता है। इस व्यवस्था में चाहे जितनी खामियाँ हों, मगर मूल रूप से आरक्षण सही और नैतिक है। आगे चलकर आरक्षण ख़त्म हो जाएगा।

इस स्तम्भ में परसाई ने कई साहित्यिक प्रश्नों और साहित्यिक राजनीतिक व्यक्तियों पर अपने विचार प्रकट किये हैं। सबसे ज़्यादा प्रश्न इन्दिरा गांधी पर पूछे गए हैं। इन्दिरा गांधी को परसाई ने एक उत्तर में किंडर गार्डन की हेडमास्टरनी कहा है। इन उत्तरों से उनकी राजनीतिक सोच के साथ-साथ प्रखर साहित्यिक आलोचकीय क्षमता का भी पता चलता है। इनके आधार पर कहा जा सकता है कि परसाई प्रथम कोटि के आलोचक थे। यह दूसरी बात है कि उन्होंने आलोचना कम लिखी है। परसाई ने केवल हिन्दी साहित्य से सम्बन्धित नहीं; उर्दू, बांग्ला और अन्य भारतीय भाषाओं के साहित्य पर भी अपने विचार प्रस्तुत किये हैं। उनका उर्दू का अध्ययन काफ़ी व्यापक मालूम पड़ता है। फ़िराक़ साहब के बारे में उन्होंने जो उत्तर दिया, वह तो फ़िराक़ से व्यक्तिगत रूप से भी मिलते थे। फ़िराक़ ने परसाई की काफ़ी रचनाएँ भी पढ़ी थीं। वे ताज भोपाली के प्रशंसक थे। परसाई ने फ़िराक़ पर जो लिखा (जो उत्तर दिया), उसका एक अंश इस प्रकार है :

> फ़िराक़ के व्यक्तिगत जीवन के बारे में न पूछें तो अच्छा है। प्रचलित मान-मूल्यों के हिसाब से उनका व्यक्तिगत जीवन अच्छा नहीं था। वे अपनी पत्नी से जीवन-भर नफ़रत करते रहे। वे शराबी थे। उनके सम्बन्ध स्त्रियों और ख़ूबसूरत लड़कों से थे। इस तरह का चरित्र दुनिया में कई

महान लेखकों का रहा है। मोपासां भी चरित्रहीन थे। जोश मलीहाबादी कोई संयमी नहीं थे। फ़िराक़ साहब ने अपने चरित्र के दोषों को छिपाया नहीं। खुलकर बताया। साफ़-साफ़ लिख भी दिया। फ़िराक़ के भीतर सौन्दर्य और प्रेम की भावना बहुत तीव्र थी। इसके साथ ही अभिव्यक्ति का उद्दाम आवेग 'निराला' की तरह था। उनकी आत्मा में बहुत उष्मा और ऊर्जा थी। इसलिए वे महान शायर थे। इसी से हमें मतलब है। वे ख़ुद कह गए हैं कि एकाध कोई स्त्री थी, जिससे उनका आत्मिक सम्बन्ध था, बाकी सबसे केवल शारीरिक प्रणय उनकी ख़ास भावना थी। उदासी बहुत थी। उनमें प्रगतिशील क्रांतिकारी तत्त्व भी थे।

गरज की काट दिये, ज़िन्दगी के दिन ऐ दोस्त
वो तेरी याद में हो, या तो तुझे भुलाने में। (6/477)

इन प्रश्नोत्तरों की ख़ास बात यह थी कि इनके प्रश्नकर्ता भारत के, विशेषत: मध्य प्रदेश के सुदूर गाँवों, छोटे क़स्बों के पाठक होते थे। कुछ स्थानों के नाम देखिए—बालोद, काँकेर, नन्दिनी नगर, खुरबा, बैहामुड़ा, खरसिया, साल्हे, बसना, सहसपुर लोहारा, आदि।

परसाई व्यंग्य और कहानी को ही नहीं, प्रश्नोत्तरी को भी एक साहित्यिक विधा बनाने में अपनी भूमिका अदा कर रहे थे। प्रगतिशील भूमिका।

परसाई एवं मुक्तिबोध

परसाई ने मुक्तिबोध पर एक संस्मरण लिखा है। वह 'परसाई रचनावली', खंड-4 में संकलित है। मुक्तिबोध से सम्बन्धित एकाध निबन्ध और भी लिखे हैं। एक व्यंग्य निबन्ध का अन्त मुक्तिबोध के आकस्मिक उल्लेख से होता है। निबन्ध है—'माना कि रहेंगे दिल्ली'। दिल्लीवासियों की दुर्गति और अनात्मीयता दिखाने के बाद निबन्ध में मित्रों से कहलाया गया है—अरे, दिल्ली जाकर कोई नहीं लौटता।

मैं सोचने लगता हूँ—जैसे मुक्तिबोध

इसे मेरे गाँव की बोली में 'हक्क से' याद आना कहते हैं। हक्क यानी कलेजे पर आघात। जो बहुत आत्मीय होता है, वही इतने आकस्मिक तौर पर बिना किसी प्रसंग के सहसा याद पड़ जाता है। कोई बहुत भारी कचोट मन की अतल गहराइयों में बस जाती है। हमें लगता है कि वह नहीं है लेकिन वह कचोट किसी भी क्षण झपट्टा मारकर हमारी चेतना को अभिभूत कर लेती है। 'राम की शक्ति-पूजा' के राम को समरभूमि में सीता इसी तरह याद आई थीं :

ऐसे क्षण अन्धकार, घन में जैसे विद्युत,
चमकी पृथ्वीतनयाकुमारिका छवि अच्युत।

फ़िराक़ गोरखपुरी की बहुत अच्छी नज़्म है : 'आधी रात'। द्वितीय विश्वयुद्ध के दौरान वह कविता लिखी गई। कविता में आधी रात के जादू की जागती तसवीर खींच दी गई है। गन्ध, स्पर्श, आलोक, ध्वनि से भरा रहस्यमय कॉस्मिक सौन्दर्य चित्रित किया गया है कि पंक्ति आती है :

सिपाहरूस है अब कितनी दूर बर्लिन से।

कवि मन की गहरी परतों में छिपी यह चिन्ता बाहर आती है तो सारे चित्र पर यह चिन्ता हावी हो जाती है। जैसे सीता की मूर्ति राम के मन के सारे अन्धकार को

आलोकित कर जाती है, वैसे दिल्ली के बारे में परसाई का सारा चिन्तन, व्यंग्य-विनोद हवा हो जाता है—याद पड़ते ही कि इसी दिल्ली में मुक्तिबोध अन्तिम बीमारी में आए थे। वे जबलपुर में परसाई से छूटकर यहीं आए थे, जहाँ से लौटकर फिर मित्रों से न मिल सके। जायसी ने लिखा था : 'सो दिल्ली अस निबहुर देसू—निबहुर-जहाँ से बहुरा न जा सके', वापस लौटकर न आया जा सके। किसी के वापस न लौटने की पीड़ा सबको नहीं व्यापती—उसके प्रिय को ही व्यापती है।

निबन्ध में इसके बाद कुछ नहीं लिखा गया। मुक्तिबोध की मृत्यु का स्मरण आते ही जैसे व्यंग्यकार सब कुछ भूल गया—सब कुछ समाप्त हो गया। निबन्ध पूरा हो गया।

परसाई भावुकता की हँसी उड़ाने वाले रचनाकार हैं किन्तु करुणा के दृश्यों को देखकर सब कुछ—हँसी उड़ाना भी भूल जाते हैं। ऐसा ही एक दृश्य होशंगाबाद का पूर (बाढ़) था जिसकी विनाशलीला को 'व्यंग्य लेखक ने देखा तो सारा व्यंग्य भूल गया।' (3/266)

परसाई ने मुक्तिबोध का संस्मरण बहुत संयत होकर लिखा है। मार्मिकता पैदा करने की शक्ति लेखक की तटस्थता में है, स्थितियों की पाषाणता पर मुक्तिबोध से उनकी आत्मीयता की कोई खरोंच नहीं पड़ने पाई है। इस संस्मरण की प्रशंसा मौका मिला तो फिर कभी करेंगे, यहाँ हमारा उद्देश्य उसके एक पक्ष की ओर ध्यान दिलाना है।

मुक्तिबोध के व्यक्तित्व की जिन प्रवृत्तियों की चर्चा उस संस्मरण में की गई है, उनका सम्बन्ध उनकी जीवन-स्थितियों से है। मुक्तिबोध की संवेदनशील मानसिकता देश के सामान्य जन की यातना को प्रगाढ़ तौर पर भोग रही है। जिस असुरक्षा, अनिश्चय, संशय भावना का उल्लेख और चित्रण परसाई ने मुक्तिबोध के संस्मरण में किया है, वह उनके व्यंग्य-निबन्धों में भी है। दोनों को मिलाकर पढ़ें तो लगेगा, स्वातंत्र्योत्तर भारत के लोगों की बाह्य और मानसिक यातना मानो मुक्तिबोध में संकलित हो गई है।

परसाई ने मुक्तिबोध के बारे में लिखा :

> शंका व असुरक्षा की भावना तीव्र हो उठी थी...। ज्यों-ज्यों उनकी मुसीबतें बढ़ती गईं, ज़्यादा कड़ुए अनुभव होते गए। उनके कई विश्वसनीयों का चारित्रिक पतन होता गया। उनकी शंका बढ़ती गई, वे अपने को असुरक्षित अनुभव करते गए।

उनकी पुस्तक 'भारत : इतिहास और संस्कृति' पर प्रतिबन्ध लगा तो वे विचलित हो गए। इस घटना ने उनके भीतर भय और असुरक्षा की भावना पैदा कर दी।

'अँधेरे में' कविता का यही रचनाकाल है। उन दिनों मुक्तिबोध बहुत आशंकाग्रस्त थे। छोटी-से-छोटी बात उन्हें विचलित कर देती थी। चाबी जिस जेब में रखी होने की उन्हें याद थी, अगर वह उस जेब में नहीं है तो वे ऐसे शंकित हो उठते थे, जैसे कोई बड़ा षड्यंत्र उन्हें घेर रहा है!

यह अविश्वास और अनिश्चय इसलिए है क्योंकि जो घोषित किया जाता है, किया नहीं जाता। जो आशा दिलाई जाती है, वह पूरी नहीं की जाती। जो दिखलाई पड़ता है, वह वस्तुतः वैसा होता नहीं। जो होना चाहिए, वैसा कहीं दिखलाई पड़ जाए तो स्वप्न जादू लगता है। सामान्यजन रोजमर्रा के जीवन में यह अनिश्चय, अविश्वास कैसे भोग रहा है :

> मैं बार-बार टिकट निकालकर देखता हूँ—आज का ही है? कहीं जाली तो नहीं है? रिजर्वेशन सही है कि नहीं? कोई भरोसा नहीं।
>
> अब मैं प्लेटफार्म पर खड़ा गाड़ी का इन्तजार कर रहा हूँ। मैं जानता हूँ, गाड़ी पूर्व से आती है, पर मैं पश्चिम की तरफ भी देखता हूँ। दोनों तरफ से गाड़ी का इन्तजार करता हूँ। कोई ठिकाना नहीं, पूर्व से आनेवाली गाड़ी पश्चिम से भी आ सकती है। (3/247)

इतना अनिश्चय, इतना अविश्वास।

> देश के विकास के नाम पर लोगों की मुश्किलें बढ़ी हैं। परीक्षा कोई देता है, पास कोई होता है। जो भ्रष्टाचारी होता है, वह सदाचार अधिकारी बना दिया जाता है।

मनुष्य जब 'समझ' से देखता है, तब उसे यह उलटबाँसी घटित होते हुए दिखलाई पड़ती है कि सड़क के पेट से बँगले पैदा होते हैं।

मुक्तिबोध का अनिश्चय, अविश्वास और असुरक्षा-भावना आसमान से नहीं टपकी है। इसमें सिर्फ उनकी स्थिति नहीं है। अपनी स्थिति की यातना और अपने समाज के अधिकांश जन की यातना घुली-मिली है।

परसाई के व्यंग्य-निबन्धों के अनेक चित्र एवं बिम्ब मुक्तिबोध की कविता के बिम्बों से मिलते-जुलते हैं। यह बात पहले चौंकाने वाली मालूम पड़ती है। लगता है, दोनों मित्र काफी सत्संग करते थे। यह सत्संग रचनात्मक होता था। आस-पास की स्थितियों, घटनाओं पर वे जो टिप्पणी करते थे, तीखी बातचीत के दौरान जो चित्र बनाते थे, उनमें से अनेक दोनों की रचनाओं में आ गए हैं।

कई बार तो परसाई के निबन्ध में आए वर्णन-चित्र से मुक्तिबोध का काव्य-चित्र सुस्पष्ट हो जाता है। ज़्यादा समझ में आ जाता।

'अँधेरे में' कविता में गांधी जी वाचक से कहते हैं :

दुनिया न कचरे का ढेर कि जिस पर
दानों को चुगने चढ़ा हुआ कोई भी कुक्कुट
कोई भी मुरगा
यदि बाँग दे उठे जोरदार
बन जाए मसीहा।

परसाई के यहाँ 'तीसरे दर्जे के श्रद्धेय' में यह चित्र आता है। गांधी जी द्वारा सम्बोधित व्यक्ति, स्वातंत्र्योत्तर भारत का बुद्धिजीवी है जो क्रान्ति की बात करना भी भुनाता है। क्रान्ति की बात करके वह वाहवाही लूटता है। सरकार पर नाटकीय हमले करके सारी क्रान्ति विरोधी बुर्जुवा ताकतों को बचाने की कोशिश करता है :

> मुर्गा दिन में सबसे पहले क्रान्ति का आह्वान करता है। क्रान्ति की बाँग देता है और फिर घूरे पर दाने बीनने लगता है। भारतीय बुद्धिजीवी का भी यही हाल है। क्रान्ति की बाँग, घूरे पर दाने चुगना और हलाल होने का इन्तजार करना। (3/246)

'अँधेरे में' कविता में एक जुलूस है मृत दल का। दूर से आती हुई गैस-बत्तियाँ, बैंड-दल, लोगों के चेहरे लिपे-पुते :

और अब
गैस-लाइट निलाई में रँगे हुए अपार्थिव चेहरे
बैंड दल
....
चेहरे का आधा भाग सिन्दूरी गेरुआ
आधा भाग कोलतारी भैरव

> कल इधर एक बारात आई थी। मजदूरों के सिर पर कई गैस-बत्तियाँ रखी थीं। दूल्हे की सजावट ऐसी थी कि वधू को उसे देखकर उलटी हो जाए। दो बैंड और इसके साथ ही लाउडस्पीकर। घमासान कोलाहल। बारातियों को विभिन्न रंगों से पोत दिया होता तो अच्छा होता। (3/227)

'अँधेरे में' की शोभा-यात्रा यहाँ बारात-वर-यात्रा है। दोनों यात्राएँ मृत दल की हैं।

'अँधेरे में' जुलूस में सम्पादक, आलोचक, कविगण, विद्वान—सब शामिल हैं। परसाई ने अन्यत्र लिखा :

> इस देश के बुद्धिजीवी सब शेर हैं। पर वे सियारों की बारात में बैंड बजाते हैं। (3/45)

किसी प्रकार का आत्म-प्रचार अनैतिक और कुरूप है। मुक्तिबोध ने 'दुःखों के दागों को तमगा-सा' पहनने वालों को आत्मग्रस्त माना है। वे अपने ही कीचड़ में धँसे हुए लोग हैं। परसाई इसे 'करुणा चुराना' कहते हैं :

> तब वे बैठे-बैठे घाव दिखाकर सहानुभूति अर्जित करने लगे। आगे 'तमगा' भी है—विक्टोरिया क्रॉस वाला किसी सेठ के फाटक पर पुरानी वर्दी में चौकीदारी कैसे करे। (3/161)

चेहरे पर रंगरोगन पोतने की तरह इत्र-फुलेल भी छद्म का उपकरण है। प्रेमचन्द के प्रसंग में परसाई ने लिखा कि कई लोग तो इत्र लगाकर फोटो खिंचाते हैं ताकि फोटो में भी खुशबू आ जाए। मुक्तिबोध ने 'चाँद का मुँह टेढ़ा है' कविता में इसी छद्म या कृत्रिम गन्ध का (पुष्प-गन्धों का नहीं, मुक्तिबोध के यहाँ वह मानवीय उल्लास का प्रतीक बनता है) बयान किया है :

किंग्सवे में मशहूर रात की है जिन्दगी
भारतीय फिरंगी की दुकान
सुगंधित प्रकाश में चमचमाता ईमान।

चमचमाहट, जगमगाहट, आत्मप्रदर्शन मुक्तिबोध के यहाँ भी विकृति से जुड़े हैं। परसाई के 'अहं का भालू' या नकटा उनके यहाँ 'ओरांग उटांग' है। यों यह भालू भी मुक्तिबोध की एक कविता में मौजूद है :

अब अहंकार उद्विग्न हुआ
मानव के सब कपड़े उतार
वह रीछ एकदम नग्न हुआ

('डूबता चाँद कब डूबेगा')

परसाई और अमरकान्त की तरह मुक्तिबोध की भी रचनाओं में विभिन्न पशुओं का एक जंगल है। परसाई ने संस्मरण में लिखा है कि 'एक रात चीखकर खाट से फर्श पर गिर पड़े। सँभले, तब बताया कि एक बहुत बड़ी छिपकली सपने में सिर पर गिर रही थी।'

इसे पढ़कर अमरकान्त की 'छिपकली' नामक कहानी की याद न आना असम्भव है। मुक्तिबोध भयंकर तनाव में थे। छिपकली बिना आहट के किसी वक्त आक्रमण करनेवाली व्यवस्था का प्रतीक है।

अमानवीय समाज-व्यवस्था और काल का आघात समान रूप से अचूक और आकस्मिक हैं। छिपकली तनाव के दौर में की आशंका है जो नियति बन गई है।

मुक्तिबोध की कविता 'अँधेरे में' का नायक 'रक्तालोक स्नात पुरुष' है। वह फटे कपड़े पहने है, अभावग्रस्त है, वह संघर्ष और ऐतिहासिक सकर्मकता का प्रतीक है। परसाई के यहाँ कोई एक सुनिश्चित पात्र नायक नहीं, नायक उनके निबन्धों में बिखरे पड़े हैं—खलनायक भी बिखरे पड़े हैं। उन्हें जोड़कर एक कीजिए तो जो रूप उभरेगा, वह 'रक्तालोक स्नात पुरुष' से मिलता-जुलता होगा। संघर्षरत रक्त में लथ-पथ व्यक्ति का यह चित्र इस सन्दर्भ में ध्यान देने योग्य है :

> जिन्हें बदबू ज़्यादा आती है और जो सिर्फ मुख्य द्वार से घुसना चाहते हैं, वे खड़े दरवाजे पर सिर मार रहे हैं और उनके कपालों से खून बह रहा है। (3/195)

यहाँ 'रक्तालोक स्नात पुरुष' एक नहीं, अनेक हैं। 'अँधेरे में' का नायक भी कमरे में आना चाहता था, वह साँकल बजा रहा था। वाचक पीछे दरवाजे से नाबदान के रास्ते सफलता के महल में घुस आया होगा—सुविधा की जिन्दगी बसर करने।

इन चित्रों की समानता आकस्मिक नहीं है। दो मित्र एक ही विचारधारा, एक ही वर्ग के हों, रचनाकार हों, घंटों मटरगश्ती करते हों, सत्संग करते हों, एक दूसरे के भौतिक, मानसिक और रचनात्मक संघर्ष में साथ रहते हों तो उनके साहित्य में समान चित्रों का न होना ही अस्वाभाविक होगा। यह समान-चित्र एक दूसरे के साहित्य पर प्रभाव के रूप में नहीं—एक दूसरे के जीवन और जीवन-दृष्टि पर प्रभाव के रूप में हैं। यह स्वातंत्र्योत्तर भारत की स्थिति से उत्पन्न सहयोगी संवेदना के चित्र हैं। ऐसे समान चित्र ढूँढ़ने पर और मिलेंगे।

परसाई के व्यंग्य का सौन्दर्य-बोध

सुन्दर साहित्य जीवन के असुन्दर रूपों का भी चित्रण करता है। आचार्य रामचन्द्र शुक्ल के शब्दों में : जिन मनोवृत्तियों का अधिकतर बुरा रूप हम संसार में देखा करते हैं, उनका भी रूप सुन्दर कविता ढूँढ़कर दिखाती है। दशवदन-निधनकारी राम के क्रोध के सौन्दर्य पर कौन मोहित न होगा!

सौन्दर्य आनन्द देता है। यह आनन्द केवल सुन्दर वस्तुओं, क्रियाओं से ही नहीं मिलता। असुन्दर का विरोध करनेवाली, आनन्द में आपत्ति उपस्थित करनेवाली स्थितियों के विरोध से भी मिलता है। शक्तिशाली अन्यायी सत्ता की अस्वीकृति चेतना का नकारात्मक नहीं, सकारात्मक गुण है। किसी गुंडे को पिटते हुए देखकर या किसी भूमाफिया को हथकड़ी पहने हुए देखकर भी आनन्द होता है। इसलिए सौन्दर्य का रूप केवल विधेयात्मक नहीं होता, निषेधात्मक भी होता है।

परसाई व्यंग्य से छद्म उद्घाटित करते हैं। यह छद्म-उद्घाटन सोद्दिष्ट है। एक सुनिश्चित दृष्टि के तहत है। अन्य प्रसिद्ध व्यंग्यकार श्रीलाल शुक्ल के अनुसार : परसाई की क्षमता का कारण उनकी विचारधारात्मक प्रतिबद्धता थी। विचारधारा जीवन-जगत् को विशेष दृष्टिकोण से देखती है और उसे त्रुटिहीन बनाकर बेहतर बनाना चाहती है, वह व्याख्या और विकल्प प्रस्तुत करती है। परसाई की विचारधारा समाजवाद की थी। समाजवाद वस्तुओं, स्थितियों को परस्पर जोड़ता है। वह जीवन-जगत् का ढाँचा अन्तस्सम्बन्धता पर निर्मित करता है।

हम जो अभिमत प्रकट करते हैं, किसी आचरण, रूप, कार्य, रचना को अच्छा या बुरा कहते हैं, उसके पीछे हमारे अनुभव, विचार, दृष्टि—बहुत कुछ होता है। जाना-अनजाना। श्री पाटणकर का विचार है कि 'हर अभिमत के पीछे अवधारणाओं का तथा निकषों का सैद्धान्तिक व्यूह खड़ा हुआ होता है। लेकिन इसका भान हमें नहीं होता। कम-से-कम उसका स्वरूप स्पष्टत: हमारा देखा हुआ नहीं होता। जिन अवधारणा व्यूहों के कारण हमारे समीक्षा-व्यापार सिद्ध होते हैं, उनका सम्पूर्ण नक्शा सामने खड़ा करना सौन्दर्यशास्त्र का कार्य है।' ('सौन्दर्यशास्त्र का स्वरूप')

डॉ. रामविलास शर्मा इस विषय में कहते हैं : 'कला में कुरूप और असुन्दर विवादी स्वरों के समान हैं जो रोग के रूप को निखारते हैं। बीभत्स का चित्रण देखकर हम उससे प्रेम नहीं करते, हम उस कला से प्रेम करते हैं जो हमें बीभत्स से घृणा करना सिखाती है। बीभत्स से घृणा करना सुन्दर कार्य है या असुन्दर? जिसे हम कुरूप, असुन्दर और बीभत्स कहते हैं, कला में उसकी परिणति सौन्दर्य में होती है।' ('सौन्दर्य की वस्तुगत सत्ता और सामाजिक विकास')

व्यंग्य हास्य की तरह सिर्फ हँसी नहीं पैदा करता, वह प्रहार करता है—अमानवीय शोषक प्रतिष्ठान और यथास्थिति बरकरार रखनेवाली शक्तियों और प्रवृत्तियों पर। प्रहार किस पर किया जाए, किस पर नहीं; किसका समर्थन किया जाए, किसका विरोध—इसके लिए विवेक की जरूरत पड़ती है। परसाई की एक कहानी है : 'वह क्या था'। कहानी के नायक ने कभी किसी को कोई तकलीफ नहीं दी। यहाँ तक कि मरे भी इतवार के दिन ताकि शवयात्रा में शामिल होने के लिए छुट्टी न लेनी पड़े। मौसम बरसात का था लेकिन खुले दिन में मरे—लोग भीगें न। परसाई ने कहानी का अन्त यों किया है :

> सोच रहा हूँ कैसा आदमी था! कभी प्रतिरोध नहीं। कभी तनकर खड़ा हुआ नहीं। चींटी से भी बचकर चला। कोई अस्वीकार नहीं किया। कोई विरोध नहीं। उसे कुछ भी असहनीय नहीं लगा।
>
> एक ऐसा आदमी था जिसके पास जलती मशाल ले जाओ तो बुझ जाए।
>
> मैं सोच रहा था। एक पड़ोसी मित्र आ गए। वह भी मरहूम के बारे में सोच रहे थे।
>
> कहने लगे—'भई, क्या आदमी था! मैं तो सोचता हूँ, वह संत था।'
>
> मैं कुछ नहीं बोला।
>
> मित्र ने कहा—'बोलो न, क्या था वह?'
>
> इसी समय मेरे पाँव को किसी लिजलिजी चीज ने स्पर्श किया। मैंने जोर से पाँव फटकारा। केंचुआ दूर जा पड़ा।
>
> मित्र ने पूछा—'क्या था?'
>
> मैंने जोर से कहा—'केंचुआ था।'

प्रयाग के एक स्वनामधन्य लेखक मिले। बोले—'बेचारे निराला जीवन-भर दु:ख भोगते-भोगते आखिर मृत्यु को प्राप्त हो गए। ऐसी महान प्रतिभा का ऐसा दारुण अन्त।' मुझे लगा, ये रोने लगेंगे, पर वे बोले—'मरते क्यों नहीं? सब करम तो करते थे—नशा, रंडीबाजी!...मुझे लगा, मेरे पास एक कोढ़ी बैठा है जिसके अंग-अंग गल रहे हैं।'

परसाई के लेखन में कुछ लोगों के प्रति तीव्र घृणा और धिक्कार का भाव है। समाज के एक ऐसे समुदाय का चित्रण है जो गर्हित, हिंस्त्र और मैलाखोर पशुओं का बाड़ा है।

प्रगतिशील साहित्य के सौन्दर्य-बोध का एक महत्त्वपूर्ण अवयव घृणा, व्यंग्य, तिरस्कार है। नागार्जुन, केदारनाथ अग्रवाल, अमरकान्त के यहाँ यह विशेष रूप से दिखलाई पड़ता है। व्यंग्य में इस तीव्र घृणा एवं तिरस्कार के अनेकानेक रूप—सर्वाधिक रूप परसाई के यहाँ मिलते हैं। उनके लेखन का एक अंश ऐसा भी है जो विवादी या निषेधात्मक नहीं है और सौन्दर्य का आदर्श या विधेयात्मक रूप प्रस्तुत करता है। किन्तु वह अपेक्षाकृत कम है।

सौन्दर्य के इस विवादी पक्ष को ही चित्रित करने के लिए व्यंग्य-विधा को अपनाया गया है। यह नहीं है कि सौन्दर्य के विवादी रूप को केवल व्यंग्य के ही माध्यम से चित्रित किया जा सकता है। मुक्तिबोध ने उसे फ़ैंटेसी के माध्यम से, शेखर जोशी ने अभिधा शैली की कहानी 'बदबू' से व्यक्त किया है।

घृणा, तिरस्कार, व्यंग्य का विवादी स्वर सरहपा, कबीर, तुलसी, ग़ालिब, निराला, प्रेमचन्द के यहाँ भरपूर है।

कहने की जरूरत नहीं कि वादी के बगैर विवादी सम्भव नहीं। एक तरह से वादी और विवादी एक ही ढाँचे के अवयव हैं—यों कहें कि विवादी वादी में समाविष्ट होता है। परसाई के व्यंग्य-निबन्धों की यथाशक्ति विवेचना करने का प्रयास हम अन्यत्र कर चुके हैं। उस विवेचन को उनके सौन्दर्यबोध का भी विवेचन समझना चाहिए।

पिछले अध्याय में मुक्तिबोध और परसाई के अनेक बिम्बों की समानता दिखाई गई है। पुस्तक में एक उल्लेखनीय समान-विषय छूट गया था। परसाई का एक महत्त्वपूर्ण निबन्ध है : 'प्रेमचन्द के फटे जूते'। मुक्तिबोध ने इसी विषय पर एक निबन्ध लिखा है यानी प्रेमचन्द के फोटो पर। निबन्ध का शीर्षक है : 'मेरी माँ ने मुझे प्रेमचन्द का भक्त बनाया'। ('रचनावली' के पाँचवें खंड में संकलित)

प्रेमचन्द का जूता कैनवास का है और वह अँगुलियों की ओर से फटा है। जूते की कैद से बाहर निकलकर अँगुलियाँ बड़े मजे से मैदान की हवा खा रही हैं। फोटो खिंचाते वक्त प्रेमचन्द अपने विन्यास से बेख़बर हैं...।

प्रेमचन्द के फोटो से सम्बन्धित मुक्तिबोध और परसाई की रचनाओं से उनकी अपनी विशेषताएँ भी जानने का प्रयास कर सकते हैं। मुक्तिबोध का निबन्ध इस घटना को निमित्त बनाकर आज के पाठक और प्रेमचन्द के साहित्य पर गम्भीर विचार करता है। परिवर्तित युग-बोध, जटिलकर युग में प्रेमचन्द के पात्रों को निरीहता, सरलता को प्रेरणा का स्रोत मानता है। और उस निरीहता के लिए तरसता है। ये समानताएँ अनायास ही मुझे दिख गई हैं और इनका उल्लेख मैं अन्यत्र कर चुका हूँ। ढूँढ़ने पर इनकी संख्या और बढ़ जाएगी।

लेकिन इससे अधिक महत्त्वपूर्ण है भाव-मंत्र की समानता जो सौन्दर्य-दृष्टि का निर्माण करती है।

अन्तस्सम्बन्धता मुक्तिबोध और परसाई की भाव-बोधात्मक प्रवृत्ति है। हर चीज, हर और चीज से जुड़ी है। मुक्तिबोध कहते हैं :

एक कदम रखता कि सौ राहें फूटती हैं
व मैं उन सबसे होकर गुजरना चाहता हूँ
फिक्र से फिक्र लगी है।

मुक्तिबोध अतीव समावेशी रचनाकार हैं। अन्तस्सम्बन्धता उनका मूल्य है। मुक्तिबोध की कविताओं और उनके चिन्तन में जो उलझाव सामने आता है, उसका कारण चीजों को चीजों से जोड़ने की प्रवृत्ति है। वे अपनी रचनाओं को इतिहास का सहचर और इतिहास जितना ही अन्तस्सम्बद्ध और असमाप्त बनाने का प्रयास करते हैं। इसीलिए वे अपनी कविताओं को अधूरी कहते हैं। तर्क सीधा है—चूँकि इतिहास का अन्त नहीं, इसलिए इतिहास के साथ चलनेवाली रचना का अन्त नहीं। कविताएँ अधूरी हैं किन्तु सन्तानवती हैं। सन्तान यानी भावी मानवता :

कि मैं अपनी अधूरी दीर्घ कविता में
उमगकर जन्म लेना चाहता फिर से।

नहीं होती, कहीं भी खत्म कविता नहीं होती
कि वह आवेग-त्वरित काल यात्री है।

इतिहास काल रूप है। यह रूप मनुष्य कर्म से गढ़ता है। परसाई ने अपने लेखन से अपने युग के इतिहास अर्थात् मानव-कर्म को रूपायित किया है। राजनीति, साहित्य, अर्थ, आचरण, व्यवहार आदि की कौन ऐसी उल्लेखनीय घटना है, अपने समय का कौन ऐसा उल्लेखनीय व्यक्तित्व है जिस पर परसाई ने नहीं लिखा है। 'गोदान' के बारे में कहा जाता है कि उससे उत्तरी भारत का प्रेमचन्दकालीन इतिहास लिखा जा सकता है। यह भी एक कदम रखने पर सौ राहों का फूटना और उन सब पर से गुजरना ही है। यह भी कहीं भी निबन्धों का ख़तम न होना ही है। यह लेखन को अपने समय के इतिहास का सहचर बनाना है। इस अन्तस्सम्बन्धता के साथ वह विवेक है जो वर्ग और वर्ग की विषमता की अनदेखी नहीं करता। भौतिक असमानता के तात्कालिक और दूरगामी, नेपथ्यगामी, अदृश्य प्रभावों और निहितार्थों को देखता और दिखाता है। केवल आर्थिक विषमताओं को नहीं, मनोवैज्ञानिक आचरणगत, सांस्कारिक सन्तुलनों-असन्तुलनों को प्रकट करता है।

मुक्तिबोध इस विषमता की मार्मिकता मिथकों, फ़ैंटेसी, प्रतीक आदि के माध्यम से उद्घाटित करते हैं। वे प्रायः सर्वत्र यथार्थ का रूपान्तरण करते हैं। यथार्थ को वे स्वप्न, प्रतीक, बिम्ब, प्रकृति आदि में रूपान्तरित करते रहते हैं। सामने की वस्तु अवचेतन की प्रतीक बन जाती है। ब्रह्मराक्षस, ओरांग उटाँग, रीछ, दस्यु, सर्प आदि के साथ-साथ तिलक, गांधी, तोल्स्तोय, शिवाजी, पन्ना धाय, तुलसीदास, कनफटे योगी आदि उनकी कविता में प्रतीक बनकर आते हैं। एक विश्व चेतना, अखिल सनातन, असीम के प्रश्नों एवं उत्तरों की गूँज-अनुगूँज का वातावरण कभी गम्भीर, ख़तरनाक प्रश्नों को भी धुँधला देनेवाली जटिल अन्तस्सम्बन्धता का सरोकार प्रायः बना रहता है :

समस्या एक—
मेरे सभ्य नगरों और ग्रामों में
सभी मानव
सुखी, सुन्दर व शोषण-मुक्त
कब होंगे?

मुक्तिबोध परम्परा का अतीव सम्मान करनेवाले रचनाकार हैं। सशक्त जनक्रान्ति की स्वप्न-कथा कहते हुए उनके यहाँ भक्ति का उद्रेक होता है; काका का सोंटा चलता है। वे रचना-आचरण में अतीव संस्कारी, विनम्र हैं। कड़ी बात, किसी का मजाक उड़ाना, व्यंग्य से आहत करना उन्हें नहीं आता। आत्म-व्यंग्य वे प्रायः करते हैं।

परसाई भी शोषण-मुक्त समाज का स्वप्न देखते हैं। किन्तु उनका आग्रह वर्तमान पर है। असीम अतीत भी है, भविष्य भी और वर्तमान भी। तीनों काल अभेद्य हैं—परस्पर समाविष्ट। गणित का सिद्धान्त है : अनन्त का कोई भी अंश अनन्त होता है—'एवरी पार्ट ऑव इनफाइनाइट इज इनफाइनाइट।'

परसाई परम्पराद्रोही नहीं। किन्तु वे सब पर हँस सकते हैं। वे मिथकों का रचनात्मक उपयोग मिथक-भंजन के लिए करते हैं। मुक्तिबोध प्रत्येक रचना में सबकुछ समेट लेना चाहते हैं। परसाई के यहाँ वर्तमानता की अनन्तता का संकेत उनके व्यंग्य-निबन्धों के परस्पर सम्बद्ध आकार से ही मिलेगा। परसाई का सौन्दर्य-बोध गहरा, प्रच्छन्न है। नेपथ्य काफी दूर है। इस प्रतिष्ठान-प्रहार, व्यंग्य-विनोद के पीछे अमानवीय स्थिति की, उसको न बदल पाने की यातना है। तीव्र घृणा है, अच्छे दिनों की आशा का स्वप्न है—और इन सबके साथ रचनात्मकता का आग्रह वर्तमान की धार पर है।

अगर कहें कि अन्तस्सम्बन्धता मानवीय उद्देश्य से होती है तो चतुर विचारक इसे सरलीकृत अथ च उपेक्षणीय वक्तव्य मानेंगे। मानवीयता भी अवधारणा है। वह जटिल से जटिलतर हो रही है। उसका तर्क समझकर ही हम उसे समझ सकते हैं। मानवीयता के तर्क का यहाँ व्याकरण नहीं प्रस्तुत किया जा सकता—केवल कुछ सूत्रों का संकेत किया जा सकता है।

मानव-समाज ऐसा अन्तस्सम्बन्धित ढाँचा है जिसमें अनेक समान और विरोधी हितों के वर्ग एवं समुदाय हैं। मनुष्य शोषण करने के तरीके ईजाद करता रहता है और उनसे मुक्त होने के भी। मनुष्य प्रकृति का शोषण करता है और मनुष्य का भी—प्रकृति से भी प्रेम करता है और मनुष्य से भी। शोषक और शोषित के उद्यम और दाँव-पेंच चलते रहते हैं। पर्यावरण-चेतना के बूते पर कह सकते हैं कि प्रकृति के शोषण का भी मुआविजा मनुष्य को भरना पड़ता है। मानवीयता का सरोकार सिर्फ मानव-समाज नहीं—प्रकृति भी है। अब कहा जा सकता है कि मानवीय आचरण सिर्फ व्यापक प्रेम का ही आग्रह नहीं—वह मनुष्य की आत्म-सुरक्षा का भी आग्रह है। इकबाल ने अमानवीय प्रवृत्ति के ख़तरों से आगाह करते हुए चेतावनी दी थी :

तुम्हारी तहजीब खुद अपने हाथों ही
आप खुदकुशी करेगी
जो शाख़ नाजुक पे आशियाना बनेगा, नापायेदार होगा।

बर्टेंड रसेल ने अपनी किताब 'समाज पर विज्ञान का असर' में अमानवीय प्रवृत्तियों के हाथ में पड़ जाने से भौतिक विज्ञान द्वारा नाश की पूर्वघोषणा की और वक्तव्य यों समाप्त किया :

मुझे आशा है कि मैं गलत हूँ।

भौतिक वैज्ञानिक विकास के कारण मानव-जाति का विनाश। गलती कहाँ है? इतिहास का विकास ध्वंस के बगैर सम्भव नहीं। मनुष्य पेड़ काटता है, पशु-पक्षियों को खाता है या अपने हित के लिए उनका उपयोग करता है। लेकिन मनुष्य की यह प्रवृत्ति पेड़ पशु-पक्षियों तक ही सीमित नहीं रहती। प्रकृति के शोषण की तरह वह मनुष्य होकर मनुष्य का भी शोषण करता है। प्रकृति पर प्रकृति के अन्याय और शोषण का विवरण-चित्रण निराला ने 'तुलसीदास' में अनुपम ढंग से किया है। प्रकृति अपने रूप में ही शोषित मानव-वर्ग का प्रतीक बन गई है :

हनती आँखों की ज्वाला चल
पाषाण-खंड रहता जल-जल
ऋतु सभी प्रबलतर बदल-बदल कर आते;
वर्षा में पंक-प्रवाहित सरि
है शीर्ण-काय-कारण हिम-अरि
केवल दुख देकर उदम्भरि जन जाते

प्रकृति, प्रकृति का ध्वंस करती है। मनुष्य प्रकृति का ध्वंस करता है और प्रकृति मनुष्य का ध्वंस करती है। प्रकृति मनुष्य का ध्वंस किसी योजना के तहत नहीं करती। प्रकृति अपना ध्वंस करने की प्रक्रिया में मनुष्य को भी लपेट लेती है। प्रकृति न रह जाए तो मनुष्य नहीं रह जाएगा। लेकिन मनुष्य न रह जाए तो भी प्रकृति का नाश नहीं होगा।

मनुष्य उतना शाश्वत, सनातन, अनादि, अनन्त नहीं जितना कि वह अहंकार-वश समझता है। यह बात मध्यकालीन संत कहते थे लेकिन वे यह सब व्यक्तिगत सन्दर्भ में कहते थे। रसेल ने यह बात वैयक्तिक नहीं, मानव-जाति के बारे में कही।

ओपेन हाइमर ने एक लेख में कहा कि आणविक, नाभिकीय आयुधों को बनाने की विधि मनुष्य को ज्ञात हो गई है। अब यह विधि-जानकारी सीमित नहीं रहेगी, बढ़ेगी ही। ऐसा समय शीघ्र आएगा जब इन आयुधों को बनाने की जानकारी आम हो जाएगी। तब, यदि मनुष्य अपनी नाशक प्रवृत्तियों पर संयम न कर पाया तो विनाश निश्चित है।

मनुष्यों का एक वर्ग शक्तिशाली हो गया है। मानव-समाज नहीं। विज्ञान द्वारा अर्जित शक्ति का उपयोग एक वर्ग अच्छे काम के लिए भी करता है। इसमें कोई सन्देह नहीं। किन्तु इसका उपयोग वह मानव-दलन, शोषण, नाश के लिए भी करता है। यह प्रवृत्ति खुद शोषक, शक्तिसम्पन्न वर्ग के लिए भी आत्मघाती है।

इसीलिए आइंस्टीन ने कहा : 'राजनीति को उतना नैतिक बनाना होगा जितने की माँग विज्ञान करता है।'

मृत्यु, परिवर्तन, ध्वंस जीवन-जगत् का नियम है। इनसे मुक्ति नहीं मिल सकती। पशु एक-दूसरे का आहार करेंगे—भूख मिटाने के लिए। आदमी जरूरत के मुताबिक पेड़ काटेगा, चट्टान तोड़ेगा, हिंस्र-पशुओं से अपनी रक्षा करेगा। कहते हैं, करुणावतार तथागत ने अन्तिम भोजन 'सूकरमद्दव' का किया था। जो अनिवार्य है, वह अनैतिक नहीं। जिसको मारा, काटा, उसके भी प्रति पीड़ा—यह मानवीय प्रवृत्ति है।

सौन्दर्य-बोध व्यापक सांस्कृतिक चेतना के ही अन्तर्गत है। मनुष्य अपने अनुभव, उद्यम, चेतना से बाह्य प्रकृति के सम्पर्क में आता है; समुदाय, वर्ग गठित होते हैं। इस प्रक्रिया में वह अपनी आन्तरिक प्रकृति को परिवर्तित करता है। प्रकृति के समानान्तर, उसके स्थान पर मनुष्य जिस मानवीय प्रकृति का निर्माण करता है, वह संस्कृति है। सौन्दर्य-बोध भी मानवीय निर्मित है। वह भी अन्तस्सम्बन्ध है और ऐतिहासिक है। इस मानवीय प्रकृति वाले मनुष्य को पेड़ काटना पड़ता है, धरती को खूँदना पड़ता है—लेकिन विवश होकर मजबूरन ऐसा करना पड़ता है। वह पेड़ के सौन्दर्य पर मुग्ध भी होता है, पेड़ की पूजा भी करता है। यह संस्कृति एवं सौन्दर्य-बोध है कि मनुष्य प्रातः उठकर पृथ्वी से क्षमा माँगता है कि मैं तुम पर अपने पैर रख रहा हूँ, क्षमा करना।

समुद्रवसने देवि पर्वतस्तन मंडले।
विष्णुपत्नी नमस्तुभ्यं पादस्पर्श क्षमस्व मे।

मनुष्य ने संयम और सहिष्णुता अर्जित की। इस मानवीय प्रकृति अर्थात् संस्कृति से परिवार, समाज प्रतिष्ठित हुए। पशु-पक्षियों से भिन्न मनुष्य सिर्फ नर-मादा नहीं रहा। पिता, भाई, पति, माँ, पत्नी, बहन, बेटी हुईं। निराला ने कन्या सरोज को 'शुचिते', 'गीते' जैसे विशेषणों से सम्बोधित किया है। यह अपनी आवश्यकता को पहचानने, उसे परिभाषित-सीमित करने यानी दूसरों की आवश्यकताओं के सन्दर्भ में रखकर समझने की क्षमता के कारण हुआ। यह अनिवार्यता या आवश्यकता की स्वीकृति भी है जिसे स्वतंत्रता कहा जाता है।

मनुष्य की बहुत बड़ी क्षमता है दूसरों की आवश्यकता से अपनी आवश्यकता को—दूसरों की इच्छाओं, अभिलाषाओं, महत्त्वाकांक्षाओं के सन्दर्भ में अपनी आवश्यकता, इच्छा, अभिलाषा, महत्त्वाकांक्षा को पहचानना या सन्दर्भित करना। इससे संस्कृति एवं सौन्दर्य-बोध का गहरा सम्बन्ध है। परसाई के व्यंग्य-निबन्धों का सौन्दर्य-बोध इस पर आधारित है।

यह सौन्दर्य-बोध इस नैतिक-बोध पर आधारित है कि मनुष्य की निजता तो असीम है, वह चाहे जितनी कल्पना, अन्वेषण, सृजन के लिए स्वतंत्र है। किन्तु अभिव्यक्ति के लिए वह उतना स्वतंत्र नहीं है। और उपभोग के लिए, भौतिक वस्तुओं की पूर्ति के लिए उसकी निजता और भी कम स्वतंत्र है। दूसरों की स्वतंत्रता से जुड़कर ही उसकी स्वतंत्रता समाज-विरोधी होने से बचती है।

नैतिकता कर्तव्य-बोध के क्षेत्र की अवधारणा है, सौन्दर्य आनन्दानुभूति के क्षेत्र की। सौन्दर्य की अनुभूति नैतिक-क्षेत्र से संस्तुत होकर आनन्द के क्षेत्र में आती है। सौन्दर्य भी अन्ततः नैतिक है। सुखी होना भी नैतिक है। बात मानवीय सुख की हो रही है।

सौन्दर्य-बोध निर्मिति है—निरन्तर विकासमान् निर्मिति, जिसके सभी अवयव सक्रिय रहते हैं। आचार्य रामचन्द्र शुक्ल ने कर्म-सौन्दर्य की अवधारणा प्रस्तुत की। उन्होंने 'वह तोड़ती पत्थर' कविता के बारे में लिखा : '...श्रमजीवियों के कष्टों की सहानुभूति लिये हुए जो लोकहितवाद का आन्दोलन चला है, उस पर भी निराला जी की दृष्टि गई है...।'

यह श्रम-सौन्दर्य की क्षीण पहचान है। समाजवादी विचारधारा ने आग्रहपूर्वक श्रम को मानवीय सौन्दर्य-बोध का अवयव घोषित किया। यत्र-तत्र यह पहले भी सुनाई पड़ता था, जैसे अध्यापक पूर्णसिंह के निबन्ध 'मजदूरी और प्रेम' में। केदारनाथ अग्रवाल की कविता 'एक हथौड़े वाला घर में और हुआ...' हमारी समझ में खड़ी बोली हिन्दी कविता में श्रम-सौन्दर्य-बोध की श्रेष्ठ कविता है।

निरन्तर विकासमान भाव-बोध का अन्तस्सम्बन्धता से गहरा नाता है। जो वस्तुएँ या स्थितियाँ मनुष्य से दूर हो जाती हैं, उन्हें वह अपने स्मृति-कोश में धारण करके चेतना में समो लेता है। अनुकूल वस्तुओं या स्थितियों के लिए ललकता है, प्रतिकूल स्थितियाँ या वस्तुएँ भी स्मृति-कोश में रहती हैं, किन्तु वह उनके लिए ललकता नहीं, अपितु राहत महसूस करता है कि वे दूर हो गईं। उनसे भी वह अपनी मानवीय भावना को समृद्ध करता है। मनुष्य जिन-जिन अवस्थाओं को पार करके आगे बढ़ता जाता है, वहाँ फिर लौटने अथवा उन वस्तुओं, स्थितियों को अपने साथ ले आने को ललकता है।

बचपन से हम प्यार करते हैं। घर में पोतों-पोतियों से सबसे ज़्यादा प्यार दादा-दादी को होता है। भरपेट रोटी खानेवाला आदमी इसीलिए भूखे आदमी को रोटी खिलाना चाहता है। यह सिर्फ स्वर्ग-नरक की बात नहीं, मानवीयता की विशिष्ट सहजात मनोवृत्ति है। यह मनोवृत्ति सामान्यत: दया, अनुकम्पा के रूप में दिखलाई पड़ती है, किन्तु इस मनोवृत्ति का सर्वाधिक मानवीय एवं उदात्त रूप करुणा में दिखलाई पड़ता है—जहाँ भाव-अभाव का भेद मिट जाता है। कहने की आवश्यकता नहीं कि बात सिर्फ रोटी की नहीं—अभाव-दु:ख के सभी रूपों पर यह बात घटित होती है।

करुणा दया से भिन्न है। दया, सहानुभूति, समानुभूति में आलम्बन और आश्रय का भेद बना रहता है। करुणा में आलम्बन आश्रय का 'आत्मीय' हो जाता है। बिलकुल प्रेम की आत्मीयता जैसी स्थिति हो जाती है। 'आत्म' का वास्तविक अर्थ अभिन्न होता है।

'शोक' सबके प्रति नहीं होता। शोक का श्लोकत्व में भी पर्यवसान सबके प्रति नहीं होता। एकत्व या आत्मीयता के बिना (आत्म शब्द जीव और ब्रह्म के एकत्व का प्रतीक भी है) करुणा सम्भव नहीं। इसीलिए—मनुष्य के अन्त:करण में सात्त्विकता की ज्योति जगाने वाली यही करुणा है (आचार्य शुक्ल)। 'सत्त्व' मनुष्य को स्वार्थ के भार से मुक्त करके हलका बनाता है। इसीलिए—ऊर्ध्वं गच्छति सत्त्वस्थ: अधो गच्छन्ति तामसा:। करुणा की श्रेणी दया से पृथक् है। वह स्वार्थ या निज-बद्धता से इतनी दूर है कि ब्रह्म-विहार की स्थिति है।

व्यक्ति-प्रेम एवं लोक-प्रेम, दोनों स्वग्रस्तता से मुक्त करते हैं। करुणा कर्म-प्रेरक मनोभाव है। इसीलिए वह लोक-रक्षा या प्रिय-रक्षा में प्रवृत्त करता है। इसीलिए आचार्य शुक्ल ने इसे 'बीज भाव' कहा है।

करुणा सौन्दर्य-बोध का सार है।

परसाई ने व्यंग्य में करुणा का समावेश नहीं किया, उसे प्रधानता देकर व्यंग्य को उदात्त बनाया है। यह अन्तस्सम्बन्धता एवं व्याप्ति के बिना असम्भव था।

परसाई का व्यंग्य स्वातंत्र्योत्तर भारत की नैतिक धार है। वह करुणा से कर्म की प्रेरणा देता है। वर्तमान की समझ से उत्पन्न संवेदना ही करुणा है। कर्म करुणा की माँग है। इसी अर्थ में वह बीज-भाव है। समझ से उत्पन्न संवेदना ज्ञानात्मक संवेदन है जो सकर्मकता की माँग करती है। वह आचरण की माँग करती है। जो दार्शनिक विरक्त की मुद्रा में 'सबकी बिजली जाती है' कहा करता है और कुछ नहीं करता, वह 'केंचुआ' है।

एक पात्र बड़ी तेज बहस करता है। जो बात कहो, उसका विरोध करता है। उँगलियों के कटाव गिनता चलता है।

अपने को क्रान्तिकारी कहने वाला एक नौजवान कॉफी-हाउस में मेज पर बैठा क्रान्ति की लम्बाई को अपनी दाढ़ी से नापता है।

एक कहानी में परसाई ने लिखा :

> तली मछली और सलाद के साथ देश की दुर्दशा कितनी स्वादिष्ट लगती है!

अकर्म को स्वातंत्र्योत्तर भारत ने दुष्कर्म से भरा और ढका है। परसाई अकर्म की पहचान दुष्कर्म से कराते हैं; कर्म की व्यंजना भी करते हैं। अकर्म अर्थात् दुष्कर्म के अनेकानेक रूपों का चित्रण करते हैं। ये चित्रण व्यंग्य ही नहीं हैं। वे कर्म के अभाव की पीड़ा की भी व्यंजना हैं।

परसाई की रचनाओं में 'सुखदायी चिन्ता', 'पवित्र ग्लानि' जैसे शब्द आते हैं। अकर्म और दुष्कर्म को लोग पाखंड या उत्तेजना से ढकते हैं। परसाई का लेखन पाखंड और उत्तेजना की असलियत सामने लाता है। उत्तेजना और अतिविनम्रता परसाई के यहाँ लक्षण है छद्म का।

परसाई के आदर्श चरित्र उत्तेजना या किसी प्रकार की नायकोचित गरिमा से दूर होते हैं। फटे जूते पहने फोटो खिंचाने वाले, लेकिन अवांछित को आजीवन ठोकर मारनेवाले प्रेमचन्द उनके आदर्श कहे जा सकते हैं। वे प्रेमचन्द को 'मेरी जनता के लेखक', 'मेरे पुरखे' कहते हैं। यह एक वचन का प्रयोग (मेरी, मेरे) महत्त्वपूर्ण है। यह प्रेमचन्द और जनता से सीधा वैयक्तिक सम्बन्ध रखने के कारण है। वैयक्तिक सम्बन्ध यानी तीव्रतम, प्रगाढ़: रक्त-सम्बन्ध जैसा सम्बन्ध है। याद कीजिए—कबीर, तुलसी, सूर, मीरा आदि भक्त कवियों ने इष्ट से वैयक्तिक सम्बन्ध रखा है।

इसी प्रकार 'फिर उसी नर्मदा मैया की जय' की 'केवट-कन्या'। परसाई ने अपने को 'नर्मदा-पुत्र' कहा है। केवट-कन्या नर्मदा जैसी सहज है—न सुखी, न दुखी। केवट-कन्या माँ है, नर्मदा है, कर्मठ है। रक्षक है।

अभी हम करुणा पर बात कर रहे थे। आचार्य रामचन्द्र शुक्ल ने करुणा पर निबन्ध लिखा है। आचार्य हजारी प्रसाद द्विवेदी 'करुणा' शब्द का प्रयोग अक्सर करते हैं। इसे चित्रित किया हरिशंकर परसाई ने। परसाई ने इस करुणा के साथ 'लोक-रक्षा में प्रवृत्त' को साक्षात् किया है :

> मैं सोचता हूँ, सोलह वर्ष की केवट-बच्ची में यह साहस कहाँ से आया? साहस और लोग भी जताते हैं। दूसरों की प्राण-रक्षा भी करते हैं?
>
> पर आत्म-रक्षा आदमी पहले करता है। जब खुद सुरक्षित हो जाता है, तब दूसरों की रक्षा करता है। दूसरा वह होता है, जो थोड़ा ख़तरा उठाकर दूसरे को बचाता है। इतना ख़तरा नहीं लेता कि अपनी जान चली जाए।

> पर यह साहस बिलकुल अलग है। समुद्र सरीखा हाल है। तेज लहरें हैं। चट्टानें छिपी हैं। ऐसे में कोई लड़की यह मानकर कि मैं तो निश्चित मरूँगी, दूसरों को बचाने निकल पड़े। अपनी मौत के बारे में तय करके दूसरों की प्राण-रक्षा करने निकल पड़ना—यह कैसा साहस है?
>
> मुझे लगता है, इसमें वही भावना है, जो मेरी माँ में मुझे बचाते वक्त थी—मातृत्त्व की भावना। छोटी केवट लड़की उस वक्त माँ हो गई होगी और सोचा होगा—बच्चों को बचाना है। साथ ही मानवी करुणा। इस भीतरी भावना ने बाहरी शारीरिक सामर्थ्य से मिलकर उसके हाथों से डोंगी चलवाई होगी। यह केवल शारीरिक साहस नहीं है—गहरा है, भीतरी है।

यह 'मानवी करुणा' है। परसाई ने शब्द-कोश के करुणा का अर्थ नहीं बताया है। लोक में जीवित करुणा-पदार्थ—व्यक्ति को हमारे सामने प्रस्तुत कर दिया है।

परसाई द्वारा चित्रित यह केवट-कन्या करुणा का अर्थ है। यह ही परसाई के व्यंग्य की अन्तर्वस्तु है। ऐसे मनुष्य गढ़ने का प्रयास परसाई की रचनाएँ करती हैं। केवट-कन्या सौन्दर्य का रूप है। परसाई के व्यंग्य का सौन्दर्य-बोध ऐसे करुणा-प्राणियों की पहचान कराता है और गढ़ने का प्रयास करता है।

> इधर मेरे शहर में भी सार्वजनिक सम्मान हुआ। पचासों मालाएँ गले में डल रही हैं। जय बोली जा रही है। पर लड़की न प्रसन्न, न उत्तेजित, न भावुक। ऐसे बैठी रही—जैसे झोंपड़े में, घर में बैठी है और उसने कोई खास काम नहीं किया है।

यह सहजता है। इस सहज शब्द की बड़ी महिमा है। सहजता साधना है—सहज साधना। खैर, उसे छोड़िए। साहित्य-संसार में ही रहें। उत्तेजना-रहितता की मूर्ति हैं तुलसी के राम—'हरष विषाद न कछु उर भयऊ'—राज्य मिला तो प्रसन्न नहीं हुए। वनवास मिला तो विषाद नहीं हुआ। धनुष उठाने के लिए और राजा चलते समय अकड़ते थे, पैंतरे भाँजते हुए चलते थे। राम चले—सहज गति से :

सहजहिं चले जगत के स्वामी। मत्त मंजु बर कुंजर गामी॥

'मत्त मंजु बर कुंजर गामी' में सहजता का सौन्दर्य है। चाल में जो सौन्दर्य चाक्षुष है—अनुस्वारों की झंकार और ध्वनियों के चढ़ाव-उतार में, वही श्रव्य है।

डॉ. रामविलास शर्मा ने निराला की चाल पर लिखा :

वह सहज विलम्बित-मंथर गति जिसको
निहार गजराज लाज से राह छोड़ दे एक बार।

त्रिलोचन ने प्रकृति-सौन्दर्य का चित्रण किया :

धूप में जगरूप सुन्दर
सहज सुन्दर

निराला ने सरस्वती से प्रार्थना की :

सहज-सहज पग धर आओ उतर

जो सहज नहीं, वह सुन्दर नहीं हो सकता। सकर्मकता के साथ-साथ यह सहजता परसाई के व्यंग्य के सौन्दर्य-बोध का लक्षण है।

यहाँ उस अगम्य मनोवैज्ञानिक प्रक्रिया के भँवर-जाल में जाने का अवकाश नहीं। लेकिन अनुभव यही है कि जो काम करता है, उसे आडम्बर की फुर्सत नहीं रहती, जरूरत भी नहीं रहती। सहज सुन्दर को मेकअप की जरूरत नहीं रहती। जो बात रूप-सौन्दर्य में लागू है, वह कर्म-सौन्दर्य में भी।

प्रसिद्ध सौन्दर्यशास्त्री वाल्टर पेटर ने अपनी पुस्तक 'एप्रीशियेसंस' में सौन्दर्य का लक्षण बताते हुए लिखा है : जो उचित से ज़्यादा है, उसे सौन्दर्य छाँटता है—'ब्यूटी रिमूव्स सरप्लेसेज' (सूचना का स्रोत—डॉ. रामविलास शर्मा)। सहजता उचित से जो अधिक है, उससे रहितता को—यानी अनावश्यक रहितता को सहजता कहते हैं। बड़ी-बड़ी आँखें अच्छी लगती हैं किन्तु जरूरत से ज़्यादा बड़ी हों तो? शरीर को मांस और हड्डी की जरूरत होती है किन्तु अधिक मांस हो तो? सरप्लस का सर्वोत्तम उदाहरण तोंद है। जितना होना चाहिए, उतना न होना भी गड़बड़ है और जितना होना चाहिए, उससे ज़्यादा होना भी असुन्दर है।

वस्तुतः मार्क्स का सरप्लस सिद्धान्त आर्थिक क्षेत्र में ही नहीं, सौन्दर्य-बोध के क्षेत्र में भी लागू होता है। सरप्लस सिद्धान्त के प्रतिपादन का अन्तिम लक्ष्य सर्वसुन्दर मनुष्य का निर्माण करना ही है।

परसाई का व्यंग्य सरप्लस यानी जो उचित से अधिक है, उसको हटाता है। जो उचित से कम है, उसे भी—जैसे 'वह क्या था?' का केंचुआ-पात्र।

परसाई के व्यंग्य को समझने में कबीरदास का एक दोहा बड़े काम का है। दोहे में कबीर ने बताया है कि 'सहज' क्या है?

सहज सहज सबही कहै सहज न चीन्है कोइ।
जब सहजै विषया तजै सहज कहीजै सोइ॥

कबीरदास विषय तजने को सहज नहीं कहते। विषयों को सहज रूप से तजने को सहज कहते हैं। 'सहजै' क्रिया-विशेषण है। विषयों को तजने में कष्ट हो रहा है तो सहज नहीं है। विषयों के तजने को आप बहुत बड़ा काम समझ रहे हैं, तब भी सहज नहीं। विषयों को तजकर आपमें अहंकार हो गया और सारी दुनिया को तृणवत् समझ रहे हैं, तब तो बिलकुल सहज नहीं हुए। विषय तजकर चारों ओर उसे गा रहे हैं, सारी दुनिया से वाहवाही चाहते हैं या फिर उसके बदले में कीर्ति या धन, या पद का लोभ है, तब तो आपका विषय न तजना ही श्रेयस्कर है :

दुःखों के दागों को तमगों-सा पहना।

प्राण का लोभ भी लोभ है, फोटो खिंचाना भी लोभ है—विषय है। केवट-कन्या ने इन विषयों को सहज रूप से तज दिया था। वह सहज थी, सुन्दर थी। प्रेमचन्द ऐसे ही थे।

परसाई का व्यंग्य असहज-असुन्दर का उद्घाटन करके सहज-सुन्दर को गढ़ने का प्रयास करता है। उनके साहित्य का एक स्वप्न है। यह स्वप्न स्वातंत्र्योत्तर भारत के इतिहास का है। जिस तरह पराधीन भारत का स्वप्न स्वाधीनता थी, उसी तरह स्वातंत्र्योत्तर भारत में—उस भारत में, जिसमें अनैतिकता, भ्रष्टाचार, विज्ञापनी मानसिकता, दिखावे—संक्षेप में असहज का वर्चस्व है; एक स्वप्न पल रहा है। परसाई का व्यंग्य उस स्वप्न का प्रवक्ता है।

विकास स्वातंत्र्योत्तर भारत में धन की अकूत बढ़ोतरी हुई है। बढ़ोतरी को विकास नहीं कहते। सर्वांगीण होता है। इस सर्वांगीणता के ही कारण समाजवादी अर्थ-व्यवस्था नये मनुष्य के निर्माण की माँग करती है। व्यवस्था-परिवर्तन के साथ मनुष्य-परिवर्तन परम आवश्यक है।

विकास में सुषमा होती है। जो घटक जिस मात्रा में जैसा होना चाहिए, वैसा होता है। कुछ लोग समृद्ध हों, कुछ लोग अभाव-ग्रस्त तो समाज-पुरुष विकलांग होता है। मानवीय दृष्टि और हृदय से सम्पन्न रचनाकार ऐसी स्थिति में अभावग्रस्त का पक्षधर और शोषक समृद्ध का विरोधी होगा। शोषक समृद्ध समाज-पुरुष को विकलांग, विकृत, कुरूप बनाता है। सौन्दर्य-बोध का विधेयात्मक पक्ष है—इस विकृति से मुक्त सहज-सुन्दर की पहचान कराना, आदर्श प्रतिष्ठित करना और विवादी पक्ष है—विकृत, कुरूप पर प्रहार करना।

परसाई का लेखन लगभग चालीस वर्षों तक चलता रहा। 1950 से 1990 तक की शायद ही कोई ऐतिहासिक महत्त्व की घटना हो, किसी भी क्षेत्र का उल्लेखनीय अच्छा या बुरा व्यक्तित्व हो जिसका परसाई ने विचार-चित्र न खींचा हो। इसमें फूलन देवी, ओ.पी. मथाई, नूरजहाँ, किशोर कुमार जैसे लोग भी हैं। फूलन देवी का ऐसा वस्तुगत चित्रण और विवेचन अन्यत्र कहीं नहीं मिलेगा। खुद फूलन उसे पढ़ें तो अपने को समझेंगी। ओ.पी. मथाई को परसाई ने पिद्‌दी का शोरबा कहा है।

परसाई का रचनाकार एक इतिहास-पुरुष है जो अपने समय का सबकुछ देख रहा है, अपने युग का चित्र बना रहा है। विवेक के साथ। इसमें यथार्थ की विषमता है और यथार्थ का प्रवाह है। यथार्थ की विषमता का आधार आर्थिक विषमता है। बढ़ोतरी की विकृति वस्तुतः उचित से अधिक या सरप्लसजनित विकृति है। इस रोग का लक्षण अहंकार है जिसके अनेक रूप हैं। छद्‌मविनम्रता इसका अतीव प्रचलित रूप है। छद्‌मविनम्रता की म्यान में अहंकार की तलवार रहती है। उचित से अधिक बढ़ोतरी ने विविध क्षेत्रों में अपने कितने प्रतिरूप तैयार किये हैं। ग्लानि विकृत होकर 'पवित्र' हो गई है। देश-दुर्दशा की चिन्ता विकृत होकर स्वादिष्ट हो गई है। सदाचार 'ताबीज' हो गया है, श्रद्धा विकलांग हो गई है। शरीर पर ज़्यादा मांस आ जाए, एक आँख बहुत छोटी और एक बहुत बड़ी हो जाए, पाँव लम्बे और हाथ छोटे हो जाएँ, दाँत बहुत बड़े और नाक छोटी हो जाए तो जैसा शरीर लगेगा, वैसा ही मन और फिर व्यक्तित्व। परसाई ने राजनीति, अर्थ, धर्म, काम और साहित्य और सबसे अधिक दैनन्दिन, सामान्य, जीवन-आचरण की इतनी विकृतियाँ चित्रित की हैं कि विचारक चमत्कृत, अभिभूत रह जाता है। लेकिन उनकी व्यंग्य-रचनाओं में करुणा और सर्व-सुन्दर मनुष्य गढ़ने का स्वप्न प्रच्छन्न सर्वत्र प्रवाहित होता रहता है। वह उनकी विचारधारा का योगदान है जिसका उल्लेख श्रीलाल शुक्ल ने किया था। नारी उनकी करुणा का प्रधान भाजन है। छद्‌म विनम्रता, सफलता में इतराने वाला, उत्तेजना की आड़ में स्वार्थ साधनेवाला, सिर्फ बहस करनेवाला बुद्धिजीवी, निन्दक, ढोंगी प्रेमी, आदि उनके उपहास और तीव्र घृणा के विषय हैं।

स्वाधीनता की 50वीं वर्षगाँठ के समारोह के अवसर पर एक घटना घटी जिसकी ओर पर्याप्त ध्यान नहीं गया। 14 अगस्त, 1947 की रात को बारह बजे जवाहरलाल नेहरू ने संसद में जो भाषण दिया था, उसका रिकॉर्ड सुनाया गया। पं. भीमसेन जोशी ने वन्दे मातरम् का गान किया। सौदा यह हुआ था कि हमारी स्वर-सम्राज्ञी लता मंगेशकर इस अवसर पर 'सारे जहाँ से अच्छा हिन्दोस्ताँ हमारा...' का गान करेंगी और उसके बाद कनाडा ड्राई (कोका-कोला की तरह बहुराष्ट्रीय

कम्पनी द्वारा बेचे जानेवाले पेय की बोतल) खोलेंगी (संसद में)। राज्यसभा के अनेक सदस्यों ने वाक आउट की धमकी दी, तब यह नहीं होने पाया।

परसाई होते तो इस पर लिखते। अब कोई लिखने वाला नहीं है।

इस देश ने लता मंगेशकर को कितना सम्मान दिया है। क्या उन्हें पैसे की कमी है? नहीं, पैसे की कमी न सही, पैसे की हविस तो है।

परसाई का एक निबन्ध है : 'विज्ञापन-संस्कृति'। उसके कुछ अंश इस प्रकार हैं :

> मगर पिछले हफ्ते करंजिया ('ब्लिटज' के प्रसिद्ध सम्पादक) के प्रति मेरा आदर चरम बिन्दु पर पहुँच गया जब एक रंगीन पत्रिका में कपड़े के रंगीन विज्ञापन में मैंने करंजिया को मॉडल के रूप में खड़े देखा।
>
> बुजुर्ग, मशहूर, गम्भीर, इज्जतदार, बुद्धिजीवी करंजिया किसी बौड़म मॉडल की तरह कपड़े के विज्ञापन में खड़े हैं। कारण क्या है? क्या जवानी की हविस अब पूरी हो रही है? क्या और पैसा कमाना जरूरी था? क्या इतना यश काफी नहीं था जो मॉडल बनकर या सर्कस कम्पनी के रोल से बढ़ाया जा रहा है?
>
> यह दूसरा विज्ञापन, डबलपेजी रंगीन। यह दिग्जाम कपड़े का विज्ञापन है, जिसमें क्रिकेट खिलाड़ी नवाब पटौदी और सांसद माधवराव सिंधिया सूट पहने बैठे हैं। ऊपर अंग्रेजी में बड़े अक्षरों में छपा है : 'दिग्जाम प्रेजेंट्स दि कनेसर्स आव दि इयर'। 'कनेसर' यानी पारखी, गुणग्राहक। इस साल जिन्होंने दिग्जाम कपड़े के गुणों को पहचाना, उनमें दो प्रमुख हैं : नवाब पटौदी और माधवराव सिंधिया। नवाब पटौदी तो खैर 'स्टार' हैं मगर माधवराव सिंधिया लोकसभा के सदस्य हैं। लोकसभा के सदस्य की प्रतिष्ठा है। माधवराव मंत्रिमंडल में जाने के उम्मीदवार हैं (थे—)... माधवराव को क्या चाहिए? पैसा उनके पास बहुत है। प्रतिष्ठा भी है। उनकी खूबसूरती बिना दिग्जाम कपड़े के भी प्रकट होती है। अगर सांसद और नेता पोज देने लगे तो क्या होगा?

अब तो बात बहुत आगे बढ़ गई है। एक तबला वादक हैं जो पैदा होते ही उस्ताद कहलाने लगे हैं। वे ठेके के सम पर बाल झपकाकर कहते हैं—'वाह उस्ताद न कहो, वाह ताज कहो।' तबला की उस्तादी पैसे के पैर चाट रही है।

परसाई का एक निबन्ध है : 'तीसरे दर्जे के श्रद्धेय'।

> मेरे भाषण का विषय था : 'आजादी के पच्चीस वर्ष'। सामने लड़कियाँ बैठी थीं जिनकी शादी बिना दहेज के नहीं होने वाली थी। बैल की तरह मार्केट में उनके लिए पति खरीदना ही होगा। वर का बाप जचकी तक का खर्च जोड़कर ले लेगा। स्त्री के लिए अभी भी पत्नी के पद पर नौकरी सबसे बड़ी सुरक्षा है। और लड़के बैठे थे, जिन्हें डिग्री लेने के बाद सिर्फ सिनेमाघर पर पत्थर फेंकने का काम मिलने वाला है।

आज आजादी के पचास वर्ष पर देश की स्थिति पर लिखने के लिए परसाई नहीं हैं। व्यक्ति-पूजा की बात अलग। परसाई नहीं हैं तो फिलहाल तो कोई और नहीं है। शायद बहुत दिनों तक।

देश-प्रेम एवं मानव-प्रेम सौन्दर्य-बोध के ही दायरे में आता है। जिसे अपने देश की संस्कृति की चिन्ता होती है, वही देश में घटनेवाली प्रत्येक घटना को इतनी चौकसी से देखता है और अभावग्रस्त का पक्षधर होकर उसका लेखा-जोखा करता है। परसाई लगभग चार दशकों तक देश और दुनिया की घटनाओं से व्यथित-क्षुब्ध-आह्लादित होते रहे। अनवरत रचना करते रहे। परसाई किसी सेठ या प्रतिष्ठान के अलंकार नहीं बने। यह निरन्तरता उस सौन्दर्य-बोध की माँग और जिम्मेदारी थी। परिवेश में सौन्दर्य-विरोध और हृदय में सौन्दर्य को देखने की आकांक्षा हो तो रचनाकार कुरूपता को काटकर सौन्दर्य की मूर्ति गढ़ता है।